カレ・ド・マルベール

法律と一般意思

時本義昭訳

成文堂

Raymond Carré de Malberg

凡例

一　本書は、Raymond Carré de Malberg, *La Loi, expression de la volonté générale. Étude sur le concept de la loi dans la Constitution de 1875*, 1931 の全訳である。

二　専門用語の訳語については、原則として、山口俊夫編『フランス法辞典』二〇〇二年に依拠した。

三　ラテン語も含め原文イタリックの部分には傍点を付した。ただし、原文イタリックが著作を示す場合には傍点ではなく『』を、その一部を示す場合には「」を、それぞれ付した。

四　訳者による註記は〔〕で示した。

五　原書が理論的専門書であることから訳註は最小限にとどめ、訳文に割註という形で〔〕をもって挿入した。なお、原註はない。

六　時制については、日本語に訳した場合不自然と思われる箇所は適宜変更した。

七　気がついた原文の誤りは、その箇所を示すことなく訳者の判断で訂正した。

八　カレ・ド・マルベールの写真は、*Mélanges R. Carré de Malberg*, 1933（rééd., 1997）のものを使用した。

目次

凡　例 …… *i*
緒　言 …… *xv*
第一章　近代における法律と立法権とに関するさまざまな概念 …… *1*
一　一八七五年二月二五日法律一条の規定と、そこから導き出される立法権の概念に関する帰結という点で同条が重要であるということ …… *1*
二　議会によって制定される法律が規定すべき対象とは何かに関する一八七五年二月二五日法律一条の沈黙 …… *3*
三　通常の法律の定義 …… *3*
四　一般的規範という法律の概念 …… *4*
五　モンテスキューとルソーの理論における一般的規範という概念の源 …… *4*
六　法規範という法律の概念 …… *6*
七　法規範という法律の概念の普及を促した君主制的要因、およびこの概念とモンテスキューの権力分立論とのつながり …… *6*
八　法規範という法律の概念における「法」の捉え方 …… *8*
九　法規範としての法律に関する理論から導き出される帰結 …… *9*
一〇　法律を一般的規範または法規範として定義する理論が実質的意味の法律と形式的意味の法律という二元的区別をもたらした理由 …… *11*
一一　法律の二元的区別が立法権に関して一八七五

年憲法から導き出される一元的概念と両立不可能であるということ、その結果、法律を一般的規範または法規範として定義する理論は容認できないということ……14
一二 一八七五年憲法における法律の概念……15
一三 一七九一年憲法によって確立された立法権と法律とに関する基本原理……16
一四 一般意思の表明としての法律……16
一五 すべての市民が法律の制定において代表されるということを根拠とする人民が制定したものとしての法律……17
一六 国民の唯一の代表者である立法議会……17
一七 国民のために意思する権力としての代表……19
一八 主権者である議会と単なる機関にすぎないその他の公務の保持者とは本質的に異なるという真の意味における代表者と官吏の区別……20
一九 これまでの諸原理の帰結としての法律の優位……22
二〇 立法議会によって立法手続にもとづいて制定されたすべての命令は法律であるというもう一つの帰結、そして法律に関するこの概念の根拠と適用範囲……23
二一 一八七一年の国民議会が憲法を再建する責務を遂行するにあたってとった立場……25
二二 議会は一般意思の代表者であるという一七八九年から一七九一年にかけての概念への回帰……26
二三 一七八九年から一七九一年にかけての概念が一八七五年憲法において法律の概念に与えたであろう影響……26
第二章 一八七五年憲法における立法権と執行権の区別……30
一 一八七五年憲法が執行府の権限と権能を決定するために採用した方法……30

二　明文による特別な付与を常に前提とする執行府の権限の性質……31
三　法律の執行とは何か……32
四　執行行為と執行される法律との関係の特質……34
五　執行行為は立法行為ではないが少なくとも合法行為でなければならないということ……36
六　執行府が憲法の規定にもとづいて行った行為への執行概念の拡大……37
七　法律による執行府への授権における個別化の原則……37
八　いかにして一八七五年憲法における執行権に関する規定から法律事項を導き出すのか……39
九　一八七五年憲法における法律概念の形式的性質……40
一〇　命令制定権に関して一八七五年憲法の立場が法律概念の形式的性質との関係で意味すること……40
一一　法律のみに属しすべての法律に共通の効力によって法律を定義することの必要性……41
一二　法律が行使しうる始原的効力に関する第一の効力……42
一三　執行権との関係における法律の優位……44
一四　法律の規約法としての効力……44
一五　法律に固有の始原的効力の排他的であると同時に無制限な性質の由来……46
一六　いかにして一八七五年憲法は法律に固有の始原的効力の確立によって一般意思の表明としての法律という革命期の概念に立ち戻るのか……47
一七　主権的議会に対して単なる機関にすぎない執行府……48
一八　内容に伴う重要な効力との関係における法律の第二の効力……49
一九　同じ規範が法律によって制定されるか命令によって制定されるかに応じて異なる効力を有するということ……50
二〇　いかにして議会以外のあらゆる機関との関係

における法律の絶対的不可侵性が立法権と主権を同視するのか……51
二一　一八七五年憲法によって確立された法律の概念について証明されたさまざまな事柄から導き出される結論……52
二二　実質的意味の法律と形式的意味の法律という二元的理論を排除するという法律に関する現在の概念から導き出される第一の帰結……53
二三　法律に関する二元的理論を排除する理由……54
二四　一八七五年憲法が実質的な法律事項の定義を試みることができなかった理由……56
二五　いかにして実質的意味の法律という概念は近代憲法がそれまでとは異なる法律の概念を採用したことから生じたのか……57
二六　いわゆる法規範によって実質的意味の法律を定義する理論に対する批判……58
二七　法規範の概念を規定の一般性に依拠させる理論に対する批判……58
二八　法規範の名称を個人を支配する規範に限定し、したがってこの種の規範のみを原則として立法権に依拠させる理論に対する批判……61
二九　公役務に関して自律的な命令制定権の行使を大統領に可能にする理由……62
三〇　公役務に関して命令制定権の行使を可能にする理由によっては、なぜ個人に適用される法に関して授権されていない大統領の命令という運用を正当化しえないのか……63
三一　本当に一八七五年憲法は個人にかかわる法に関する規範しか原則として議会の立法権に留保しなかったのか……64
三二　国事に関する規範は市民の法的地位とはかかわらないので法を生み出さないということを認めうるのか……66
三三　すべての法律は法を創出するので形式的意味の法律のみから成る法律の範疇を認めることはできないということ……67

三四　憲法は法律の概念と効力をその源が議会であるという条件に依拠させているので実質的意味の法律のみから成る法律の範疇を認めることはできないということ……68
三五　立法権の主権的性質……69
三六　立法権の委任の可能性が排除されるという法律に関する現在の概念の第二の帰結……71
三七　法律による法律特別施行令への授権の中に立法権の委任を認める理論の源……71
三八　立法権の委任に関する理論の論拠が不十分であるという国民主権の原理から導き出される反論……73
三九　一八七二年五月二四日法律九条から導き出される越権訴訟の受理可能性に関する立法権の委任に関する理論への反論……74
四〇　立法権の委任が不可能であることの真の理由……75
四一　委任された、つまり始原的でない権限は立法権たりえないということ……76
四二　国家の部分である下級の地方公共団体によって国家において行使される規制権への適用……76
四三　議会は議会のみが立法機関であるということの根拠である一般意思の代表者という地位をいかなる機関に対しても移転しえないということの重要性……78
四四　執行府が命令を制定するにあたってもとづいている地位……78
四五　法律によって制定される法規範と命令によって制定される法規範との本質的相違は議会と執行府とのそれぞれの権限の性質に由来するということ……79
四六　法律によって命令に付与される授権の性質に関して法律によって制定される法規範と命令によって制定される法規範との相違から導き出される結論……81
四七　法律によって命令に付与される授権が無制限

になされる可能性という法律に関する現在の概念の第三の帰結……82
四八　授権が無制限になされる可能性を認めるコンセイユ・デタの立場は授権に関して立法権の委任という発想に再び帰着するということ……82
四九　コンセイユ・デタが判例において委任という発想を維持する根拠……83
五〇　授権の中に立法権の委任を認めることを理由として特定の事項に関する命令への授権の可能性を否定する専門家の反論……84
五一　結論の異なる二つの主張を結びつける類似性……84
五二　二つの主張がともに実質的な基準にもとづいて立法権と命令制定権を区別することに対する批判……85
五三　法律事項と命令事項の分類を可能にするあらゆる指標の一八七五年憲法における欠如……87
五四　いかにして法律に関する現在の概念が命令事項を法律によって画定する権限を議会に委ねるように一八七五年憲法を導いたのか……88
五五　一八七五年以来生じた慣習の形成が命令への授権という運用の拡大をもたらしたとする理論の否定……90
五六　法律事項と命令事項を区別するにあたって一八七五年憲法によって採用された方法の柔軟性……91
五七　命令制定権の実質的範囲を法律によって画定する議会の権限の重要性と性質……91
五八　命令への無制限な授権が可能な制度と一八七五年憲法における法律に対する合憲性の統制の欠如との密接なつながり……93
五九　わが国における現行制度と法律に対する審査が存在する国家における制度との間における命令への無制限な授権可能性に関する相違……94
六〇　法律によって命令に付与される可能性のある授権を実質的に制限することを主張する理論の

否定……96
六一　一九二四年三月二二日授権法律と一九二六年八月三日授権法律とによる命令への授権を実質的に制限する理論に対する批判……97
六二　対象事項に応じて特定の授権を立法権の委任として位置づけるコンセイユ・デタの理論の否定……100
六三　命令への授権は実体的な立法権の委任としてではなく対象事項の分配として分析され、このことは一八八四年の憲法改正法律の非憲法事項化によって立証されるということ……100
六四　執行府が命令によって法律を改正することを認める授権……101
六五　いかにして議会は授権を行う権限の拡大によって立法府というよりも憲法制定機関としての役割を果たすものとして現象するのか……102

第三章　憲法法律と通常法律の区別について一八七五年憲法に何が残されているのか……104

一　憲法法律と通常法律の区別は一般意思の表明としての法律の概念と両立しうるのか……104
二　憲法法律と通常法律の区別がわが国で確立されている程度……105
三　一八七五年憲法の簡潔さ……105
四　いわゆる憲法慣習……106
五　一八七五年憲法の簡潔さの主要な原因……109
六　アメリカで生み出された憲法制定権力と立法権の分離の根源的基盤……110
七　憲法によって設置された単なる機関というアメリカにおける立法府の概念と主権者の代表者というフランス革命期における立法府の概念との根本的相違……111

八　憲法改正に対する支配権を立法議会に付与する一七九一年憲法によって革命期における立法府の概念から導き出される帰結……112
九　一八七五年憲法が議会に付与した憲法改正に関する現在の権限……114
一〇　いかにして一般意思を代表する議会という概念の中にあらゆる事項について一般意思を表明する地位が含まれるのか……115
一一　憲法に対する議会の支配権から帰結される議会の優位……117
一二　立法権と憲法制定権力の区別の消失の第一の表れである権限の組織問題に関して議会に付与された権限……117
一三　一八七五年憲法のような簡潔な憲法を硬性憲法とすることの不可能性……118
一四　個人の自由に関する一八七五年憲法の沈黙……119
一五　裁判所による法律の適用に反対してその規定に関する違憲の抗弁を個人が裁判所に提出しうるか否かという問題との関係で個人の自由に関する一八七五年憲法の沈黙がもたらす帰結……121
一六　一八七五年憲法において規定されていない事項を法律の違憲性を根拠とする訴えに提供する専門家の試み……122
一七　判決のみによって法律に関する違憲事由を創設する権限を裁判所に要求する理論に対する反論……123
一八　法律の違憲性を根拠とする訴えの可能性を個人とその権利のために認めるには一八七五年憲法の改正が必要であるということ……125
一九　立法権と憲法制定権力の分離の欠如の第二の表れである一八七五年二月二五日法律八条の憲法改正制度において議会が憲法改正の支配者とされていること……127
二〇　議会が憲法改正の支配者とされていることから帰結される法律に関する合憲性の統制の導入に対する障碍……128

二一　法律に関する合憲性の統制の導入問題と一般意思を代表する議会という捉え方との関係……129
二二　一般意思を代表する議会という捉え方から帰結される法律の違憲性の問題と命令の違法性の問題との対比……130
二三　一般意思を代表する議会という捉え方から憲法の解釈問題に関して導き出される帰結……131
二四　審議されている法律が憲法改正手続を必要とするか否かを決定するために一八七五年二月二五日法律八条によって認められた権限の議会への集中……132
二五　憲法とその改正に対して議会が現在有する権限から得られる結論……133
二六　一八七五年憲法が憲法の概念を完全に実現しているということを疑う理由……135
二七　憲法の概念を憲法制定機関と立法機関の分離に結びつける体制……136
二八　憲法制定機関と立法機関の組織上の分離ではなく議会による憲法改正に加重された多数決という条件を要求することによって通常法律と憲法法律を区別する体制……137
二九　言葉の厳密な意味における憲法に代わって一八七五年憲法の簡潔で柔軟な体制がわが国において示す利点……138

第四章　わが国の現行公法における法律の義務的拘束力の法的基盤……140

一　国家元首が法律の制定に際して法律への服従またはその執行を市民と官吏に命じるためにかつて用いた君主制に由来する旧命令文の想起……140
二　法律の制定過程において法律の可決とそれに効力を付与する命令的要素とを区別する理論……141
三　議会による法律の可決に伴うまたはその後の手続におけるあらゆる命令的要素が消滅してい

る現状……142
四　法文の可決にすぎない議会の立法権……143
五　大統領による法律の審署の中に法律に執行力を付与する命令的要素を見出そうとする一八七五年以来の試み……144
六　法律を執行する条件ではあるがその執行力を生み出す要因ではない審署の文言における命令的要素のまったくの欠如……145
七　いかにして一般意思の表明としての法律という概念は国民に向けられた法律による命令という可能性を排除するのか……147
八　自らに命令するということはないという理由による個々の市民に向けられた法律による命令の排除……149
九　執行機関が法律に服従しない市民に対してそれへの服従を強いるために強制力を行使する場合……150
一〇　市民または公的機関と立法府とを結びつける結合関係の中に法律の義務的拘束力の真の基盤を求める必要性……152
一一　官吏と立法府を結びつける結合関係の提示および立法府による法律の可決という事実のみによって官吏に対して生じる法律を執行する義務……153
一二　市民と立法府を結びつける結合関係の提示……154
一三　いかにして法律における命令的要素の消滅によって一八七五年憲法が法律を一般意思の表明としていることを立証しようとするすべての論者に新しい論拠が提供されるのか……155
一四　大統領の命令の義務的拘束力の基盤に関する問題……157
一五　外国との間で締結された条約に関して生じる義務的拘束力の基盤に関する問題……158
一六　大統領の命令と条約という二つの義務的拘束力に関する問題の関連……160
一七　すべての大統領の命令が合法性の条件を満た

す必要性……160
一八　立法行為と合法行為を区別することの重要性……162
一九　とくに義務的拘束力に関する大統領の命令の合法性の効果……163
二〇　いかにして合法性にもとづいて大統領の命令と一般意思との間で成立した関係が大統領の命令に執行力を付与するといわれるあらゆる命令的要素を不要なものとし排除しさえするのか……164
二一　条約によって規定された規範が国内法において効力を発生するために合法性の条件を満たす必要性……166
二二　条約の批准の承認を目的とする議会による法律の議決は条約をわが国の法律に変換するのか……167
二三　条約によって創設された規範が国内において有するであろう義務的拘束力に対する条約の批准に関する大統領の行為の合法性の効果……169
二四　法律と大統領の命令と条約における命令的要素の欠如の原因に関する同一性……172

第五章　一八七五年憲法の下における執行府に対する議会の優位……173

一　一般意思の代表における一体性の必要性……173
二　いかにして一般意思の代表における一体性が一八七五年と一八八四年に確立されたそれぞれの二院制において見出されるのか……173
三　一八七五年に組織された議院内閣制の枠内で規制された議会と執行府の関係における一般意思の代表における一体性の現在の現れ方……174
四　議会と執行府の関係における権力の対等または均衡の体制が一八七五年憲法によって確立された議院内閣制の中に見出されると主張する二元論とその源……175

五　一八七五年憲法によってなされた議会と執行府との権力の分割から導き出される二元論に有利な論拠……176
六　二元論に対する批判……178
七　執行府と議会の間に存在する何らかの対等性とこの点に関して解散制度から導き出される論拠との否定……178
八　執行府と議会との権力の間に現実の均衡は存在するのか……180
九　大統領の権限に由来する執行府の権力の重要性がいかに強調されてきたか……181
一〇　一：執行府にとって真の権力要因とはいえない大統領の権限……181
一一　二：行使される可能性のない大統領の権限……183
一二　三：執行府にとって有利な形で設定されたわけではない大統領の権限……184
一三　一八七五年に確立された議院内閣制を執行府と議会の均衡という考え方によって定義することの不可能性……186
一四　わが国の議院内閣制とイギリスの議院内閣制との間に存在する相違の基本的要因……187
一五　イギリスの議院内閣制と一般意思を代表する議会というフランス的概念とを両立させることの困難さ……187
一六　一八七五年憲法が議院内閣制を採用するに際して従うとともに議院内閣制を組織するその方法に反映された相反する傾向……188
一七　人民によって選挙される大統領が一八七五年に拒否されたことと国民意思の代表を独占する議会という概念との結びつき……190
一八　とりわけもはや議会の統治委員会にすぎない内閣との関係における大統領の選出手続の帰結……191
一九　権力の二元性を備えた議院内閣制とは異なる絶対議会制というわが国の現行体制……192
二〇　議会制の絶対的形態は本当に一八七五年憲法

の変遷の結果なのか……193
二一　いかにして一般意思を代表するという議会の概念が国民の権力の第二の中心を執行府の内部に創設することを一八七五年に阻止したのか……194
二二　一八七五年憲法における立法議会という用語の消滅……195
二三　執行府に対する議会の現在の支配権に反対する動き……196
二四　権力の自主的な緩和という譲歩を議会から引き出す意図で議会に向けられた主張の不十分さ……196
二五　議会と政府の二元的分離の再確立を目的に現在提示されている改革案……197
二六　議会と政府の二元的分離の再確立を目的とする改革案に対する国家的一体性の必要性にもとづいた反論……198
二七　議会の権力を制限することができるのは権力分立のみに由来する手段ではなく何よりも民主的制度であるということ……199
二八　ヴァイマル憲法が提示する議会制と民主制との結合例……201
二九　議会による一般意思の代表に関する問題と議会と執行府との権力の均衡に関する問題とに対する議会制と民主制の結合の効果……206
結　論……212
訳者あとがき……220
索　引……(1)

緒　言

本書の目的は、思想や理論について議論をしたり評価を加えたりすることではない。そうではなくて、実定法がもたらす所与にもとづいて、わが国の現行憲法体制に関する主要な論点の一つを認識したうえで立証することのみである。すなわち、法律と立法権とに関する概念について、一八七五年憲法が一七八九年人権宣言の周知の六条「法律は一般意思の表明である。すべての市民は、自らまたはその代表者をとおして、その形成に参加する権利を有する。……」において表明された概念を適用し、その結果自らをこの概念に適合させたことを示し、とりわけ、この概念が一八七五年に確立された諸制度に及ぼした影響を明らかにすることである。

このような本書の目的を達するために、同じテーマについてこれまでなされてきたさまざまな研究においてすでに得られた見解や結論が持ち寄られ、組み合され、統合される形で用いられるであろう。これらの研究の詳細についてはあらかじめ以下を参照されたい。

一九三〇年七月

Contribution à la Théorie générale de l'État, t. I, 1920 ; t. II, 1922.

"La question de la Délégation de puissance législative et les rapports entre la loi et l'ordonnance selon la Constituion de

Weimar", Bulletin de la Société de législation comparée, 1925.

"La constitutionnalité des lois et la Constituion de 1875", Revue politique et parlementaire, 1927.

"Observations sur le fondement juridique de la force obligatoire de la loi", Revista de Drept public, 1927.

"La distinction des lois matérielles et formelles et le concept de loi dans la Constitution de Weimar", Bulletin de la Société de législation comparée, 1928 et 1929.

"Note sur la question de 《la Sanction juridictionnelle des principes constitutionnels》", Annuaire de l'Institut international de Droit public, 1929.

第一章　近代における法律と立法権とに関するさまざまな概念

1

一　一八七五年憲法が立法権に関して明文で規定しているのは一ヶ条のみである。すなわち、同年二月二五日法律一条によれば、立法権は「代議院および元老院の二院によって行使される」。

専門家は一八七五年二月二五日法律一条をあまり重視しない。というのは、彼らが同条で注目するのは「二」という文言のみだからである。彼らによれば、同条は当初より二院から成る議会という制度を創設したにとどまるが、一八七五年憲法の制定者はこの制度をきわめて重視した。憲法制定者は、それに加えて、立法権の概念に関して理論体系から諸原理を導き出そうとはしなかったといわれる。憲法制定者はそのような考察にはまったく労力を費やさなかったのである。その結果、「立法権」という用語は伝統的な言葉における通常の表現として用いられ、その意味を明確にするために時間をかける必要はなかった。

しかし、一八七五年憲法が立法権を議会に付与したといえるには、法律に関する基本的な思想について、あるいは立法に関する特定の作用が立法権の行為であるか否かを決定する条件について、同憲法は特定の概念を前提としていなければならない。

実際、すでに引用した一八七五年二月二五日法律一条の規定は二院制の採用と関連づけなくても決して看過できない。いずれにしても同条は、立法権に関して相当な重要性を有する多くの概念を含んでいる。現に同条は、議会のみが真の法律を制定することができ、固有の立法権を行使することができるという原理を確立する。そして、このことから多くの注目すべき帰結がもたらされるのである。

例えば、一八七五年二月二五日法律一条は、長い間支配的であった次のような理論を明確に否定する。すなわち、命令の規定は法律の性質を有し、命令は主要立法に対する副次的立法であるか、主要立法を執行する立法であるか、または主要立法から独立した立法であるという理論である。このような理論は同条と相容れない。というのは、同条によれば議会のみが法律を制定することができる以上、執行府の首長によって制定された規範がいかなる程度においても法律の性質を有することは明らかにありえないからである。同様に、大統領によって行使される命令制定権が立法権の性質を有することは決してありえない。

他の例として、専門家はこれまで、執行府の首長は審署によって立法権を行使すると主張してきた。というのは彼らによれば、大統領は審署によって、法律がいまだ有しない効力を法律に付与し、法律はこの効力によって執行状態に置かれうるからである。したがってこの理論によれば、かつての君主制における裁可と同様に、審署は法律を完成させる効果を有する。このように、審署は立法の一要素であり、その結果立法権の行使であるとみなされる。一八七五年二月二五日法律一条はこのような主張を明確に否定する。というのは、立法権は議会によって行使されると同条が規定することによって、大統領が立法権の行使に関与することを認める余地はなくなるからである。法律が議会に端を発し、ひとたび議会によって可決されることによって、立法活動はすべて完了するのであり、立法権は行使し尽くされる。審署は法律の制定にかかわる一作用ではありえないのである。

さらに、法案提出権を立法権の行為とすることも誤りである。一八七五年憲法によれば、法案提出権は議員と大統領に競合的に帰属するので立法権の一部ではないということができる。というのは、同年二月二五日法律一条によれば、立法権は議会にしか帰属しないからである。法案提出権はあくまで立法権を始動させるとどまり、決して立法権の一部を構成するものではない。しかもこのことは、提案が行使とは異なることからも明らかである。同条が規定しているように、行使するのは議会のみである。したがって、立法権の行使は議会の内部で始まり、議会の内部で終わるのである。より正確にいえば、立法権は法律を議決する権限と同視され、この権限は議会によって専有される。議決のみが立法権の行為なのである。それに先立つすべての活動は法律制定のための準備にすぎず、それに続くすべての活動は法律制定によってもたらされる帰結にすぎない。法律は議決のみによって完全なものとなるのである。

二　このように、議会のみが法律を制定しうるということは、直ちにかつ明らかに、一八七五年二月二五日法律一条から導き出される。同条にはこの第一の点について疑問の余地はないが、しかし、この点と同様に実際上も理論上も大きな重要性を有する第二の点、すなわち、いかなる場合に法律を必要とするのかという点は明らかではない。この第二の点は、とりわけ議会と執行府の関係において問題となる。いかなる対象が、あるいはいかなる種類の規範・決定・措置が立法権にとって固有の対象事項を形成し、したがって立法行為によって決定するために憲法上立法機関の介入を要求するのか。それに対して、いかなる対象あるいは規定が、憲法上立法機関に留保されることなく、大統領の命令のみによって定められうるのか。換言すれば、立法権と執行権を区別する基準は何か、議会にしか認められていない権限と執行府に認められている権限とを区別する基準は何か、あるいは法律事項と立法の領域には属さない事項とを区別する基準は何か。

三　これまで主張されてきたように、立法権について、一八七五年憲法はこの語の通常の意味で、そして法律の概念に関して明確なまたは特別な理解を試みようとすることなく規定しているということが正しいとすれば、すでに述べた憲法運用において頻繁に提起されてきた問題については、憲法の条文以外にその解決を求めなければならないであろう。これは多くの専門家がこれまで行ってきたことである。彼らは、法律・立法権・法律事項を定義するにあたって、同憲法の文言に目を向けようとしないし、それ以上に、現行の権力の区別と組織とに関してこの文言から導き出される全体としての体系に目を向けようとしない。したがって、彼らが用いるのは、法律の概念の構成要素を、伝統的な文献に記された先例や過去の著名な理論の中に求めるという方法である。この場合、モンテスキューの理論から導き出される考察が重要であるが、周知のようにこの理論は、個人の法的地位の「安全」という後見的保障を市民に付与することを目的として、権力の分類と組織上の分離とに関する体系を構築している（『法の精神』第一一編第六章）。

法律に関するこれらの古典的定義はよく知られているので、これらについて詳しく説明する必要はないであろう。

四　第一の定義は公法学の著作の中で常に支配的な地位を占めてきたものであり、それによれば法律とは一般的規範である。すなわち、特定かつ一時的な場合や特定の人について規定する規範ではなく、法文の抽象的な予測に当てはまるすべての場合と人に適用するために前もって制定される規範である。このことは、一般的規範がすべての市民にかかわるものでなければならないということを意味するわけではない。例えば、大統領の被選挙権と選挙との条件に関する法律が一般的規範とされるのは、この法律が抽象的な仕方でかつ人的差別を行わない形で規定しているということのみによってである。同様に、一回しか徴収されない特別税に関する法律は、当座の必要のための法律であるが、すべての人を対象としているので一般的な仕方で規定しているといえる。

五　法律をその規定の一般性によって定義する専門家は、決して、この定義の構成要素を一八七五年憲法の中に見出さなかった。同憲法は、議会に付与された立法権とは一般的規範を定立する権限であると、どこにも規定していないのである。それどころか、同憲法によれば、一方で、立法手続つまり議会の立法行為のみによって多くの例外措置あるいは特例措置を講じることができるし、他方で、執行府は大統領の命令制定権によって命令の形式で多くの一般的規範を定立することができる。

したがって、法律とは一般的規範であるという理論は、明らかに、わが国の実定憲法によって根拠づけられることはなかった。この理論を正当化するのは、合理的思考、とくに近代においていわゆる法治国家体制を基礎づけてきた思想の一つである。実際、法治国家においては次のことが不可欠であると考えられてきた。すなわち、市民に適用される法を制定するには、恣意的なあるいはかたよったものとなる可能性のある一時的で個別的な措置ではなく、国民のすべての構成員に共通で、このことによって公平な保障が与えられるあらかじめ定められた規定によらなければならないということである。さらに、行政官によって執行され、裁判官によって宣言される法をあらかじめ市民が知っているということが、市民に安全を保障するであろうということである。このように、個々の市民の地位を決定する法の一般性は、合法性の体制の条件それ自体であり、法治国家体制の本質的な前提である。その結果、法律の内容が上級の効力によって行政官と裁判官を拘束することから、法律とはまさしく一般的規範の定立を目的とした制度であるという考え方に至ったわけである。モンテスキューは、このような考え方を指導理念として、権力分立論において自明の理のように法律の一般性に言及する（前掲）。また大革命は、この考え方に依拠して、一七八九年人権宣言六条において、法律は「……すべての者に対して同一でなければならない。すべての市民は法律の前に平等である」という原理を確立した。

ルソーによれば、法律の一般性という概念はさらに広い基盤を有する。この概念は彼が立法権と人民主権を同視することに由来し、立法権は一般意思に固有の権力と同視される。彼は法律を「一般意思の表明」として定義するが、この定義には、法律は全体としての人民によって作られたものであり、法律は全体としての人民のためにあるいは全体としての人民について規定するという二重の意味が含まれている。法律は人民に源を有するので主権的なのである。しかしこの源のみでは、法律が主権的であるとするには不十分であろう。人民が主権を行使するのは、全体としての共同体の法秩序を形成するために規範を定立する場合のみである。特定の決定または措置は、たとえその源が人民であろうと、もはや官吏の行為でしかなく、主権の行為ではない（『社会契約論』第二編第六章および第三編第一章）。したがって、法律はその源と内容の双方において一般意思でなければならないが、その規定対象は重要ではない。彼の理論においては、法律の概念は、もはや合法性の体制の恩恵を市民にもたらすことのみを目的としているのではない。この概念が立脚しているのは、主権者つまり人民は、その意思によってかつ一般的規範の形式で、行政や司法といった統治の前提となる下級機関の活動を支配するあらゆる規範を定立するために介入しなければならないという考え方である。そしてこのことは、共同体の公の事柄、とくに公役務の作用に関する規範だけではなく、個人の権利・個人間の関係・個人と国家およびその官吏との関係に関する規範にも当然及ぶのである。

六　規定の一般性をもって法律の明確な指標とその定義の本質的要素とする理論は今日なお持続力を有するが、この理論の持続力の源はモンテスキューの権力分立論とルソーの民主主義論とである。それに対して、もう一つの理論はこの理論と同様に広く流布しており、実定憲法の文言との関連性を有さず、まさしく過去から受け継がれた伝統にもとづいている。もう一つの理論は法律をその規定事項によって定義する。すなわち、立法に属する事項と命令によって制定することができる事項とを区別するのである。固有の法律事項とは法規範である。したがって、議会に立法権を付与する一八七五年二月二五日法律一条の意味は、法規範の定立が議会の立法権の固有の領域を形成するというように理解されなければならない。この第二の理論がいうところの法規範とは何か。

七　法律をいわゆる法規範とみなす概念が普及したのには、ヨーロッパ大陸において立憲君主制が確立された時代、つまり一九世紀前半にさかのぼる歴史的理由がある。当時、君主はそれまで有していた権力を欽定した憲法によって制限するようになったが、このような状況においてとりわけ、議会においてあらかじめ可決された法律しか裁可しないという条件に服した。そこできわめて重要になるのが、法律、すなわち議会の議決が必要な事項と、立法には属さず、議会が介入することなく国家元首の単なる命令によって規定することができる事項との区別であった。この問題はドイツ語の文献で盛んに議論され、詳細に説明された。ドイツにおいては、一八一四年から一八三〇年の間に、いくつかの憲法が「個人の自由と財産とに関するすべての法律には」議会の同意が必要であると規定することによって、ようやくこの問題は基本的に解決された。この規定によれば、法律事項とみなされる可能性のあるのは、個人に新たな負担を課したり新たな権能を付与したりすることによって、個人の法的地位に変更または変動をもたらすあらゆる規範・命令・措置であった。換言すれば、市民に関する法、すなわち、市民の身分、財産制度、市民相互の関係、市民と公権力の関係に関する法は、議会の同意を得た法律によらなければ制定することができなかった。逆にいえば、君主は、市民に関する法ではない事柄を対象としたあらゆる命令・措置を、単独で命令の形式によって制定しうる権力を保持していた。このことは、とりわけ行政役務の規制に当てはまった。行政役務の組織と機能とに関する規範は役務の内部でしか効力を有さず、その結果、官吏にしか適用されなかった。それは国民に適用されることも、国民によって援用されることもなかったのである。要するに、この理論全体は君主制原理と結びついていたのであり、この原理によれば、君主はすべての国家権力の始原的な保持者であり、憲法によって否定されあるいは制限されない限り、自らの手中にある国家権力を自由に行使することができた。こういうわけで、今述べた区別は、ドイツの君主制国家の下においてとまったく同様に、両憲章下のわが国において広く行われたのである。

しかし、立法権の対象と命令制定権の対象とを区別するこの理論は、君主制の概念に対応していただけではなく、権力分立に関するモンテスキューの理論とも合致していた。実際、『法の精神』の理論は、本来、権力の作用を内容にもとづいて区別することを前提としている。すなわち、彼が三権を異なる保持者に別々に分配することを要求するのは、まさしく対象事項にもとづいてである。とくに立法権についていえば、法律事項は彼が想定する立法権の目的によって決定される。その目的とは、彼自身が言明するところによれば、法律を適用する機関が法律を制定したり改正したりすることができる場合に生じるであろう危険から市民を保護することである。したがって、『法の精神』の著者が着想を得た保護の思想から論理的に導き出されることは、立法権は、命令制定権との分離を問題とする限り、市民を支配する法に関するすべての事柄を含むが、それとは関係のない事柄は含まないというように理解されなければならないということである。このように、一九世紀の君主制において確立された対象事項による立法権と命令制定権の区別は、彼の考え方と直接的なつながりを有するのである。

八　法律の概念と法規範の概念とを同視する理論が形成されたのは、自由主義思想と君主制原理の結合がもたらした影響の下であった。そして、法規範の概念それ自体にはある特別な隠された意味が含まれていた。というのは、この理論の形成を支配し、広範で自由な命令制定権を君主に確保するという意図からすれば、「法」という名称の射程範囲は非常に限定されたものとなり、この名称は個人の法的条件を決定する規範・命令・措置にしか適用されるべきではなかったからである。さらにつけ加えるべきは、現在の用語からすれば、法規範という名称を用いることができたのは、始原的に法を創設する規範・命令・措置についてのみであったということである。確かに、行政機関の決定や裁判所の判決は、それらが対象とする人に一定の法的状態をもたらす。しかし、それらが法を創設する規範をもたらすとは考えられなかった。それらが新しい法を創設するとみなされなかったのは、行政機関や裁判所といった下級機関によって作られた法が、それに先行して存在する法秩序の中にすでに潜在的に含まれているからである。実際、この法は、効力を有する法律によって確立された原理や、行政官や裁判官が既存の立法によって付与された権限にもとづいて制定される。それに対して、法規範の概念は一般的な性質を有する規範を必ずしも前提としない。新しい法を創設したり既存の法に反する措置は、それを執る権限を立法府以外の機関に付与する規定が実定法秩序に存在しなければ、それが特定の人にしかかかわらなくても、法規範の範疇に含まれ、法律の対象とされなければならないのである。

九　法規範としての法律に関する理論は、長い間法学文献や判例において権威あるものとされ、これらに対するその影響は今日にまで及んでいる。この理論からはさまざまな帰結が導き出されてきた。

まず、この理論は、立法の領域に属する事柄と、それに対して命令によって規定することができる事柄とを区別するために、少なくとも表面的には、きわめて明白かつ確実な基準を提供する。これは、この理論の支持者によれば、大きな現実的利点である。市民に適用される法秩序に変動をもたらすあらゆる規範または措置は、それが一般的なものであろうと個別的なものであろうと、立法機関の権限に属するものとして法律事項である。個人に効力を及ぼさない、またはすでに存在している法を個人に適用するにとどまるあらゆる命令または措置は、それが一般的なものであろうと個別的なものであろうと、命令事項である。

法律と命令をそれぞれの対象事項によって区別するこの原理には、憲法上または法律上次のような例外が存在するといわれてきた。まず、各法領域には、個人とかかわりがなく個人を規制対象としないが、明文規定によって法律の規定が必要とされる規範または措置が存在する。この場合、特定の事項はすでに述べた分類によれば法律事項に含まれないが、確かに立法府はこの事項を固有の権限に属するものとして自らに留保することができる。次にこれとは逆に、近代憲法によれば、立法府は、個人にかかわる法それ自体に関する規範について命令で制定することを、明文規定によって執行府に授権する権限を有する。これら二点からいえることは、個人にかかわる法に関する規範を、立法府に留保された固有の法律事項として位置づけるのは必ずしも正確ではないということであろう。しかし、ここで問題にすべきは原則と例外ではないであろう。そうではなくて、法律事項と命令事項の分配に関する唯一の原則的な定式は、効力を有する法律によって執行府に分配された規範または対象が命令事項であるということであり、この定式によって実定法の体制全体を総括する方が法的現実により適合的であろう。このような捉え方は、権限分配に関する問題について、法律を法規範として定義する理論家の立場とはまったく異なる。この定義を採用する彼らによれば、市民に適用される規範について命令で制定することを法律の規定が執行府に授権するたびに、立法府はこれによって立法権を執行府に移転させているのである。したがってこの場合、授権とは議会が立法権を執行府へ委任することであると考えられている。実際、彼らの主張によれば、法規範は原則として議会の立法権に属する法律事項であるので、立法権に属する法規範を命令で制定することが可能となるには、少なくとも実質的権限という観点からみて、命令の制定者は立法権それ自体を付与されていると仮定しなければならない。このことから導き出される理論によれば、個人にかかわる法について規定することを授権されている命令は、議会による立法権の委任にもとづいているということになるであろう。この理論はわが国とドイツで広く支持されてきた。さらにこの理論から導き出されることは、この種の命令は、実質的な立法権の移転にもとづいているので、このように委任された対象事項という点からすれば、それ自体法律だということである。このような立法権の委任に関する理論そのものは、法規範としての法律に関する理論からの直接的な帰結である。これとは逆に、議会が、すでに述べた意味での「法」、つまり個人とその私的集団の形成とに関する法にはかかわらない事柄について法律を制定する場合には、議会は立法行為という外観の下で実は立法権を行使していないとされてきた。

また、法規範としての法律に関する理論は、国家元首の命令制定権に関して、内容という点から命令を二種類に分ける結果をもたらした。法規範の性質を有する規定を制定する命令が存在し、とくに警察命令がこれにあたる。警察命令は国民に義務を課すことを直接の目的とし、したがって国民との関係で法秩序を創設することとかかわりを有する。確かに、命令は、立法府ではなく執行府が制定したものである以上、形式という点からすれば法律とはいえない。しかし少なくとも、この種の命令は、その規制対象やその規定の本質的性質からすれば法律の性質を有する。この意味で、その規定は、議会が制定した法規範と同じ仕方で関係する個人に適用されるので、このような法規範に備わっている効力を有するという点が強調されてきた。その結果、立法権の委任という理論を受け入れない専門家の間にすら、内容という点からこの種の命令を法律とみなしていた論者が存在し、この場合、彼らは命令制定権を立法権とみなしていたことになる。これとは逆の意味において、次のような命令はもはや法律とは考えられない。すなわち、市民との関係で新しい法を創設せず、その規定が役務に関する規範という意味で官吏にしか適用されないような命令である。この種の命令については、その実質および形式という点から、行政の性質を有する行政権の行為にすぎないといわれる。ドイツにおいては、これら二種類の命令の相違は、それぞれに一般に付与される名称の相違によって示されてきた。一方の命令は法規命令といわれ、この命令は市民に適用される法を定立し、このことから実際には立法であると考えられる。他方の命令は行政命令といわれ、この命令は官吏の活動のみを規制し、上級行政庁に帰属する職階制上の権限にもとづいて制定され、いかなる意味においても法律ではないといわれる。

一〇　法律を一般的規範または法規範として定義してきた専門家自身が、自らの理論を否定する要素を提供する。実際、彼らはこの理論を全面的かつ排他的に維持することができなかったという点は注目すべきである。まさしく彼らが認めざるをえなかったことは、彼らがいうところの立法権に固有の対象事項を形成する規範の性質に関する考察から導き出された法律の概念から、立法権の対象事項に関するあらゆる条件とはまったく関係のないもう一つの法律の概念へと必然的に移行しなければならないということである。この必然性の原因は、近代公法においては、憲法が用いる法律という名称を、一般的規範であれ、個人に関する法を創設する規範であれ、特定の種類の規範のみに限定することはできないという点にある。とくにわが国では、通常または公式の用語以外においても、法律という名称を、議会が立法手続で可決したすべての規定または決定にまで使用することがある。それに、一八七五年二月二五日法律それ自体がその一条において次のことを認めている。すなわち、立法手続による議会のすべての議決は議会にとって立法権の行使であり、したがって、このようにして議会によって可決されたすべてのことは、議会が可決したであろう規定の文言が一般的であろうと個別的であろうと、また議会が規制しえた対象の性質が何であろうと、法律という名称に値するということである。

したがって、法律の概念を一般的規範の概念または法規範の概念と同視する理論は、現行の実定公法が立法権をその他の権限から区別するに際して立脚する概念と一致しないことは確かである。法律はかつて、抽象的な規範または市民に適用される法の制定を特別な目的とするものとして位置づけられなければならなかったとしても、今日確認すべきは、法律の概念はこれとは異なる種類の考え方に対応しているということである。すでに述べた理論の支持者たちはこのことに気づいていた。それ故、彼らの見解と現行の諸憲法において支配的な法律の概念との不一致を覆い隠すために、彼らは、形式に着目した法律と内容に着目した法律、ドイツ的な用語を用いれば形式的意味の法律と実質的意味の法律という、すでに古典的となった区別を形成したのである。この区別の特徴は法律の概念を二元化する点にある。

実質的意味の法律と形式的意味の法律とを区別する理論は、その本質的要素に還元すれば、二つの意味の法律をまったく異なるものとして対置するが、法律に関する二つの範疇は同時に成立しうるものである。一方で、法規範は、その内容によって、その規定の内在的性質によって、あるいはそれが適用される対象によって、法律に固有の性質を有し、法律の本質的な定義の条件を満たしている。これが実質的意味の法律または本来の法律であり、これは法律の本質的な効果、つまり法規範の性質それ自体に由来する効果を生じさせる。他方で、立法行為が法律の名称を有する根拠はその形式的構成のみであり、法律という外的形態のみである。このことから、立法行為は効力を有するであろうし、立法手続を用いることに伴う効果を生じさせるであろう。しかしこの場合、立法行為の内容それ自体が法規範の価値を獲得するのではない。というのは、その内容を包み込んでいる外的形態は、内容には備わっていない法律の本質的な効力を法律の内容に付与することはできないからである。その結果、立法行為は形式的意味の法律しか構成しえないわけである。

この二重法律概念と、一般的規定による規制またはいわゆる法規範を立法の固有の対象とする旧い理論とを結びつけることによって、この理論に与する専門家は次のような結論に達した。すなわち、実質的意味の法律とは、その形式にかかわりなく、規定の一般性に応じて、一般的規範に固有の効果を生じさせるあらゆる規則である、あるいは、個人に適用される法秩序に新しいものをもたらすことによって、効力を獲得し法規範としての効果を生み出すあらゆる規則である、という結論である。その結果、命令は、立法行為の形式を有しないにもかかわらず、規定の一般性または少なくとも個人に関する法を規定することから、内容という点で実質的意味の法律として位置づけられるであろう。実際、命令によって規定されている規範は、その本質的な効力という点で、立法手続によって制定された場合と同じように扱われる。例えばとりわけ、この規範に反した可能性のある判決の破棄申立ての受理要件や、この規範に反した可能性のある行政行為の取消訴訟の受理要件に関してそうである。それに対して、それ自体法規範としての性質をまったく有しない規範または措置を立法手続によって議決したとしても、この議決が規範または措置に内在する性質を変化させることはないであろう。したがって、議会が立法行為で、行政役務の内部の運営を規定したり、鉄道や道路などの公共事業を決定したり、特定の個人に関する特定の事柄を規定したりする場合、この立法行為は実質的意味の法律を生み出さない。というのは、この立法行為は言葉の本質的意味における法規範を含まないからであり、それによって可決された決定や措置が法規範に固有の効力を生じさせる余地はないからである。この立法行為は形式的意味の法律にすぎず、その規定内容ではなくその形式のみによって法律とされるのである。おそらく、この立法行為が規定する決定や措置は、それが可決された形式から立法行為に付随する特定の効力を得るであろう。例えば、この決定や措置を改正することができるのは議会の新たな立法行為のみである。

確かに、この点では何らかの法律の概念が存在するといえるであろう。しかし、この概念は形式的意味におけるものにすぎず、実質的意味におけるものではない。いずれにしても、このようにして区別されてきた法律の二つの範疇は、まったく異なるものとして維持されることになる。かくして、法律の概念は完全に二元化されるわけである。

二　この二元的区別は、法律を一般的規範または法規範として定義する専門家が行きつかざるをえないと思われる帰結である。しかしながら、九—一〇頁で述べたように、まさしくこの二元的区別こそが、法律に関するこのような定義の問題点を明らかにするのである。この定義は、法律の概念に関して効力を有する公法によってもたらされる所与と明白に矛盾する。というのは、一八七五年憲法は法律に関して二つの範疇を認めてはいないからである。同憲法は唯一の立法権についてのみ規定しているのであり、同年二月二五日法律一条によれば、それは議会に帰属する。このことが意味するのは、議会のみが法律を制定することができるということである。したがって、憲法のこのような規定からすれば、議会の議決によってもたらされる形式的意味の法律から、立法機関以外の機関が定立した規範で、いわゆるそれ自体が法であるという性質に依拠する法律の第二の範疇を区別することはできない。さらに、現在の憲法学によれば、議会は、自らが欲すれば立法権をあらゆる対象にまで拡大することができ、あらゆる他の機関を排除して法律を制定する権限を自らに留保することができるとされるが、これはいうまでもないことである。法令集を一瞥するだけで、きわめて多くの法律が一般的規範や市民の法的条件に関する規範以外の事柄について規定していることに気づくであろう。したがって、これらの性質を有する規範のみが憲法上立法権の対象を構成するという主張は成り立たない。

このように、実質的意味の法律と形式的意味の法律という二元的区別が憲法上の根拠を有しないことは確かである。しかも、この区別は憲法と矛盾さえする。というのは、これまで述べてきたことからすれば、憲法は法律に関する唯一の基準、つまり議会による議決という形式的な基準しか認めないということはすでに明らかであろうからである。となると、とくにドイツにおいて法律に関する多くの議論で用いられ、わが国においてさえいまだにこれほど普及しているこの区別は何に由来するのか。現実には、この区別は歴史的理由によって説明されるのであり、法律の概念をめぐって生じた変遷がこの区別をもたらしたのである。一八世紀においては、法律は一般的規範の定立を目的とするものであると考えられていた。一九世紀の立憲君主制の時期においては、市民に関する特定の地位は法律に特別に留保された事項でなければならなかった。ところが、立法権に関するこれらの旧い概念に新しい概念が取って代わったのである。新しい概念は現在の公法において支配的であるとともに、その根拠は、法律は特定の種類の内容を有しなければならないという結論をかつて導き出した考え方とはまったく異なる考察にある。それにもかかわらず、専門家は過去の伝統に由来する法律の定義を再生産し続けた。このようなことは法理論の歴史において少なからず生じる現象である。法律という言葉は、法学関係の文献において、そして時には法律の規定においてさえ、一般的規範または個人に関する法規範の同義語として用いられてきた。おそらく彼らは、法律に関するある範疇が憲法上存在することを形式的意味の法律という名の下に認識して、自らの理論の中に新しい法を取り込んだのであろう。この範疇には、それまで法律に固有の対象とみなされてきたものとは異なる対象に関する立法行為が含まれていた。そして少なくとも、それまで法律に固有の対象とみなされてきたものに関する規範または措置のみが法律に関する本質的概念を構成するという主張が原則として維持された。これらの規範または措置が実質的意味の法律と呼ばれたのはこの意味においてである。以上が、法律に関して二つの範疇を区別することのそもそもの始まりである。この区別は、異なる時代に発し、とくに異なる思想に由来する法律の概念の対立から生じた。より正確にいえば、この区別は、実質的意味の法律という名の下に、今日の憲法ではもはや用いられていない法律の旧い概念を維持しようとしたことから生じたのである。

一二　それでは、一八七五年憲法にはいかなる法律の概念が現に含まれているのか。この概念はいかなる思想に由来し、いかなる動向に対応し、いかなる時代に生じたのか。

法律に関する憲法上の概念の源は、法律と立法権とに関する新しいわが国公法の創設者が大革命の初期に確立した原理の中に見出される。したがって、法律の概念に関する現在の内実を理解するには、革命期におけるその源に、とくに最初の憲法である一七九一年憲法の立法権に関する基本的な規定に、まずはさかのぼらなければならない。この規定によって法律の概念は十全に明らかにされるであろう。

一三　一七九一年憲法とそれに先立って一七八九年八月に採択された人権宣言とは、周知のとおり簡潔な文言から成る複数の規定によって、大革命に端を発する公法において法律に関する新しい概念を創設した原理を定式化している。

一四　これらの規定の中で最初に取り上げるべきは、「法律は一般意思の表明である」という有名な命題で始まる一七八九年人権宣言六条である。同条によって数少ない言葉で要約された思想それ自体がその後の法律に関する近代的な概念の基礎となるとともに、一七九一年憲法において法律の地位とその効力とを高めることとなったことからすれば、すでに同条のみで決定的な重要性を有する。そして、同条はこの命題に続いて直ちに、法律を一般意思の活動結果とみなさなければならない理由を明らかにする。すなわち同条によれば、「すべての市民」は、「その代表者をとおして」、つまり議員によって構成される選挙された議会をとおして、「その形成に参加する権利」を行使する、あるいは少なくとも理念的には行使するとみなされる。

このように、人権宣言六条はルソーの理論から取り入れた次のような原理を出発点としていた。すなわち、立法行為は典型的な主権の表明であるので、人民つまりすべての市民が法律の制定行為に協力しなければならないという原理である。そして主権は、『社会契約論』の用語によれば本質的に人民に帰属し、一七八九年人権宣言の文言によれば国民に帰属する。周知のように、革命期の理解においては、国民とは、その構成員である個人のみを構成要素とするという意味で、まさしく市民によって形成される集団である。その結果、同条はその冒頭で、一般意思を立法の基礎としたうえで、一般意思それ自体によって法律を定義したのである。この定義は一七九三年人権宣言四条および共和暦三年人権宣言六条において再び採用された。

一五　しかし、一七九一年憲法および共和暦三年憲法は、市民の立法への参加を、現に立法権を行使する議員の選挙に限定しておきながら、いかにして法律を一般意思の活動結果とすることができたのか。両憲法は、人権宣言六条によって導入された第二の原理にもとづいて、法律と一般意思の同一性を維持したのである。もはやルソーには由来しないこの原理によれば、市民自らが、つまり「すべての市民」が、議員によって代表されている以上、立法権を行使する議会の中に存在していることになる。確かに、革命期の諸憲法によれば、議員は自らを選出した個々の選挙区ではなく全体としての国民を不可分な形で代表する（一七九一年憲法第三編第一章第三節七条、一七九三年憲法二九条、共和暦三年憲法五二条）。しかし、国民はその実体を、自らを構成する市民の中に有するので、市民が国民において代表されなければ、国民が議会によって代表されることもない。その結果、結局、すべての市民は国民代表をとおして法律の制定に参加し、このようにして制定された法律は一般意思から生じたものとされうるのである。シエースが、国民議会における一七八九年九月七日の会議できわめて明確に表明すべくして表明したのはこれと同じ原理である（*Archives parlementaires*, t. Ⅷ, p. 592 et s.）。そのとき彼は次のように述べて代表制を定義した。すなわち、この体制においては、「人民はその代表をとおして発言・行動し」、「委任者は国民を代表する議員をとおして意見を表明する」、というのは、「国民を代表する立法府の声」は「人民の声」そのものに他ならないからである。ここでは、議員によって構成される議会が表明した意思と人民の意思とが同視されており、このことは議会のあらゆる決定が全体としての人民の意思と同一であることを意味する。

一六　要するに、一七八九年人権宣言六条によって表明された法律の概念は次の二つの命題によって構成されていた。一、法律は一般意思をその基礎とし、したがって一般意思の表明でなければならない。二、一般意思はすべての市民を代表する立法議会によって表明されるので、現実にも法律は一般意思の表明である。実際、このようにして確立された代表制全体の実質的目的は、議員の意思をもって市民の意思とすることであった。シエースはこのことをすでに引用した演説で明示的に述べたのであり、そのとき、代表制と人民自らが判断し決定する民主制との相違を強調した。したがって、人権宣言六条の第一の命題が『社会契約論』の理論から直接得られたものである以上、ルソー自身が、人民は主権の行使について代替される余地もなければ、代表される余地もないと明確に述べたことから、同条の第二の命題とすでに述べた革命期のあらゆるイデオロギーとに反対することはきわめて当然である。とはいえ、一七八九年の国民議会によって国民代表という名の下に構築された仕組み全体が、法律は国民を形成する市民から発しなければならないという本質的な思想に立脚していたことに変わりはない。そして、一七九一年憲法が代表者の地位を、何よりも人民が選挙した議員によって構成される議会に付与したのは、このような精神においてである。実際、同憲法第三編前文の二条は、人権宣言六条において表明された思想に従って、「わが国の憲法は代表制である。代表者は立法議会である……」と規定している。

国民の立法権を行使する機関が国民の代表という地位を獲得するのは、何よりも、この機関が選挙によってすべての市民とつながっているからであり、また、このつながりからこの機関によって表明された意思がすべての市民の一般意思と一致しているとみなすことができるという事実からである。このことについて疑問の余地はない。おそらく指摘されるであろうことは、一七九一年憲法第三編前文の二条が、立法議会だけではなく、選挙によって選ばれない人物である君主をも代表者としていることであろう。しかし、一七八九年から一七九一年にかけての憲法制定者自身が、君主は例外的な資格においてかつ限定された程度においてのみ代表者とされていたにすぎないことを示していた。すなわち、立法議会によって可決された法律に対して行使される憲法上の停止的拒否権と、外交関係を構築し主導する権限とによってのみ、君主は代表者とされていたにすぎないのである。実際、これら二つの点からすれば、君主は、国民の名でかつ立法議会から独立して一般意思を表明することによって、代表者としての権限を行使するようであった。しかし現実には、執行府の首長に付与されたこれら二つの権限のいずれも、真の代表としての性質を執行府の首長にもたらさなかった。というのは、拒否権は、たとえ君主がそれによって立法議会の法律に関する可決に一時的に抵抗することができたとしても、法律の命運を最終的に決定する権限までを君主に付与するものではなかったからである。拒否権の行使が惹起するのはその後の立法期における再議のみであり、この場合、立法議会のみが君主によって拒否された法律を可決するか否決するかを決定するのである。同様に、外国との交渉を経て君主によって締結されたあらゆる種類の条約は立法議会の承認に付される（同憲法第三編第三章第三節二条および第四章第三節三条）。したがって、拒否権行使の後においてさえ、また外交的な裏取引の領域においてさえ、国民の一般意思を最終的に、つまり十全に代表者（当時の意味で）が表明することは、議員によって構成される立法議会に排他的に独占されるものとして留保されていた。そして、立法議会のみがまさしく代表者という名に値したのである。

一七　さらに、立法議会が代表者としての地位を有した根拠はその選挙という出自のみではない。選挙のみでは議員を代表者とするには不十分であった。その理由は一七九一年憲法第三編第四章第二節二条にある。すなわち同条によれば、「行政官は代表性を有しない」が、「有期で人民によって選挙される」。このように同条から明らかなことは、行政官はその選挙という出自にかかわらず、いかなる程度といかなる意味においても代表性を有しないということである。一七八九年から一七九一年にかけて確立された代表に関する概念によれば、代表者をして代表者たらしめるのは、被選挙人によって行使される権限の性質である。代表としての性質を有する権限を行使する被選挙人のみが代表者なのである。当時の憲法制定者（その中にあって一七九一年八月一〇日の会議におけるバルナーブ（*Archives* *parlementaires*, t. XXIX, p. 331)）は、代表はまさしくその本質において「国民のために意思する」と述べることによって、代表をもっとも明確に定義している。ところで、上級の意思によって拘束されることなく自由に活動する意思以外には真の意思は存在しない。バルナーブによれば、これが立法議会の権限であった。「立法議会は、一、法律を制定し、二、外国との条約を承認することによって、国民のために意思するので、国民の代表者である」。それに対して、行政官が有する権限は代表の力には及ばなかった。というのは、行政機関の行為と決定は、効力を有する法律によって支配され、決定すらされているからである。したがって、その行為に含まれているであろう意思は自由で始原的な意思の性質を有しない。行政官は始原的には一般意思を表明しないのである。真実は、まさしく行政官は一般意思の結果として、かつそれを執行するものとして意思し活動するということである。同様に、裁判官は、一七八九年の国民議会が構想した司法権の概念においては、立法議会によって可決された法律を厳格に適用すること以外の役割を有しなかったし、また解釈によって自律的に法を創造するあらゆる権限を有しなかったので、「代表としてのいかなる資格」も主張しえなかった。そしてすでに述べたように、君主自身は代表の名に値するような条件を満たしていなかった。

一八　以上のようなすべての考え方は、革命によって確立された代表者と官吏の有名な区別に要約されるであろう。まさしくこの区別によって、わが国の公法に固有の国家組織が一七八九年以来基礎づけられてきた概念全体の真の、そして大きな重要性が明らかにされることからすれば、この区別の重要性は決定的である。実際、この区別は、公権力の二種類の保持者が憲法によって設置されることを意味する。一方において、立法議会あるいは議会が存在し、これは国民の代表者として国民と一体不可分である。というのは、人権宣言六条が規定しているように、すべての市民は代表される、つまり法律の制定に際して議会の中に存在しているからである。その結果、この代表の効果として、法律は人民自身が、つまり主権者が制定したものとされる。ところで、代表に関するこの概念がもたらすもう一つの帰結は、議会は主権者を代表するので主権者の権力を至高の形で保持するということである。議会の権限は、立法権であれその他の権限であれ、代表をとおして委任される主権の性質を帯びたものとなる。要するに、国民の代表者として観念された議会は、現実には主権者となるのである。主権は、それに伴うあらゆる優位性とともに議会に集中する。他方において、執行府の首長・行政官・裁判官といった議会以外の公権力を保持する個人または機関の地位はまったく異なる。確かにこれらも国民の権力を行使するが、しかしもはや主権者のレベルにおいてではない。というのは、これらはもはや主権者を代表しないからであり、主権者と同視されないからである。すでに述べた一七九一年憲法第三編第四章第二節二条が行政官について規定していたように、これらは単に、主権者が憲法によって付与した「職務」を行うのみであり、換言すれば権限を行使し、官職につき、委託を受けるのみである。またこれらは、憲法によって画定され本来限定的な範囲内でのみそうしうるにすぎない。これらは代表者としての性質を有しないので一般意思を表明しない。そして、これらがその権限内において何らかの決定または行為を行う場合、これらをとおして発言しまたは活動するのはもはや人民ではなく、これら自身が発言しまたは活動するのである。というのは、同条によればこれらは「官吏」だからであり、官吏とは人民のために職務を果たすものなのである。

以上のようなさまざまな観点からすれば、わが国公法の創設者が、いかなる真の法的基準にもとづいて、憲法によって国民の代表者として、つまり国民と対等なものとして宣言された議会と、憲法によれば国民の権力を職務として行使する官吏にすぎないその他の個人または機関とを峻別したかが理解される。議会は主権者としての地位を占め、現実の主権者である。さまざまな権限の他の保持者については、それらにふさわしい法的地位は単なる機関であり、委任された機関にすぎない。主権者とそれに従属する機関との相違、これが革命期における代表者と官吏の区別の本来の意味であった。この区別は次のような考え方のみに対応していたわけではない。すなわち、議会と執行機関または司法機関との間には、各機関は異なるレベルに位置する国民の国家権力をそれぞれ行使するという権限の階層的段階構造が設けられているという考え方である。それだけではなく、この区別の及ぶ範囲は全面的であった。この区別によれば、議会と二次的な機関は、まさしく相互の関係においてそれぞれの地位と資格という点で本質的に異なっていたように、本質的に異なる権限を付与されていた。大革命が国民主権の原理にもとづいて創設した代表制は、要するに議会主権の体制として分析されるのである。議会は二重の意味で主権者であった。まず、すべての他の機関に対して一般意思という権力を有する人民として立ち現れるので、これらの機関との関係において主権者であった。次に、シエースが述べたように、市民は議員によって構成される議会をとおしてしか一般意思を表明することができなかったので、現実には市民の全体それ自体との関係においても主権者であった。

一九　一七九一年憲法はこれまで述べてきた諸原理を表明しただけではなく、これらの諸原理のいくつかの帰結、とくに立法権と法律とに関する帰結を明文で規定した。

これらの帰結の一つは法律の優位に関するものである。法律は議会によって代表される一般意思の表明であり、したがって主権者の制定したものであるので、その優位性によって、国民だけではなく、議会以外のあらゆる設置された国家機関が支配されなければならないのは当然である。これは、一七九一年憲法第三編第二章第一節三条の、いまだ色あせることのない簡潔な文体でかつ稀にみる力強さで書かれた「わが国には法律に優位する権威は存在しない」という規定が表明する帰結でもある。ここには明確な真理が存在する。というのは、一般意思がひとたび法律によって表明されれば、一般意思に対する優位を主張し、あるいは一般意思とまさしく対等な立場に並び立つことができる権力を想定することはできないからである。さらに、法律は、議会以外の他の機関の活動を制限することによってその活動を支配するにとどまらないであろう。法律は、それらの活動の開始時期と正当化事由を規定しなければならないという意味で、それらの活動を条件づけるのである。法律は、一般意思であるとともに主権的であるということから、国家の中にあって始原的意思であり、すべてはこの意思から始まらなければならない。法律が存在しないところでは、派生的で副次的な権力にしか活動の余地がない。ここから、同憲法第三編第二章第一節二条が君主自身に適用する、「君主が服従を要求することができるのは、法律の名においてのみである」というもう一つの帰結がもたらされる。議会以外のあらゆる他の機関と同様に、君主は、法律によって正当化されない限り、活動することもできないし、措置を執ることもできないし、市民や官吏に対してすら命令を発することもできない。このことから再びいえることは、同憲法（第三編前文の四条）によって確立されたいわゆる「君主制」においては、君主は言葉の完全な意味における代表者ではなかったということである。

二〇　最後に、一七九一年憲法は、人権宣言六条において確立された原理から、同憲法によって採用された法律の概念を確定することになる最終的な帰結を導き出す。ここで問われるべきは、何が法律の特徴か、あるいはいかなる場合といかなる条件において国民の名で制定された命令または決定が一般意思の表明とみなされるべきかということである。この点についてもすでに述べた二点と同様に、同憲法は期待どおりの明確さでもって規定している。「立法議会の命令は法律の効力を有し、法律の名称と表題を有する」（第三編第三章第三節六条）。この規定によれば、法律の概念は、立法行為の内容に関する条件にも依拠しないし、規制の事項または対象それ自体によって法律とされるか否かという区別にも依拠しない。そうではなくて形式的な要因のみに、すなわち、現に法律が立法手続にもとづいて立法議会によって可決されたという法律の源のみに依拠している。立法議会のみが法律を制定することができるとともに、立法議会が立法手続にもとづいて制定したものはすべて法律なのである。

ボダンは、すでに一六世紀に、法律の概念が立法行為を行う者の資格に由来することを指摘していた。「法律は最高の権力とかかわりを有する。というのは、法律は最高の権力の命令以外の何ものでもないからである」。しかし、法律はその名を立法者の至高の権力に負っているということの考え方は、一八世紀に、まったく異なる発想にもとづいた理論によって曖昧なものにされた。ルソーは、法律は人民主権の活動結果であると主張することによって、この主張が法律の源についての形式的な条件に関するものであるにもかかわらず、法律の概念を実体的な条件、つまり規定の一般性に依拠させた。さらにモンテスキューは、異なる保持者の間で権力を分離する体制を確立したが、それが可能であったのは、分離される各権力に、とくに立法権に、それぞれの権力の対象に実体的に対応した固有の領域を確保したからである。その結果、法律は議会に留保されるべき事項それ自体によって定義されなければならなくなった。このような考え方は一八世紀末に相当な支持を得、一七九一年憲法さえその影響を受けた。かくして、一般的規範を定立する権限は本質的に立法権であり、権力分立体制においては立法議会に帰属しなければならないので、同憲法は命令制定権を君主に認めなかったのである。同様に、同憲法第三編第三章第一節一条は、内容にもとづいて立法議会の権限に留保されるべき、したがって法律に固有の事項を形成する対象および措置に関する実体的リストを確立しようとした。しかし、同憲法は当時の支配的な考え方の影響を被りつつ、軌道修正をして最終的には、立法議会によって決定されたすべてのことは形式という点で法律であり、その名に値すると規定した。この定義においては形式が実体に優るのである。そして、すでに述べた人権宣言六条は、立法議会のすべての命令が法律の概念に合致する根拠を明らかにするべく努めた。というのは、同条によれば、源と制定手続に応じてこれらの命令は「法律の効力を有する」からである。この特別で優越的な効力は法律にのみ帰属し、したがってこの効力のみが法律の定義の本質的な構成要素とされなければならない。その結果、法律を一般的な文言で規定された規範とした、または法律を固有の対象事項によって特徴づけた先行理論に対して、近代公法の創設者は法律に関する新しい概念を導き出した。この概念は、人民はその意思を議員によって構成される議会をとおして表明するという代表の原理に直接由来する。というのは、人民の意思は、たとえそれが個別の場合に表明されようとも、また特定の措置によって決定されようとも、一般意思であることに変わりがないということは明らかだからである。同様に人民の意思は、それが適用される対象の種類や事項にかかわりなく、一般意思である。ここから、立法議会のすべての命令は、それが人民を代表する議会によって発せられたという事実のみによって、一般的で主権的な意思と結びついた優越的な価値と効力を有するという結論が得られる。さらにここから、この命令はその内容の性質にかかわりなく法律であるという結論が得られ、この結論は、法とは人民が命じ、そして作ったものであるというローマ法の定義に合致する。このような法律の概念が人民によって法律の概念を基礎づける根本思想に発するものであることは間違いなく、この概念は実質的ではなく純粋に形式的な概念である。そしてこの概念は、「元老院によって可決された五〇〇人院の議決は法律である」という共和暦三年憲法九二条によって再び採用されることになるのである。

二　一八七一年の国民議会は、憲法を再建する責務を遂行するにあたって、一七八九年から一七九一年にかけての憲法制定者と同じ状況の下にあった。ある意味では、革命期の最初の憲法制定議会と同様に、一八七一年の国民議会は、過去の憲法組織の残骸しか残っていない、したがってすべてを創り直さなければならない状況の下で活動したということができる。この国民議会はわが国の人民に付与すべき憲法をいかなる方向に導くことになったのか。

議会の王党派が君主制を復活させるには至らなかったので、わが国における主権は市民によって構成される国全体以外には帰属しえないということを認めざるをえなかった。しかし他方で、憲法制定者のうち共和派は、わが国の共和制に直接民主制的な形態と制度を付与しようとまではしなかった。というのは、国際社会においてわが国が置かれていた微妙で危険な状況からして、このような形態と制度を実現することは困難だったからである。そこで、国民代表の資格について選挙という源によって再建された議会をもって、国民の意思のまさしく正式で最高の中心機関とすることが不可避となった。したがって、一八七五年憲法は、最初にそして何よりも、第一および第二帝制下における組織上の原理を拒絶しなければならなかった。この原理は、革命期のあらゆる偉大さを奪われた役割へと立法議会を追いやることを目的としていたのである。また同憲法は、復古王政から七月王政にかけての時期に導入され確立された議院内閣制の伝統を復活させつつも、この時期に確立された統治体制から着想を得ることがいっそうできなかった。というのは、この統治体制は、一八一四年においては、君主を主権者とする原理に立脚していたからである。また一八三〇年においては、君主は、少なくとも、憲章一三条によれば依然として「国家の最高首長」であり、このような地位に応じて、とくに裁可によって法律を完成させることが求められるという思想に立脚していたからである。最後に、一八七五年憲法の制定者は一八四八年憲法をモデルとすることもできなかった。実際、一八四八年憲法は立法議会と対峙する形で大統領を設置した。大統領は人民の選挙によって選出され、その地位や権限に関する憲法上の規定から人民の一般意思の第二の代表者とされた。ところで、この二元的代表制は第二共和制の下で遺憾な結果をもたらし、決して一八七五年に同じ試みが繰り返されようとすることはなかった。

二二　以上のことから、一八七五年憲法は、望むと望まざるとにかかわらず、わが国公法の創設者が一七八九年から数年かけて旧君主制の廃墟の上に創り上げた権力組織体制と同じような体制へと連れ戻された。すなわち国民代表制であり、そこにおいては、要するに議会のみが国民を代表すべきであり、また議会が一般意思を表明するという考え方から議会が真の優位性を獲得する。この優位性は、市民との関係では、市民は選挙によって選出された自らの代表者をとおしてのみ意思することが認められるべきであるという形で表れ、また、国家権力の他の保持者との関係では、これらは憲法によって職務を付与された単なる機関としての地位を有するにすぎないのに対して、議会それ自体は最終的には主権者と一体を成すことになるという形で表れる。

二三　以上のような一連の考え方の中に、現在、一八七五年憲法において法律と立法権との概念を基礎づける概念が認識されるべきである。これらの概念について、同憲法の制定者は、一七八九年から一七九一年にかけての憲法制定者がかつて行ったようには説明しなかった。前者は実際家として振舞うにとどまり、採用された憲法上の諸制度を基礎づける原理について合理的に掘り下げて考えたり、それを教条的に明確化したりする習性を有しなかったのである。最初の憲法である一七九一年憲法においては、原理を定式化した表現をとおして条文上法律の概念を構成する要素が導き出されたが、立法権に関してこれに匹敵する条文を一八七五年憲法のきわめて簡潔な諸規定の中に探しても無駄であろう。同憲法の制定者は法律の概念の法的重要性を明らかにし見定めようとすることにはあまり関心がなかったのであろうか。同年二月二五日法律一条において「立法権」という用語が用いられたとき、この用語が、註釈をまったく不要とするまでに十分に確立された理解可能な意味を有するとおそらく考えられたのであろう。

その結果、何人かの憲法学者は、憲法制定者が確立しようとしなかった明確な法律の概念をわが国の現行憲法の中に求める必要はないという考えを示唆している。この点について、すでに反論した（一頁）ように、一八七五年憲法の制定者が、実際に条文において使用し規定した専門用語の意味について一定の明確な考え方を有することなく、法律と立法権について論じたと合理的には考えられない。さらに、たとえ憲法制定者がこの点について確たる考え方を有しなかったということが立証されたとしても、同憲法の条文における法律という用語の憲法上の重要性は、憲法制定者が法律と立法権について考えたであろうことによってよりも、それらに関する条文それ自体が意味することによって決定されなければならないことに変わりはないであろう。実際、この点についていえるとは、一般的にいって、わが国憲法の現在の解釈者は憲法制定者の見解・意見・意図には拘束されないであろうということである。憲法制定者が立ち去った後、法的に残されたものは憲法制定者が制定したもののみである。実定諸制度の理解はまさしくこの中にのみ求められなければならない。この点、最終的には、制定以来五〇年以上を経た同憲法は、制定者の当初の考え方よりも国民のその後の世代の意思に立脚している。これらの世代は、同憲法の運用がもたらした諸結果をふまえて憲法を改正することが可能であったにもかかわらず、同憲法の原形を保持してきたのである。

このように、法律という用語が一八七五年の時点て理解され用いられた意味は、憲法の条文それ自体の中に求められなければならない。ところで、条文の検討によって明らかにされることは、当時の憲法制定者は、立法権という用語を用いるにあたって、おそらく本能的にそして漠然と、しかし素直に、憲法上支配的な影響力が少なからず認められる明確で基本的な概念に従ったということである。実際、憲法は多くの点で次のことを示している。すなわち、人および市民の権利宣言が、その六条において法律に関する近代的な概念の基礎を確立するにあたって革命初期に着想を得た思潮に、憲法制定者は意識的にあるいは意識することなく従ったということである。そう、果実からそれを実らせた木がわかるように、一八七五年憲法における特徴の全体が、一般意思の表明という法律の概念は同憲法によって再び採用され、わが国公法体系の土台の一つを現に形成しているということを示している。同憲法はこの概念を明確な表現で規定していないが、議会に付与された立法権に関する規定の仕方それ自体からすれば、同憲法がこの概念に素直に従っていることは明らかである。というのは、立法権に関する同憲法の精神が議会の実効的な主権という考え方を前提とせざるをえないからである。そしてこの考え方は、一七八九年から一七九一年にかけての最初の憲法制定者が明らかにした考え方によってしか説明することができない。後者の考え方によれば、立法議会は、その選挙という源から、主権を有する国民を構成するすべての市民の代表であるとみなされなければならないのである。

本書の目的は、まさしく、このような観点からみた一八七五年憲法が示すさまざまな特徴を明らかにすることである。

第一の特徴は、立法権と執行権を区別し、両者のそれぞれの領域を相互関係の下で画定するために、一八七五年憲法が採用した方法である。

第二の特徴は、憲法法律と通常法律の区別の問題に関するものである。

第三の特徴は、法律の義務的拘束力の法的基礎に関するものである。

最後に、一般意思の代表者であるという議会の概念が執行権の機能する条件にもたらす影響について簡単に言及する必要があるであろう。

第二章　一八七五年憲法における立法権と執行権の区別

一　一八七五年憲法は明文で立法権と執行権を区別した（同年二月二五日法律一条および七条）。しかし同憲法は、立法と執行という法学用語がそれぞれ何を意味しているかは明らかにしていない。この点に関する同憲法の沈黙は驚くにはあたらないであろう。これらの一般的定義を下すことは註釈者の役割であり、憲法法律であろうとその他の法律であろうと、制定者の役割ではない。他方で、立法と執行という用語の明確な意味を確定することは法学者にとって相当に重要である。同憲法が立法権を議会に、執行権を大統領に、それぞれ分配していることからすれば、いかなる対象・行為・事項が議会によって制定される法律を必要とし、また大統領の命令制定権に属するのかを認識しうることは喫緊の関心事である。憲法の運用において常に問われるであろうこの問題を解決するための手がかりが同憲法によって実際に与えられていないとすれば、同憲法には理解しがたい欠缺が存在することになるであろう。しかしながら、決してその手がかりが憲法上与えられていないわけではない。同憲法が立法権を有する議会の権限との関係で執行府の権限を決定するために採用した方法を検討すれば、おのずと、同憲法が立法権と執行権を区別するにあたって立脚している本質的な精神は理解され、同時に同憲法における法律の概念も明らかにされるであろう。

この方法には直ちに注意を引く第一の特徴がある。一八七五年憲法は、一方で、法律によって定めることができるまたは定めなければならないことについて何らまたはほとんどふれていないが、他方で、執行府の首長である大統領その人によって体現される執行権に含まれる権限または作用について多くの条文で列挙している。さらに注目すべきは、大統領の権限に関する規定では常に行為の性質と対象が厳格に定められているということである。大統領の権限として規定されているのは、例えば、法案提出権、法律を審署する権限、両議院によって可決された法律の再議を求める権限、議会を招集し停会とする権限、代議院を解散する権限、官吏任命権、恩赦権などである。このように出し惜しんでいるかのように一つ一つ列挙されている執行府の首長の権限はすべて、その内容が権限を付与する憲法の規定によって明確に定められている行為にかかわるものである。唯一、同年七月一六日憲法法律八条が大統領に一般的権限を付与している。同条によれば、大統領は外国と条約について交渉しそれを締結する権限を有するが、この権限の対象は何ら限定されておらず、この権限によってあらゆる種類の規範および措置について条約という形式で取り決めることもできる。しかし同条は、多くの条約について、批准に先立って議会の承認を得ることを大統領に要求することによって、直ちにこの外交上の強大な権限に制限を加える。このように同憲法によって大統領に付与された特別で制限された諸権限を除けば、唯一の条文が対象事項との関係できわめて広い射程範囲を有する権限を大統領に付与している。同年二月二五日法律三条によれば、大統領は「法律の執行を監視し確保する」。憲法のこの規定が、ある意味では、あらゆる行為を無限定に認めており、とりわけ、効力を有する法律にもとづいて制定されるあらゆる規範・命令・措置がこれらの行為に中に含まれることは明らかである。しかし他方で、この規定が執行府から真に始原的で自律的な権限の存在を排除していることも明らかである。というのは、法律を執行する権限は、その範囲がいかに広かろうと、本質的に付随的で二次的な権限でしかありえないからである。

二　したがって、わが国の憲法に関するごく簡単な検討から直ちに導き出される主要な思想とは次のようなものである。すなわち、君主制においては、国家元首は、歴史的伝統や君主の人格から、憲法によるあらゆる付与に先行して存在する源と基盤を有する特権を引き出すのに対して、わが共和国においては、執行府は、たとえそれが国家元首の人格に体現されようとも、明文で付与された、したがって派生的な権限しか有さず、そのような権限しか行使することができない。換言すれば、国家元首が何らかの行為を行ったり、何らかの規範または措置を制定したりすることができるのは、それらのために明文で権限を付与した規定をそれらに先立って援用する場合に限られる。この規定は国家元首の活動にとって常に必要であるが、それが憲法それ自体の中に存在しない場合には、少なくとも法律の中に見出されなければならない。執行機関のあらゆる活動に先行してそれを根拠づける規定が要求されることこそ、執行権に関する法的概念の本質的要素なのである。

三　なるほど、一八七五年憲法によれば、「執行権」という表現が、規範を定立しまたは執るべき措置を決定する資格のみを有する機関がまずは判断し、それに続いて執行権を付与された機関は文字どおり通常の意味でその判断を執行するにとどまるということを意味するとはいえないであろう。執行府の役割は、内容がすでに確定されてまったく明確にされている上級の意思を単にそのまま執行することに限定されるわけではない。そうではなくて、大統領の権限に関する憲法の規定は、（議院内閣制に由来する条件の下で）大統領に代議院を解散する権限や官吏任命権などのさまざまな自由な決定権を付与している。同様に、執行府の権限を規制する通常法律が、執行府がなすべきことをあらかじめかつ厳格に規定しているとはとてもいえない。通常法律は、確かに一方で、特定の場合には厳格に適用すべき義務を執行府に負わせるような措置を完全な形で採用することがしばしばあるが、しかし他方で、さまざまな措置を執行府の裁量に委ねることもよくあり、後者の場合、執行府は措置を執るべき時期とその内容とに関して自由な選択権を有する。また、通常法律は、執行府の裁量に委ねられたような活動手段を行使するか否かの臨機応変な判断を執行府に委ねることもある。ときおりではあるが、通常法律は、執行府が自由に発案することができるまったく新しい命令または措置を執行府に固有の命令の形式で定めることを、執行府に委任することがある。さらに、通常法律が、例外的に重大な事態に備えて、執行府に、事態の推移に応じてあらゆる規範または措置を無制限かつ自由に制定させるに至ることも想定することができる。

しかしながら、このようにして執行府に付与された権限がいかに大きかろうと、そしてたとえこれらの権限が真に完全な権限とみなされようと、これらを束ねた執行権は一次的・始原的または自生的な権限の性質を決して有しないという主張にまったく変わりはない。執行権は、執行機関に固有の創造的な力にもとづいてもいなければ、執行機関に実現可能なことを単独の意思で決定できるようにする本源的な力にもとづいてもいない。要するに、執行権は付与された権限にすぎないのである。執行権は自らに先立って他の権力によってなされた行為を常に前提とし、この行為によって、特定のまたは一般的な権限を、あるいは一時的なまたは継続的な権限を、当面自らのものとして付与される。これが執行権の性質を規定するとともに、その名に値する本質的な特徴なのである。一八七五年憲法は、大統領の職務について、大統領は「法律の執行を確保する」と一般的に規定することによって、この特徴を明確に示している。この規定はその簡潔な表現の中にきわめて重要な意味を含んでいる。まず指摘すべきは、この規定における執行権は、その固有の領域を形成する対象事項によっても、その行為の内在的な性質によっても定義されていないということである。次に指摘すべきは、同憲法は、立法、統治・行政、司法という古めかしい伝統的な国家作用の分類を採用していないということである。実は、同憲法は作用、すなわち目的・対象または事項に従って特徴づけられる活動または任務についてふれてさえいない。同憲法が規定しているのは権限、すなわち支配作用についてのみである。同憲法は、それが立法権と執行権の間に確立した依存関係にもとづいてのみ両者を特徴づけ区別している。この依存関係によれば、執行権は立法権に本質的に従属するものであり、事前に法律の形式で下され、活動の可能性をもたらす決定にもとづいてのみ行使されうる。実際、命令の形式で制定されようと、個別の措置が執られようと、また大統領の命令の対象が個人に適用される法であろうと行政の内部事項であろうと、同憲法によって不変の形で確立された原理は、執行権はたとえ大統領自身に帰属しようと「法律の執行」でしかありえないということである。したがって、執行機関の行為は法律によってすでに規定されている規範・措置・決定を適用することに限られ、しかもこの場合、法律の文言を超えて新しいものを加えてはならない。これが言葉のもっとも控えめな意味における執行である。また、執行府とその首長が、それまで法律によって規定されていたことを超えて法を制定したり、いまだ法律によって規定されていない措置を執ったりすることによって新しいものを創り出すことが問題となる。しかしこれらの場合、少なくとも執行の概念が意味するのは、この種の創造が有効であるためには、その根拠がこれらを執行府に授権した法律の中に存在しなければならないであろうということである。これらの条件の下でなされた大統領の行為は、同憲法およびすでに述べた規定〔大統領は「法律の執行を確保する」〕からすれば、授権した法律に従いかつそれにもとづいてなされたという意味で執行権の行為なのである。法律それ自体が一つの過程を始動させるだけではなく、さらにその継続と終結を承認し、促進しまたは命じることによって、一連の作用を続行し完遂させるという意味で、大統領はこの法律の「執行を確保する」のである。

四　最後の指摘からすれば、法律による授権にもとづいてなされた執行行為は、いわば授権した法律の延長であり適用である。執行機関は、確かに付与された授権にもとづいて立法機関として活動するわけではないが、少なくともそれによって「合法」行為を行う（この点については、刑法四七一条一五項〔行政機関によって合法的に制定された命令に違反した者は罰金刑に処せられる〕参照）。この合法性という言葉は、法律とはある事柄に関して発せられた命令または決定であるという考え方を直ちに想起させる。

立法府が執行府に特定の行為を完遂する権限を認めることは、行為それ自体に対する立法府の参加を意味するわけではないという反論がある。この点について、未成年者の婚姻に同意する保護者が婚姻の当事者になるわけではないという陳腐な議論が想起される。また、同種の反論が強調するところによれば、法律によって完全に決められた措置を執行することと合法権の行使とはまったく異なる。

しかし、これらの反論は一見もっともらしく思えても、踏み込んだ検討に耐えることはできない。保護者の事例についてはここではふれないことによう。というのは、保護者とその未成年者が異なる二つの人格であるのに対して、立法府と執行府は国家として組織された共同体という法的統一体の機関だからである。立法府が執行府に対して、執行府自らの意思と自由な判断で行うことを授権した行為を命じるまたは委ねる場合には、法律によってその行為が実現されることはないとしても、その実現に対する着手が存在することは認めざるをえない。つまり、法律が原理を定立し、執行府はその帰結を導き出すのである。法律が執行府の行為を可能にし、前もってそれを正当化しさえするという意味で、法律は執行府の行為を生み出す源なのである。この意味で、法段階理論の支持者が、国家の行為、とくに法の創造という権力作用は段階的に行われると主張するのは正当である。法律と執行権の関係に存在する段階は、国家の行為が二度にわたって行われることの結果である。すなわち、まず立法府が行為を命令しまたは委任するために介入し、次に執行府が第二の動きとしてこの行為を完遂する。この行為は継続し協調する二つの作用の結果である。したがって、立法府が執行府の合法行為と無関係であるとはいえないであろう。確かに執行府が直接的な行為者であるが、しかし前もって法律によって途が開かれてなければならない。たとえ法律が広範な裁量権と決定権を備えた多様な活動手段を執行府に付与したとしても、法律がこれらの権限にもとづいてなされた行為の源とかかわりを有することは、法律が存在しなければその行為も存在しえなかった以上否定できない。最後に、行為はすべてそれを生み出した執行府の活動結果であり、その基礎を提供する法律の適用である。この行為は執行権の行為であると同時に合法行為である。以上のことはすべて、「法律の執行」という考え方によって執行権を特徴づける一八七五年憲法の規定に収斂されるであろう。

五　一八七五年憲法は、「法律の執行」という表現を用いることによって、第一に、執行府のあらゆる行為の中にはなお法律の権力作用が現れているということを示している。法段階理論において主張されてきたように、執行府の命令または決定に従う官吏または個人との関係で執行府の行為の効力を下からみれば、執行府は創造的権限を行使するものとして現れる。しかし上からみれば、執行権はもはや執行、つまりまったく二次的な性質を有する権限でしかない。というのは、その法創造は、もっとも始原的なものも含めて、少なくとも授権の形式で法律によって発せられた命令を前提とするからであり、この上位の命令の適用または代用でしかない。第二に、同憲法はこの表現を用いることによって、執行権の概念がまさしく執行行為の法律に対する従属の確認であるということを示している。この従属性は執行府が法律に反して活動する可能性を排除するだけではない。実際、同憲法の意味するところは、執行府が法律の範囲内に、つまり既存の立法の制限内にとどまらなければならないということのみではない。同憲法は、執行府の行為は法律の執行でなければならないと規定しているのであり、この規定が意味するのは、法律は行為を行う権限と行為のありうる内容とを同時に条件づけるということである。したがって、執行権はその本質において、法律に従ってまたは法律にもとづいてなされる行為しか含まないのである。このように、執行権という用語は合法権と同義であると思われる。

以上が、一八七五年憲法による執行権の定義における際立った独自の特徴である。そして実は、この合法性の条件はそれがひとたび満たされれば、他のいかなる制限も執行権に課さない。命令によって制定されたまたは執行機関によって決定された一般的規定または暫定的措置が法律における場合と同じこともありうる。執行府の行為と立法府の行為とは、その対象事項によっても、その内容の本質的性質によっても、決して区別されることはない。両者を明確に区別する基準は、憲法によって両者の間に設定された執行関係なのである。この関係は、まず法律が規定し、その後に法律によって委任されたことを執行行為として行いうるという意味で、原因・結果の関係ということができるであろう。法律による授権にもとづいて執行府が広範にわたる主導権を握る場合においても、執行府は始原的権限を行使するのではなく、法律の規定に源を有する派生的権限を行使するにとどまる。これが、このような場合においてさえ、執行府は「法律の執行」を行うにすぎないと規定する同憲法が決め手とする唯一の点である。周知のように、同憲法のこの表現は法律（例えば、法律事項ではない事柄について命令で制定することを大統領に命じる一九〇六年四月一七日法律二八条によれば、「本法の執行として制定される法律特別施行令は……につて規定する」）や判例（Conseil d'État, 6 décembre 1907, *Compagnie des chemins de fer de l'Est et autres* によれば、授権された命令によって定められた規定について、これらの規定は「（授権した）法律の執行を確保する」ものである）によっても採用されている。

六　すでに述べた執行権に関するさまざまな概念は、法律による執行府への授権の場合と同様に、憲法による執行府への授権にも適用される。例えば、大統領は代議院を解散するが、この場合、解散は大統領の決定のみに依拠しているとはいえない。それは、解散制度を導入し、その手続と条件を規制する憲法の規定にも根拠を有するのである。したがって、解散命令によって惹起された法状態はこの命令と同時に、というよりもそれ以上に憲法にその源を有する。実際、憲法によって抽象的に規定された解散の可能性という原理を具体的に実現することになる権力作用を行うのは執行府である。執行府の側からみれば、ここには執行府に固有の事実である原理の具体化が存在する。しかしながら、執行府はこの行為を行う権限を自ら引き出すのではなく、それを執行府に授権した憲法の規定から引き出すのである。執行府はこの規定にもとづいて活動するのであり、代議院を解散する命令の冒頭でこの規定を援用しなければならないであろう。この命令は、解散制度を確立した憲法規範の執行として、つまりそれにもとづいてかつそれの適用として発せられたという意味で執行行為なのである。

七　ところで、憲法の規定にもとづいて執行機関によってなされた行為の執行という性質は、一八七五年憲法によって執行機関に付与されたさまざまな授権がすべて明確に規定された一連の行為にかかわるという事実にも由来する。これらの授権のうちいずれも執行機関に特定された権限しか付与しない。このように、執行府の権限を決定するにあたって、同憲法は重要な原則、つまり授権の個別化という原則に従ったということが認められる。この原則は、憲法による授権の場合も法律による授権の場合も同じである。執行府に付与された諸権限が同憲法それ自体によって集合的に「執行権」と呼ばれるのは、これらの権限のうちいずれも憲法または法律の明文規定によって個別化された形で行われた授権を前提としているからである。おそらく、法律は執行府に、一般的な規制または特定の決定によってあらゆる種類の事項について規定したり、あらゆる種類の措置を執ったりする権限を付与することができるであろう。しかし他方で、一八七五年二月二五日法律三条によって強調されている「法律の執行」という概念には、明確な、そしてこの意味で範囲の限定された授権の必要性が含まれている。実際、授権された行為と授権法律の関係が執行の性質を有する関係にとどまるには、授権法律が執行府の行使可能な権限の対象と範囲を十分明確に規定していなければならない。この場合、十分明確に規定しているといえるには、授権法律が執行府に自らが有益であると判断したあらゆる措置を執ることを授権した事項や、執行府があらゆる有益な目的を有するあらゆる事項について執りうる一連の措置が、授権法律によって特定されていなければならないであろう。仮に、ある法律が大統領に、命令によってあらゆる事項についていかなる措置でも執りうるという無制限な授権を行えば、授権の対象はもはや大統領の執行権とはいえないであろう。まさしく真実はこうである。すなわち、そのような一般的委任によって法律が大統領に付与するのは、要するに無制限な権限以外の何ものでもなく、このような権限は後に述べるように同法律一条によって議会に付与されている権限、つまり立法権それ自体である。かくして、執行概念から出発して立法概念へと辿りついたわけである。したがって明らかに、同憲法において規定されているような執行権の概念は授権における個別化の原則を前提としている。授権法律はあらゆる事項と措置について授権しうるが、しかし、とりわけ命令に委任される事項や命令によって執りうる措置の種類は個々の授権において特定されなければならない。最後に、執行権に関する現在の概念そのものは特別な授権にもとづいた権限であるという考え方に尽きるということができる。それ故、同憲法は大統領の個々の権限を一つ一つ明文で列挙しているのである。またそれ故、すでに述べた同法律三条によれば、大統領は同憲法によって列挙されたこれらの権限を除けば法律の執行しか行うことができないのである。

八　執行権について一八七五年憲法から導き出された以上のような概念は、今や、わが国の憲法における立法権の意味を精確に確定するとともに、わが国の憲法が法律の概念を確立するにあたって依拠した考え方を得るために必要なすべての要素をもたらす。同憲法が立法権について直接定義しているわけではないが、立法権に関する同憲法の捉え方は明らかである。実際、執行府はその首長も含めて、法律を執行するためにしか、つまり法律によって発せられた命令を執行するためにしか、また法律の執行としてしか、つまり憲法または法律の規定にもとづいた特別な授権によってしか活動しえないことは確かである。このことから直ちにいえることは、逆の意味で、執行機関それ自体、とくにその首長が命令によって活動することを可能にする憲法法律または通常法律の規定が存在しない場合に、これらが活動しまたは命令を発するには必ず、法律、つまり議会による立法的介入が必要であろうということである。したがって、同年二月二五日法律一条の規定の意味は明白である。立法権は議会によって行使されると規定することによって、同条は、これまで定義してきた意味における効力を有する法律の執行ではないすべての対象または法律事項を規定しようとしなかった理由が理解される。法律の実質的領域は無限に広く多様であるということを議会のみが法律によって行いうるということを原則として確立する。このことからさらに、同憲法が立法権の対象または法律事項を規定しようとしなかった理由が理解される。法律の実質的領域は無限に広く多様であるというまさしくこのことから、同憲法は法律事項をまったく定義しようとしなかったのである。法律の実質的領域は、対象事項とは無関係に、市民にかかわる法または他のあらゆる事柄に関するあらゆる一般的または個別的規範・措置または決定に及ぶのであり、これらについて執行府はあらかじめ授権されていない。

九　一八七五年二月二五日法律一条および三条は立法権と執行権を区別するが、これらの規定それ自体からすれば、この区別は、したがって法律の概念はわが国の公法においてはもっぱら形式的なものである。わが国においては、法律を実質的な意味と形式的な意味という二つの範疇に分けることは問題になりえない。これまで述べてきたことからすれば、憲法が、一方で特定の事項をそれ自体法律事項とし、他方で他の事項を執行権の対象としたといったこととは、法律の概念は無関係である。法律事項とは、執行府に授権されていないすべての事項である。このことが意味するのは、現在のわが国公法における法律の概念は、機関の階層性に関する概念のみによって決定されるということである。これは純粋に形式的な性質を有する概念である。議会のみが、上級機関として、始原的な性質を有するあらゆる決定、すなわち議会それ自体以外には法的に権限を付与された機関が存在しないようなあらゆる決定を下す権限を有する。明らかに、ここでは対象事項が問題とされているのではない。そうではなくて、直ちに認識されることは、権限分配のこのような原則の源は、議会とその下に設置されたさまざまな機関とのそれぞれに付与された権限を根本的かつ本質的に区別する根源的な概念以外にはありえないということである。

一〇　立法権と執行権の関係における両者の非対等性の表れである優越と従属のさまを詳細に検討すれば、この認識はさらに確かなものとならざるをえない。とくに命令についていえば、法律と同様に、一般的な仕方で規定するということが理解されるだけではない。さらに指摘すべきは、一八七五年憲法が命令事項と法律事項を区別しておらず、したがって立法権の支配が無制限に及ぶ事項を命令事項とすることを禁止していないということである。その結果、行政事項や公役務内部の運営に関する規定にしろ、個人に適用される法を創造する規定にしろ、命令の中には法律と同じ規定が存在する。そして、法律と命令の内容が同一である可能性があることからすれば、大統領の命令の規定する規範は、義務的拘束力について多くの点で、議会が立法手続で可決した規範に固有の効力と同じ種類の効力を有するということになる。このように、大統領の命令の規定する規範は、合法的に制定されたという条件で、法律の規定する規範と同様に、個人・行政官・裁判官を拘束する。さらに、個人にかかわる法に関する命令については、裁判所は法律と同様にそれを適用し解釈する。また、裁判所が命令に違反した場合には、法律違反の場合と同様に破棄上告が認められるという意味で、命令は法律として扱われる。また、行政行為が命令に違反した場合には、法律それ自体に違反した場合と同様に、越権訴訟が認められる可能性がある。これらすべての場合において、法律と命令との内容の性質が同じであるということが、法律と命令との規定においてそれぞれ同じ効力と効果をもたらさないということはないであろう。こういうわけで、大統領は命令を制定することによって明らかに、自ら、そして議会と同様に、国家権力を行使するのである。

しかし、このような共通点にかかわらず、一八七五年憲法における法律と命令の間には決定的な相違が存在する。同年二月二五日法律一条は、議会のみが立法権を行使すると規定することによって、大統領が制定した命令を、たとえ副次的または付随的であろうとも法律として扱うあらゆる可能性をすでに排除している。かつて一八四八年憲法（四九条）が行ったように、とりわけ、大統領の権限全体を法律を執行する権限に限定する一八七五年二月二五日法律三条の一般的な規定の中に命令制定権を取り込むことに、法律と命令を区別するという同法律の主要な特徴が遺憾なく示されている。たとえ大統領が、議会によって制定される可能性のある法規範と同じで、まったく新しい法規範を制定しようとも、大統領は先行する法律による授権にもとづいてかつその範囲内でしか命令を制定することができない以上、大統領による法規範の制定が法律の執行にすぎないことに変わりはない。一八七五年憲法はこの点のみに着目し、それをもって法律と命令を区別するにあたっての唯一の決定的な要素とするのである。同憲法は、法律と命令がいかに酷似していようともあらゆる類似点を考慮することなく、法律による授権によらなければ命令を制定することができないということに由来する相違しか両者の関係において認識しようとしないのである。

一一　一八七五年憲法はこのような立場から、今日、法律と執行行為の区別が立脚している概念を明白に示している。同憲法によれば、法律の概念はもはや内容の問題には依拠していない。実際、法律と命令の比較から導き出されることは、法律の役割と目的は、立法機関の権限に排他的に帰属する特定の事項を規定したうえで、それ以外の事項を原則として執行機関の権限に委ねるということではもはやない。また、法律の決定的な指標は、その規定の仕方、例えば事前規制であるとか一般的規範による規制であるとかでもない。というのは、すでに述べた命令に関して真であることはすべて、特定の暫定的な場合に関する命令にも当てはまるからである。両者とも、法律の規定から合法性の根拠を得、その執行として制定されうるという意味で合法的でなければならない。その結果立法権は、法律の執行以外のあらゆることを等しく行うことができる以上、一般的な規定だけではなく特別な措置をも対象とする。最後に、さらに同憲法は、法律の規定や措置と、執行機関によって制定された命令のまたは特別な規定や措置とに共通するであろう効力や効果を考慮しない。というのは、これらの点に関する同憲法の一貫した立場は、まず法律に固有の、さらに内容とはかかわりなくあらゆる法律に属する効力と効果によってのみ、法律は特徴づけられ定義することができるということだからである。

一二　そこで、法律にのみ固有で、あらゆる法律に共通であるはずの効力、したがって一八七五年憲法が立法権の指標とし、現在におけるその定義の本質的要素としている効力とは何か。

一八七五年に確立された公法体系における法律の第一の効力はその始原的効力である。同年二月二五日法律一条によれば立法権は議会によって行使されるが、この規定の意味はまず、議会は自らに内在する始原的権限を有するというように理解されなければならない。

議会の立法権のみがまさしく始原的権限なのである。というのは、立法権を除けば一八七五年憲法は法律の執行についてしか規定していないからである。

また、立法権は、内容という点から、一八七五年憲法によって次の場合以外には制限を受けない活動領域を認められているという意味で始原的権限である。すなわち、数は少ないが同憲法によって規定されている組織規範については、議会は憲法改正手続を用いなければならないという制限である。さらに、場合によっては、法律事項は無限に拡がる可能性を有する。同憲法は、立法権という名の下に上から与えられた付属的な権限を議会に付与しているのではない。それどころか、同憲法は、立法権を自ら放棄することを議会に認めている、あるいは、あらゆる事柄を規制する権限をなかばまったく断念させることによってそれとほぼ同様のことを認めているのである。効力を有する立法によって確立された全法秩序に、議会が個別の例外的な法律によって反する可能性を阻止することができる規定さえ、同憲法には存在しないのである。

最後に、立法権は、その行使がその保持者の自発的意思によるという意味で始原的権限である。執行行為が立法府の決定によってなされまたは可能となるべきであるのに対して、法律は立法府の無条件な意思のみからそのすべての妥当性を獲得し、したがってその制定は立法府による決定のみに依拠することができるし、依拠しなければならない。この点からすれば、立法権と司法権の類似性を指摘しようとする昨今の試みは正当であるとは思えない。裁判官は、たとえ法律の規定が存在しない場合に法の創造を求められても、それを始原的に行うわけではない。というのは、裁判官は訴えられた場合にのみ裁判を行うことができるようになるからである。しかも、権限を有する機関に提起された訴訟は解決されなければならないので、裁判官は裁判を行う義務を負っている（民法四条）。したがって、裁判官が法を創造する権能は、立法府の始原的な力と比較できるものではない。この権能は始原的権限からほど遠く、訴えられたあらゆる訴訟を解決しなければならないという司法機関に課された法的義務の中にその根拠を有する。このことからすれば、すでに述べた民法四条の規定が意味するのは、法律の不備の場合、この権能は立法府が行使するように裁判官の自律的権限として行使されるものではなく、上級の法源によって課され、刑罰によって担保すらされている義務の結果であるということである。また、このことから、裁判官は提起された訴訟に必要な限りで、つまり当事者間における特定の解決として法を確定し創造することができるという原則が導き出される（民法五条）。裁判官はこれらの条件で、かつ訴訟を解決するためにのみ法を創造するのであるから、裁判官にとって法の創造とは目的ではなく単なる手段にすぎない。

一三　立法権と執行権は異なる。議会が制定した法律と大統領が制定した命令は、一般的規定の場合もありうるし個別の措置の場合もありうるが、同じ性質を有する。法律または命令のこれらの規定または措置は、市民を規律する法に関する場合もあれば、公益や行政にかかわる事柄に関する場合もある。しかし、立法権と執行権は本質的に対等ではない。まさしくこの非対等性に応じて両者の間には段階が存在するといわれてきたのである。このことから、法律をその優越と優位によって特徴づけることが理解された。法律は、執行権に常に先行する道筋をつけるという意味で執行権を支配し条件づけ、したがって始動的効力を有する。法律が創造する法は始原的な法であり、そこから執行府によって制定される副次的な法が事後的に生じることになる。その結果、通常、法律は抽象的で一般的な仕方で規定する。しかしながら、一般的な規定の仕方が立法権の本質であるとはいえないであろう。というのは、一八七五年憲法によれば、執行府が単なる命令によって個別の決定を下すことを可能にする法律の規定が存在しない場合、常にその決定を下すことができるのは立法権のみだからである。さらに重要なことは、個別の決定にしかかかわらない法律をも含めて、あらゆる法律は執行府に対して将来の活動指針を示すという意味で執行府との関係で始原的な法を創出するということである。そしてこの活動指針は、執行府がその執行を確保しなければならない決定の場合には義務的であり、法律が執行府に複数の活動の可能性を示すにとどまる場合には任意的である。

一四　以上のような法律の第一の属性について、法律は執行府および司法機関との関係において上級の規約法としての役割を有するということができる。法律はその上級性によって、法律に依拠せざるをえず、法律に反することができない執行府および裁判官を支配するだけではない。それだけではなくとくに、法律は始原的規約法であり、執行機関と司法機関が行わなければならず、また行うことができるであろう事柄を決定することによって、これらの機関の活動を規制し権限を画定する。執行府と裁判官がそれぞれの権限を生み出す要因を見出すのは、憲法の中以上に既存の法律の中である。というのは、一八七五年憲法は司法権については黙して語らないし、執行府については明確に画定された数少ない権限しか規定していないからである。さらに同憲法は執行府に法律を執行する役割を付与するが、しかし執行府が法律を執行するにあたって行使しうる権限については、立法府も執行府も制限を受けない。その結果、法律の規約法としての特質は、法律が執行府に授権する場合に端的に表れる。すでに法律によって規定されている事項にしろ規定されてない事項にしろ、法律が特定の事項を執行府の権限とする場合や、法律が特定の措置を執行府の裁量に委ね執行府の自由な判断によってその措置を執ることができる場合においては、法律は憲法と同じ役割を果たしているのである。法律は立法機関と執行機関に権限を分配することによって後者の実体的権限を形成するのである。

一八七五年憲法それ自体が同年二月二五日法律三条において、法律が授権するであろうことすべてを執行する権限をあらかじめ執行府に付与しているということは、おそらく正しいであろうし、このことはとりわけ強調すべき重要な点である。これに関連して、いまだ法律によって規定されていないが憲法によって創設された組織法に根拠を有する事項に関するような執行行為、例えば委任命令は存在しない。それはともかく、さらに留意すべきは、法律の執行に必要な権限を執行府に付与することによって、同憲法は、執行府が法律の執行として行わなければならないことまたは行いうることを、法律の規定それ自体によって決定する完全な自由を法律に委ねているということである。したがって同条は、「大統領は法律の執行を確保する」と規定することによって、執行府は憲法から執行権を獲得するということと、執行する時期・事項・手段を執行権に付与するのは法律であるということとのすべてが導き出される仕組みを確立するのである。要するに、この仕組みの真の受益者は議会であり、議会はこの仕組みによって自らと執行府の間の権限分配を規制する支配者となる。このことからすれば、同憲法は立法権と憲法制定権力を対等なものとして位置づけたという結論は正当である。同憲法は法律をもって、執行機関の権限を創出し規制する規約法としたのであり、同様のことが司法機関についてもいえるのである。

一五　法律の始原的で規約法的な効力はその形式的源にのみ由来しうるという明白な事実について論じる必要はないであろう。しかし、法律と執行行為の関係について検討する場合に、一八七五年憲法はいかなる本質的根拠にもとづいて源の形式性を優先的に考慮するのか。

法律の優位を正当化するためにときに努めて強調されてきたことは、法律は議会における公開の対審的討論を経た後に初めて議決されるということである。それに対して、執行機関の決定は非公開で、ほとんどの場合部局において一方的になされる。しかし、この説明は十分であるとはいえない。確かにこの説明によって、法律が執行府に由来するあらゆる事柄に優越するという価値的優位性をある程度理解することができる。ところがこの説明によっては、法律のみが始原的効力を付与されている理由も、このような効力が法律に無制限に帰属する理由も理解することができない。

実際、一八七五年憲法によれば、法律と執行行為は始原的効力という点で明らかに根本的に相反するが、この対立は、議会と執行府がそれぞれ国家権力を行使するにあたって占める地位の相違によってしか説明することができない。さらに、法律の始原的効力の強力さと広範さを正当化するには、議会が階層構造の上位に位置しているという考え方のみを持ち出すだけでは不十分であろう。確かに、議会は、選挙によって人民と結びついているので、人民による選挙に訴えることのできない執行府の首長より同憲法において上位に位置していると考えることができる。その結果、執行府の活動が議会の始原的意思に従属するのは当然である。しかしながら、立法機関が上位に位置しているということを持ち出すだけでは、立法権の主要な特性の一つを十全に説明するには至らないであろう。

すなわち、同憲法によれば、この特性によって法律は、始原的に執行府の権限を自由に規制することさえ可能となり、例えば、対象事項と執るべき措置とに関して自由に大統領の命令に授権することができる。議会のこのような権限を、議会と執行府の間における地位と権限の段階構造という考え方のみに結びつけることはできない。というのは、このような権限を段階構造の上位に位置する権限としてのみ分析することはできないからであり、実のところ、このような権限は主権それ自体に固有の性質と効力を備えているように思われる。その結果、議会にこのような権限が帰属することの意味は、同憲法が、憲法上のさまざまな機関との関係において、地位と段階という点で議会に階層的優位を認めただけではなく、議会を主権者として扱ったということである。まさしくこのことから、議会はあらゆる他の機関と本質的に異なる。同憲法が立法権という名の下に議会に付与した権限を制限しようとしなかった限りにおいて、少なくともそうである。

一六　この必然的な結論によって、法律の始原的効力、規約法としての重要性、執行府の権限を規制する効力といったすべてのことが明らかになる。ところで、この結論からさらに、一八七五年憲法が明文で規定することなく確立した法律の概念は次のような概念に辿りつくということが確認される。すなわちこの概念は、一七八九年以来人権宣言六条の中にその表現を見出し、一七九一年憲法において、立法議会によって法律の形式で可決されたすべての決定はその事実のみによって立法権に固有の突出した効力を獲得するというように規定された（第三編第一章第一節三条および第三章第三節六条）。実際、革命期の概念は立法府の中に主権者の代表それ自体、つまり国民と、国民に象徴され国民を構成するすべての市民との代表それ自体を認めていたが、この革命期の概念以外のどこから、第三共和制下の議会は、議会をして諸権限を自由に組織する存在とし、自らを除けば法律を執行する余地しか残らないような主権的な本質を有する法律の始原的な権限を引き出すことができるのか。一八七五年憲法は、制定者が認識していたか否かはともかく、議会に付与した立法権の性質と範囲によって一般意思の表明としての法律というこの成される議会の中に存在する、あるいはいずれにしてもそこに代表されているという思想が存在し、この思想は一七八九年以来人権宣言や一七九一年憲法に先立って表明されていた。

一七　このあらかじめ表明された思想には二つの側面がある。その積極的な意味においては、立法議会の意思は主権的な一般意思のあらゆる性質と力を有する。しかしその消極的な意味においては、人民とその意思を代表する権限が執行府から排除される。というのは、人民の意思は、協同することなく個別に活動し、対等な性質の権限を有する二つの機関によって代表されることには適さないからである。それ故すでに述べた（一八－一九頁）ように、一七九一年憲法において、立法議会によって可決された法律に対して行使される君主の拒否権は、次の立法期における再議以外の効果を有しなかった。次の立法期における議会のみがこのようにして拒否された法律について人民の意思を表明することができた。したがって、当時の憲法制定者の発言にもかかわらず、同憲法は立法に関して君主を真の代表者とするには至らなかったのである。今日においても同様のことがいえる。現在の議会の立法権が、議会の中に一般意思の代表者としての資質が存在することを前提としている以上、この同じ資質が同時に執行府の中に存在しうることを認めることはできない。さらにいかにして、選挙によって全体としての人民と結びつけられていない執行府にこの資質を認めることができるのか。たとえ執行府が議会によって立法手続に従って制定されたのと同じ種類の規範を命令によって制定しようとも、この命令を一般意思の発現とみなすことは決してできない。執行府は国家権力を行使するが、主権的な国家権力を行使するわけではない。執行府は国民のために活動するが、議会が有する資質とはまったく異なる資質にもとづいてそうするのである。というのは、議会が国民を代表するのに対して、執行府は任務を行い、権限を行使し、最初の憲法制定議会において発言者達が用い、今日でも正確な用語を再び用いれば、委任された職務を果たすにすぎないからである。要するに、執行府は主権的な議会に対して単なる機関にすぎない。真実はこうである。すなわち、執行府によって制定された命令は、その執行行為と同様に、国民の代表者によってあらかじめ表明された主権的意思を執行するためにのみ介入することができるという意味で、一般意思に由来しなければならないのである。確かに、一般意思は、国家において絶えず制定され執られるべき規範や措置を、自ら無限に供給すると主張することはできないであろう。しかし少なくとも、一般意思は根源的な意思として、制定または活動に必要な権限の帰属先を始原的に決定するために、そして権限を有する機関に対して権限行使の条件と制限を画定するために、あらゆる事柄に必ず介入しなければならないであろう。その結果、執行府は、憲法による授権か、それが存在しない場合には法律による授権にもとづかなければ、まさしく何も行うことができない。指摘するまでもなく、以上のように正当化された法律優位のこの現行体制は、立法権と執行権を機関として分離する必要性を主張するにあたってモンテスキューが拠りどころとした思想よりもはるかに優れている。彼は個人の利益のためにのみこのような分離を主張した。今日の市民は、執行府との関係における安全を、執行権全体を先行する法律の承認に依拠させる一般原理に中に見出すのである。

一八　法律を特徴づける第二の効力はその内容に伴う重要な効力の中にある。法律のみが行使することができるこの効力は、法律の内容が何であれ、それを立法府以外のあらゆる機関との関係で不可侵のものとするに至る。この効力は絶対的であるが、このことは、法律の始原的効力の場合と同様に、議会は法律によって国民の一般的で主権的な意思を表明するという考え方にもとづかなければ説明できない。実際、法律が主権的な効力を有する理由としては、議会が法律をとおして表明する意思は憲法によって主権者自身に結びつけられているということ以外にはありえない。そしてこの理由は、議会は主権者の代表者であり、主権者と対等な存在であるとみなされてきたということを含意している。したがって、議会が独占するこの特別な地位によってこそ、法律を市民に強制することができるだけではなく、法律は議会以外のあらゆる国家機関の活動を支配し統制することができるのである。この場合、議会以外のあらゆる国家機関はもはや国民の意思の代表者としてではなく、ルソーの言葉を用いれば（『社会契約論』第三編第一章）その「僕《しもべ》」として位置づけられる。

一九　法律の優位は、まず、あらゆる機関と官吏はその規定に従わなければならないという形で表れる。これらは、法律の規定に従って活動し、とくに法律によって付与された権限の範囲内にとどまり、統治上および行政上の措置によってまたは裁判所の判決によって法律の規定を執行する。次に、法律の優位は、新しい法律によらなければその内容が変更されたり廃止されたりすることはなく、それに対する違反が認められることはないという形で表れる。大統領は命令を改正したり廃止したりすることができるが、これは命令が、大統領が首長として保持する執行権の行使にすぎないからである。大統領は特別な命令によって、個人にかかわる法に関する法秩序とは無関係に制定された一般的な命令に反することすらできる。しかし当然、大統領は国民の意思の表明である法律に反することはできない。国民の意思を表明する権限を付与されている議会のみが、既存の法律に拘束されることなく、常に自由に法律を改正したりその例外を設けたりすることができるのである。そして、議会が大統領の命令を改正することができるのはいうまでもない。というのは、国民の意思は本来、国民を代表しない執行府が制定しえたものに優るからである。したがって、これらすべての場合において、法律はより強化された効力を有し、他の国家権力の行使に比べてより強い効力を付与されている。同じ規範は、それが法律によって規定されるか命令によって規定されるかに応じて異なる効力を有する。それは、「国家の法律」（一八七六年四月六日デクレによって規定された法律の審署の際用いられる文言による）として、つまり議会によって制定された場合、執行府および司法機関との関係において上級かつ不可侵の規約法としての効力を有する。また、このような規約法としての性質は市民にとっても有利に作用する。というのは市民は、法律によって規定された規範に固有の優位性から、法律によって市民のために確立された法は議会によって制定される法律の介入によらなければ変更されえないという保障を得るからである。かくして、法律の中には何らかの規約法的なものが存在するという考え方に至るが、しかしこの規約法としての性質は一般的な仕方で規定する法律にのみ属するわけではない。たとえ議会が個別の事例を規制するために立法手続によって暫定的措置を決定する場合においても、この措置が国家機関それ自体との関係において規制力を有するという点で、この決定は規約法の性質が有する効力を伴う。すなわち、実際この措置は、議会が可決したという事実によって、そしてこの措置の支配力が及んでいる限りで、議会に従属するすべての機関の活動を決定しまたは制限する規範の一つとなるのである。

二〇　法律の効力の優位性についてこれまで述べてきたことからいえることは、要するに、一八七五年二月二五日法律一条における立法権は、議会に属する始原的決定権であるだけではなく、議会の決定に法律の効力を付与する議会のみの権限であるということである。この効力によって、法律は議会以外の国家機関によって執られたまたは執られるべきあらゆる決定に優位するのである。

このような法律の優位を正当化するために、おそらく、法律と一般意思を同視する概念を持ち出す必要はないといわれるであろう。実際、規約法としての性質など内容に固有のものとされてきた法律の優位性は、一八七五年憲法が国家権力の保持者によって構成される階層秩序において議会を最も高い地位につけたという理由によって、きわめて単純かつ十分に正当化される。しかも、この理由には異論を差し挟む余地がない。機関のそれぞれの行為の階層性は機関の階層性によって十全に正当化されるのである。

ただし、一八七五年に確立された法律優位の体制には、いずれにせよ階層性という考え方のみによっては正当化されない点が残されている。この優位性は、一八七五年憲法が法律の内容の違憲性を根拠に法律に対抗する可能性を自らに留保さえしないまでに高められた。法律を執行し裁判によって法律を適用しなければならない諸機関に法律の妥当性や適時性を判断する権限が認められないことは、階層性に属する問題である。しかし、近代的な法治国家において、議会の立法手続による決定が享受する絶対的免責を正当化しうることは、階層性に関する考慮には属さない。このような免責は、法律の違憲性が議論されているにもかかわらず、法律に対するあらゆる統制を免除し、あらゆるありうる批判を認めないことになるであろう。それにもかかわらず、後に述べるように、同憲法がこのような絶対的意味における法律の不可侵性を認めたことは否定できない。現在ある論者は、裁判所が違憲の法律の適用を拒否するに際して同憲法上の障碍は存在しないと主張するが、このような論者すら、裁判の対象となっている特定の事例に適用される法律の有効性について裁判所によって受け入れられうるような議論における考え方が、一八七五年に立法権を組織するにあたって考慮されることはなかったという事実に異論を差し挟むことはできないのである。もし同憲法がこのような議論にわずかなりとも与していたとすれば、司法権についてまったく規定しないということはなかったであろう。この点について沈黙を守ることによって、かえって同憲法は、議会の権限ととくにその基礎とに関して自らが想定した概念について多くを語っている。法律の有効性を統制し判断することができる機関が議会の外部には存在しえないと同憲法において確実にいえるには、主権者自身によって表明された意思と同じ力の優位性が議会の意思には付与されているとみなす必要があった。現に、市民にとっても、憲法によって設置された機関にとっても、議論の対象とすることが認められないものは主権者の意思以外には存在しない。革命期においてシエースによる憲法陪臣に関する構想を失敗させたのは、一般意思の代表者としての立法府の絶対的権力に関するこのような概念である。今日同様に、法律の内容の有効性を疑問に付すいかなる可能性も予定されていないということから導き出されるような法律不可侵の体制は、同憲法がこの点について大革命に由来する伝統に従ったということを異論の余地なく十全に示している。同憲法は議会の立法権を主権と同じ権力として扱っているのである。

二一　したがって、最後に、一八七五年憲法の規定から導き出される法律の効力は、法律を一般意思の表明として定義した一七八九年から一七九一年にかけての定式を同憲法がそのまま採用したこととまったく同じ意義を有する。この定式によれば、法律は、一般意思として、他のあらゆる国家活動が依拠すべき第一の意思であり、また国家における万事が服従すべき最高の意思であった。これがまた、始原性と効力という点で同憲法によって法律に認められた二重の力である。法律によらなければ何も可能であったり有効であったりすることはなく、何も法律に反することはできない。この二重の特徴によって明らかにされることは、同憲法が、わが国公法の創設者によってなされた議会の立法意思と国民の一般意思との同視を立法権の概念の基礎としたということである。同憲法は法律が一般意思の表明であるという原理を明文で規定しなかったが、大革命がこの原理から導き出した帰結を全体として採用したのである。このことは、同憲法がこの原理それ自体を一七八九年のままで採用し再現したことを意味するであろう。

この原理は立法権を有する議会が立脚している代表という地位にもとづいており、この原理から他のあらゆる帰結が導き出されることになるであろう。

二二　第一に、憲法上の法律の概念に関する支配的な捉え方から、実質的意味の法律と形式的意味の法律とを対置し、法律の二重概念に至った二元的理論は、わが国における現行公法においてもはや存在の余地を有しないということが帰結される。

まず指摘すべきは、とりわけ用語の問題という点から、この理論には欠点、あるいはいずれにしても曖昧さが存在するということである。この欠点または曖昧さの原因は、法律という名称が、ある場合には法律の形式によってなされた特定の範疇の行為に用いられ、他の場合にはさまざまな形式によってなされた行為を内容とする特定の規定に用いられることにある。後者には、慣習は別として、形式的意味の法律・命令・条約が含まれ、その内容はそれ自体法律の性質を有するといわれてきた。

法律の形式によってなされたものと本質的に法律の価値を有するものとを、法律という同じ名称の下で混同することは論理的であるとはいえない。というのは、一方で、法律の概念は、いわゆる立法行為の形式とこのような形式の使用のみが生じさせることができる効果とにかかわるものだからである。この場合、このような形式を欠けば法律という名称で呼びうる規範または規定は存在しない。他方で、法律の概念は、特定の規定または措置が性質それ自体によって保持する本質的な特質にその根拠を有するからである。この特質は法律の効力の要素、したがって法律の明確な指標と考えられている。ということは、内容がこの特質を保持しない行為を、その形式が何であれ、法律の概念に含ませることはできないであろう。したがって法律の概念が二重化することはなく、法律には唯一の基準しかありえない。確かに、ルソーが述べているように（『社会契約論』第二編第六章）、形式的条件と実質的条件を同時に法律の定義に含めることも考えられるであろう。しかし、純粋に形式的な意味における法律と純粋に実質的な意味における法律という二種類の法律の存在を同時に認めることは不可能である。この二つの範疇は、二つの異なる両立しない概念に対応している以上、相互に排斥しあうものである。法律がその名称とその特徴的な効力とをその形式に負っているのであれば、実質的意味の法律を問題にすることはできない。それに対して、法律とは、その特質をその内容に固有の効力と性質から導き出す規定によって構成されるものであるということを認めるのであれば、議会が法律の形式によってこの効力と性質を有しない内容を可決したとしても、このことによって真の法律が制定されたことにはならないということも認めなければならない。

二三　しかし、実質的意味の法律と形式的意味の法律とを区別する理論に欠点があるように思われるのは、その用語についてのみではない。この理論に対する主要な反論は、公法の領域においては、一八七五年憲法の規定から疑問の余地なく導き出されるような立法権に関する現在の概念との関係でこの理論を維持しえないということである。形式的意味の法律として制定されなかったにもかかわらず、実質的意味の法律、つまりそれ自体において法律の規定が存在することを認めるということは、革命期に由来し一八七五年に暗黙のうちに採用された憲法上の概念を尊重しないということである。この概念によれば、法律は始原的で最高の効果を有する効力によって特徴づけられるが、この効力は法律が一般意思の表明であることに由来し、したがって法律が一般意思の唯一の代表者である議会によってそのようなものとして制定された場合にのみ法律に属しうる。このような捉え方からすれば、ある規定は、それが形式的意味の法律であると同時に実質的意味の法律であるとは限らない。執行府によって制定された特定の規定が、立法府によって制定された同じ種類の規定の効力と同じような効力を生じさせるといったことは重要でない。この効力の共通性は部分的なものにとどまるうえ、この規定が何らかの意味で法律であることを意味しえないであろう。というのは、同憲法によれば、立法権によって制定されたものしか法律ではないし、立法権は議会にしか帰属しないからである。同様に、純粋に形式的な意味における法律が存在することを認めるということは、法律の形式が、法律によって独占され、したがって立法権を特徴づける効力と効果を生じさせるまさしく源、しかも唯一の源であるという現行憲法上の概念を尊重しないということである。いま一度繰り返せば、この概念によれば、形式的意味の法律によって可決されたあらゆる決定は、その形式のみによって、実体面で法律の本質それ自体を構成するすべての効力を有する。しかし、すでに述べた（三九-四〇頁）ように、特定の決定が言葉の完全な意味において法律となるにはその形式のみで十分であるということから、現在の法律の概念は、たとえ徹頭徹尾形式的なものとなろうとも、あらゆる実体的で合理的な基礎を有しないという結論を導き出すべきではない。実際、法律の形式が、同憲法によれば、法律の明確な指標でありその定義の本質的要素である優位性の唯一の源であるのは、実体に属する理由による。この実体的理由は、法律の形式による立法府の決定を一般意思の表明とみなすべきであるということを原理として確立するように、一七八九年以来、わが国代表制の創設者を導いた思想それ自体の中に存在する。それ故、形式的意味の法律は、常にそして必ず、実体的かつ絶対的意味においても法律なのである。

二四　またそれ故、一八七五年憲法は立法権の実質的領域を決して画定しようとせず、それ以上に、法律事項を明示したり限定したりするリストを作成しようとしなかった。法律事項は一般意思と同様に無制限なのである。一方で、法律がいまだ規定していない対象や事項について始原的意思を表明するには、必ず議会の立法手続による決定が必要となる。実際、議会のみが一般意思の代表者として、このような対象の規制によってもたらされる問題に始原的決定によって着手する権限を付与されている。しかも、議会が制定する法律のみによってこの問題を規制するか、法律は執行府に命令によって全体としてまたは部分的にこの問題を規制させるにとどまるかは、議会が常に代表者としての地位にもとづいて自由に決めることができる。他方で、立法権はまた、一般意思に固有の優越的価値と効力を議会が付与しようとするあらゆる規範または措置を無制限に包含する。その中には、特定の場合を対象としたものさえ含まれる。したがって、議会は、既存の法律によれば執行府の権限に属するものをも含めて、あらゆる事項を対象とする立法の支配者である。というのは、議会は一般意思を表明する機関であり、その主権に参与するが、一般意思はあらかじめ法律によって規定された執行府の権限に潜在的に優越するからであり、また常にその範囲を変更することができるからである。

以上のことから、また以上のことのみによって、法律事項となるあるいはなりうる事項を決定または限定しない一八七五年憲法の立場は説明される。ところで、現在の公法が、実質的意味の法律と形式的意味の法律との理論をかつてもたらした概念からいかにかけ離れているかも認識される。法律の目的または存在理由は一般的規範を規定することであると考えられていた時代が存在した。次の時代には、法律は、個人を支配する法領域と法律事項を構成することの法を変更する場合とにおいて制定されることが求められるという思想が支配的であった。まさしくこのような旧い概念にもとづいて、一方で、法律の名称を実質的な意味で、一般的な仕方で規定する命令や個人にかかわる法に関する命令に拡大し、他方で、議会の立法手続によってなされた行為が個別の場合や個々の市民にかかわる法を対象としない場合には形式的意味の法律の名称しか認めない理論が形成され流布したのである。今日、同憲法によれば、法律の役割は国民共同体の一般意思をあらゆる事柄についてかつ対象にかかわりなく表明することであり、この一般意思は始原的で基本的で支配的な意思であるとみなされる。そして、国家においてあらゆることがこの一般意思から発しなければならず、この一般意思が表明された後にはそれを執行する余地しか残されていない。このような法律の概念は、一般意思は議会によってしか代表され表明されえないという考え方と本質的に結びついている。このことから、議会のみが一般意思を表明しうる以上、議会以外の機関によってなされた行為の内容は、実質と形式のいかなる意味においても法律の性質を有しえない。これが、議会のみが立法権を行使しうると規定する同憲法の意味するところである。それに対して、議会が法律の形式で可決したすべてのことは一般意思の表明とみなされ、その結果現在の言葉の十全な意味において法律となる。そして、一般意思の優越性にもとづいて、真にかつ排他的に法律に固有の効力を完全に備えるのである。以上のことから、法律を二つの種類に区別することは時代遅れとなり、わが国の公法において明確な形で最終的に確立された法律に関する唯一の概念と両立しないといわざるをえない。

二五　実際、二重法律理論を構築したドイツの専門家自身が、彼らが考察の対象とした憲法、とりわけ一八五〇年プロイセン憲法（六二条［二項　すべての法律は、君主と両議院の一致を必要とする］）と一八七一年帝国憲法（五条［一項　帝国の立法は、連邦参議院および帝国議会がこれを行う］）はもはや法律に関する形式的概念しか採用していないことに気づいていた。というのは、両憲法においては、現在のヴァイマル憲法六八条［二項　ライヒ法律は、ライヒ議会がこれを議決する］以下と同様に、法律はその制定機関に関する条件によってしか定義されていないからである。これらの憲法においては、この条件の充足が、憲法上の法律の概念が完全に実現されるための必要にして十分なものとして規定されている。しかし、法律に関して伝統的に受容されてきた理論は強力であり、その結果、ドイツの法学文献においては、法律の概念を法規範の概念と同視する理論を放棄することができなかった。まったく疑問の余地がない真理として通用してきたこの理論によれば、国家において制定される規範のうち、法律のみが、一般的効力を有し、少なくとも個人の権利または義務に関する法規範の名に値するので、法律の概念と法規範の概念とが同視されたのである。法律に関する伝統的なこの概念を保持し維持するためにこそ、憲法において唯一規定されていた単に形式的な範疇に加えて、実質的で実体的な意味における法律の範疇が考案されたのである。換言すれば、法律に関する二つの範疇の区別は、過去に由来する法律の概念と憲法において勝利した新しい概念とをつなぎ合わせる目的を有した。つまり、実質的意味の法律に関する概念は古い思想の残滓でしかなく、刷新された憲法においては通用しなくなったのである。この概念はもはや、実定憲法が受け入れるものではなく、要するに無価値な時代錯誤にすぎない。

二六　たとえ実質的意味の法律に関するこの理論が、それなりに満足なものとして受け入れることができる基盤に立脚していたとしても状況は変わらない。ところが、その基礎となっている法規範に関する概念それ自体が曖昧さと矛盾に満ちており、その結果損なわれていたのである。第一の矛盾は、二つの種類の規範を対置して、そのうちの一つにしか法規範という名称を認めなかったことであり、このことは他の一つが法規範の名に値しないということを意味した。この点について、法学者は規範に関して実定法秩序の構成にかかわる規範のみを考慮すべきであると批判された。ところで、いかなる規範であろうとも、実定法秩序の要素を構成する規範であれば、このことのみによって法規範であり、また当然法規範でしかありえない。この根本的な反論はそれのみですでに決定的であろう。したがって、実質的意味の法律をいわゆる法規範によって定義することを主張してきた論者が、法規範とその性質が認められない規範とを区別する基準を明確に示すに決して至らなかったことは、まったく驚くにはあたらない。

二七　まず、法規範の概念を規定の一般性に依拠させることは認められない。法規範の概念は抽象的で名宛人を特定することなく制定された規範を必ずしも前提とするわけではない。それどころか、たとえ特定の個人との関係においてであろうと、それまで存在しなかった法の状態を惹起するために権限を有する公的機関によって決定がなされれば、法規範の概念は必ず実現される。ところで、さまざまな国家機関による個々の決定がこのような効果を生じさせる可能性がないわけではない。大統領の命令やそれ以外の命令や判決は、それらの対象とする個別の状況に対して純粋かつ単純に既存の法を適用するだけにとどまらない場合には、法的な権利または義務の決定が問題とされている個人に対して、それまで存在しなかった法の状態、したがって固有の意味の法規範を創出する。

　法段階理論の支持者とともに次のような主張すらなされることがある。すなわち、行政機関または裁判所によるあらゆる行為は、特定かつ暫定的な場合または特定の個人に対する適用によって一般的な規定を個別化し具体化するにすぎない場合においてもなお、法規範を包含している。というのは、これらの行為によって一般的な規定から導き出される帰結それ自体が、このような形で規制される事例との関係で実定法秩序の新しい要素を構成し、この要素が自ら新しい法的効果を生じさせる可能性があるからである。しかしながら、指摘すべきは、行政機関または裁判所によるこのような決定と、既存の法によって付与された人的裁量権にもとづいて行政官または裁判官によって一定の範囲で自由に下される決定との間には重大な相違が存在するということである。両決定とも、常に執行すべき規定を前提とするので、執行としての性質を有する。しかし、それぞれに固有の執行の性質は、決定機関が既存の規範によってすでに定められている解決策を厳格に適用するにとどまるのか、既存の規範によって付与された権限にもとづいて新たな解決策を創出するのかに応じて段階的に異なる。このような権限にもとづいてなされた個別の決定のみが真に新しい法の創造を含んでいる。その他の決定はその規制力にかかわらず新しい法を創造するものではなく、関係者に対して既存の法秩序に由来する法を確認・宣言し、換言すれば現実化するにとどまる。このような決定は既存の法秩序にその現実化以外のものを何らもたらさないのである。

しかし、たとえ法規範という名称を新しい法を創造する規範に限定するとしても、法規範の概念は一般的規範の概念とまったく結びついていないということが確認される。例えば、執行府の首長が、憲法または通常法律によって付与された権限にもとづいて命令を制定することによって、行政官を任命し、恩赦を実施し、氏の変更を許可する。また、行政機関が、法律によって付与された一定の裁量の余地のある権限を行使することによって、国民に対してある措置を執る。また、訴訟に対して下される判決においては、裁判官が意味の曖昧な法律の解釈によって解決策を導き出さなければならないが、法律の規定が存在しない場合には、おそらく固有の方法による裁判官の法創造さえ認めざるをえない。これらすべての決定は一般性を有しないにもかかわらず、その対象とする事例との関係で実効性のある規制力を有するだけではなく、新しい法を生み出すように思われる。その結果、これらの決定がその対象とする個人との関係で、論理的および法的観点からみてまったく問題のない法規範を完全に生み出すことに異論の余地はない。このことからすれば、とりわけ判決については、その対象とする当事者間では法律であるといわれてきた。当然、市民が国家のためになした偉大な業績に対して栄典を授与したり、その寡婦に対して特別年金を支給したりする場合のように、議会が法律の形式で特別な措置を執る行為は法規範を生み出すように思われる。このことは、このような個別の措置の受益者との関係でいえるだけではなく、実は、個別の事例で創設された法の状態がすべての人によって尊重されなければならないという意味で、万人との関係でもいえるのである。その結果、このような意味において、すでに述べた三つの決定は、たとえそれらが個別の事例にかかわるものであっても、「人民が人民全体について決定する場合には、この行為を法律という」（『社会契約論』第二編第六章）というルソーの主張を現実に適用したものであるといえる。したがって、法規範という名称を一般的規範のみに限定することは健全な論理とほとんど一致しない。そして、法律に関する実体的概念と法規範の概念とを同視すれば、法律に固有の性質が多くの個別的な措置または決定に含まれることを認めざるをえなくなる。しかし、これらの措置または決定は執行機関・司法機関または立法機関によってなされるが、議会以外の機関によってなされた場合には、いかなる意味においても誰もそれらを法律と呼ぼうとしなかったのである。

要するに、おそらく、一七八九年人権宣言六条が要求するように、法治国家体制においては「法律は万人にとって同一でなければならない」という政治思想の影響力がなければ、法律と法規範には一般性が必要であるという信念が人々の心にそれほど強固に根づくことはなかったに違いない。それに対して、留意すべきは、革命に由来するとともに、議会が主権的な国民の意思を表明するという原理に立脚する法律に関するわが国の概念においては、一般化された規範のみを法律によって規定するように議会に義務づけることはまったく不可能であるということである。しかも、多くの事例が示しているように、わが国の実定公法によれば、議会が、特定の状況において、個別的または例外的な措置を法律によって規定することが正当であると判断すれば、そこに障碍物は存在しえない。最後に、理論的観点から指摘すべきは、法段階理論の支持者でさえ、自らの法的構築物の必要性からすれば原理的に法律を一般的規範として定義する傾向にあるにもかかわらず、法律の本質が一般的に規定することであるとは主張しようとしないということである。以上のことから、法律を法律たらしめ、法規範を法規範たらしめるものは決して規定の一般性ではないと確実に結論づけることができる。

二八　法規範の概念を規定の一般性に依拠させる理論と同様に、法規範の名称、したがって議会の権限に属する法律の名称を、個人を支配する法に対して効力を生じる規範のみに限定する理論も明確に拒否すべきである。法律と法規範とに関するこのような概念が君主制に由来することからすれば（六-七頁参照）、このような概念を、執行府の首長には憲法が明文で付与した権限以外は認められず、さらに、命令制定権にしろその他の権限にしろ、その権限が法律の執行にかかわる行為しか含まない一八七五年憲法のような憲法において維持することはもはやできない。つまりそこにおいては、議会と並んで執行府の首長が規制的権限を自律的かつ自発的に行使することができる実質的領域は存在しないのである。したがって、同憲法が立脚する原理によれば、まず、個人との関係において大統領はそのような始原的権限を有しない。というのは、個人との関係において市町村長がそれぞれの市町村の領域内で行使するような一般的な警察権を、たとえ公の秩序を維持するためであろうとも、大統領に付与する法律は存在しないからである。さらに、公的または行政的事項との関係においても大統領はそのような始原的権限を有しない。この種の事項は、ある学派の主張によれば、個人の法的地位にかかわる領域において個別に捉えられた市民ではなく、国家の全体において捉えられた人民共同体にしかかかわらないことから、国務と呼ばれる。それに対して、同憲法によって確立されたわが国の公法によれば、個人に適用されうる規範のみが大統領の自律的権限に属さないのに対して、その他の規範は排他的に国務とみなされるべき事項にかかわるので執行府の自由な権限に属するというように、規範を二つの範疇に区別することはまったく認められない。現実には、公役務の運営に関するきわめて多様な規範を含んだ多くの命令が頻繁に制定されるが、これらの命令を、執行府が国務に関して有するいわゆる自律的な命令制定権に結びつけるべきではない。そうではなくて、これらの命令は次のような理由によって説明され正当化される。すなわち、これらの命令は法律それ自体によって設けられた役務の運営と活動を確保するために制定されたものであり、その結果、大統領が法律の執行を確保するにあたって有する職務執行の当然の帰結であるとともにその態様の一つであるという理由である。

二九　しかし、公役務に関する命令について、執行府は、その自主的判断のみに由来し現実には既存の法律にもとづかない多くの命令を制定することができるという慣行が存在してきたが、わが国の公法それ自体の現状において、これには理由があるということを認めざるをえない。第一の理由は、これらの命令は役務の内部でしか効力を生じないはずであるから、国民は行政訴訟の提起に必要な個人的利益を立証することができない以上、国民にはこれらの命令の有効性を争う可能性がないということである。一方で、行政官は職務に固有の職階制上の服従義務によって拘束されており、これらの命令に従わなければならない。したがって、このような場合、議会のみが上級の法を遵守させるために介入することができるであろう。そのために、議会は関係大臣に対する責任を追及することによって、不正規の命令を政府に撤回させることができるであろう。しかし現実には、議会はこのような状態を放置している。というのは、議会にとっては行政側の自主的判断によって自らの職務が軽減されるという利益があるからであり、とりわけ、議会はその意に反するあらゆる命令を封じ込めるために特定事項に関して法律を制定する手段を常に保持している以上、実際に自らの領域に対する侵食を恐れる必要はないからである。さらに、議会は法律によって命令に授権する権限を有する。以上のことから、すべては議会の意思しだいであるので、議会が事前に承認しうる命令について事後的に寛容になるのは当然である。

三〇　法律による授権のない個人にかかわる法に関する命令、とくにいわゆる警察命令については事情が異なる。この場合、授権のない命令の有効性に関する問題は、もはや執行府と議会の関係においてのみ提起されるものではなく、この問題を議会の寛容によって十分正当化することはできない。権限なく制定された命令を訴えることができる権利を有するのは国民自身なのである。驚くべきは、この種の命令の有効性を利害関係者によって提起された訴訟において判例が維持してきたことである。このような判例の立場に関しては、便宜的配慮によるのであろうとの印象は拭えないであろう。実際、法律を執行する命令しか認めない一八七五年憲法の原理によって、現実の必要性が常に満たされるとは限らないであろう。しかし、市民にかかわる法制度に関する命令については、憲法上の不都合または立法の不備を改善することは司法機関の役割ではない。このような場合、事前の授権によって執行府の命令制定権の範囲を拡大するのは立法府のみなのである。政府は立法府による承認なく自律的な命令によって市民に適用される法を改正しうるということを認めれば、たとえそれが治安維持のために必要なものであっても、モンテスキュー以前の時代に逆戻りすることになるであろう。彼によれば、執行機関が法律によって市民のために制定された法的条件を単独で変更することができれば、もはや市民にとって安全は存在しない。かくして、あれほど批判されたにもかかわらず、「国家の安全にとって必要な」命令を自由に制定する権限を君主に付与した一八一四年憲章体制ときわめて類似した体制に逆戻りすることになるであろう。実際、市町村の警察命令に関する場合と、全国の治安維持のために政府によって制定される命令に関する場合との間には大きな相違が存在するといわざるをえない。市町村という限られた領域においては、市町村長によって治安維持のために執られる措置はあまり重要でない対象にしか及ばないであろう。それに対して、執行府に付与された全国に及ぶ治安維持のための自律的権限には政治的な目的のために行使される可能性があり、そうなればこの権限は恐るべきものとなるであろう。したがって、いかなる法律もこのような一般的な警察権を大統領に付与することはないといわざるをえない。

三一　以上のことから、要するに、わが国における議会の運用から実際に導き出される事態は、少し前までドイツで行われていれた主として法と行政命令の区別にもとづいたものに近いという結論が得られそうである。実際には、個人にかかわる法に関する大統領の命令のみが依然として正式な授権を必要とするであろう。このようにして、市民にかかわる法を構成する規範に「法」の名称を限定することによって、この規範をもって法律の固有で特別な唯一の対象事項とする概念へと不可避的に回帰するであろう。しかし確かなことは、法律と法規範とに関するこの概念は一八七五年憲法にとって異質だということである。この概念をもって、立法権の領域と執行府の権限の領域との間で画定されるべき実体的分配の基盤とするということを示しうるような指標は、同憲法には存在しないのである。同憲法はこの概念について立法権と執行権とに関する規定（同年二月二五日法律一条および三条）において何らふれていないだけではなく、同憲法がこの概念を採用することはそもそも合理的ではなかったといわざるをえない。

まず、個人にかかわる法に関する規範のみが個人と個別的な利害関係を有し、その結果彼らによって選挙された議会の判断で議決されるに値するという考え方にもとづいた概念を受け入れることはできない。政治的にみれば、これほど異論の余地のある考え方は少ない。このような考え方はモンテスキューの時代には存在理由があった。彼は、当時市民に欠如していた安全と保障を個々の法領域において彼らに付与する緊急性を指摘したのであった。確かに、市民の法的地位を変更することができるのは、立法議会によって、あるいは少なくともその同意もしくは承認によって制定された規範のみであるという保護の体制を市民に提供することは、当時においてはすでに大きな進歩であった。しかし今日、このような体制では、民主的要請からだけではなく人民とその構成員とのさまざまな利害感情から世論の中に生まれた要求を十分満足させることはできないであろう。実際、一方で、私法上の取るに足らない問題を議会によって制定される法律に委ね、他方で、公の事柄に関するあらゆる問題をこれらが国家にのみかかわるという理由で執行府に自律的な命令によって制定させるということは、あまり論理的とはいえない。もしそうであれば、あたかも公の事柄に関する規範は市民自身に何ら影響を及ぼさないようであるが、しかし、たとえ間接的であっても早晩おそらく実感することができる影響を彼らに与えることになるであろう。またもしそうであれば、とくに国家は、あたかも国家にのみ固有でその個々の構成員とはかかわりのない利害を有することがあるようである。したがって、近代憲法は、『法の精神』に由来し、法治国家体制という名の下に、市民にかかわる法が問題になっている場合にのみ法律による議会の介入を伴う体制に満足するわけにはいかない。とりわけ一八七五年憲法は、立法権の定義に関して、この権限が市民にかかわる法その他の何らかの特別な事項を対象としているという考え方には努めて与しなかった。そうではなくて、国家において企図され決定されあるいは完遂されたすべての事柄の背後には人民の一般意思の表明が存在しなければならないという考え方から出発して、この政治的な考え方を議会は万事において人民の一般意思の代表者であるという法原理と結びつけることによって、同憲法はあらゆる領域において執行府を「法律を執行する」権限に限定したのである。このことによって同憲法は、国家における万事は法律によって着手されなければならないということを明確に示している。この場合、法律はそれが規定しようとすることについて少なくとも授権によって国民共同体の始原的意思を表明し、その結果、執行すべき事柄を下級機関に示すのである。このような体制は合法国家体制と呼ばれ、そこにおいては、議会以外の他のあらゆる機関の活動に始原的に最初の途を開くのは常に法律でなければならないのである。

三二　ところで、法律を法規範によって実質的意味として定義する理論は実定憲法の規定によって否定されるだけではない。さらに、個人の権利義務に関する規範のみが法を生み出すと考える点で、この理論はそれ自体において誤っていると思われる。驚くべきことに、法に関するこのような狭い概念は法学文献において非常に広く受け入れられ、非常に長期間にわたって支配的であった。しかしそもそも、実定法秩序の構成要素の中で、いかにして法の要因でないものが存在しうると考えるのか。権限を有する機関によって制定されたあらゆる命令または決定は、その対象いかんにかかわらず、またそこで規定された文言が一般的なものであるか個別的なものであるかにかかわらず、実定法秩序に何らかの新しいものをもたらすということのみによって、法規範を生み出すと思われる。

法を構成するのは、個人に対して強制される規範か、個人によって援用される規範かしか存在しない。故に、行政役務を組織しまたはその内部運用規則を規定する法律または命令は規制をもたらし、この規制は、たとえ国民に権利をもたらし義務を課すべきものでなくても、役務の内部において、そして活動または関係を命じられる官吏に対して、権限を規定しまたは役務上の義務を課す規範を少なくとも創出することになる。その結果、この規範は、国家において支配することになる法秩序の確立に寄与する以上、言葉のあらゆる意味で法規範である。純粋に行政上の実効性を確保する目的でこの規範に法規範としての性質を認めなければ、行政法はいずれにしてもその相当部分において法領域の外に位置しているという主張に立ち戻ることになるであろう。法律によって国立記念建造物や道路などの公の営造物の建築を決定する場合も同様である。形式的意味の法律と実質的意味の法律とを区別する学派にとって、法律によるこの種の決定は、それが個人に関する法にはかかわらない以上、言葉の実質的意味における法律にあたることはない。ドイツでは近年この種の法律は行政法律と呼ばれ、それは行政活動を構成する一連の作用の出発点しか構成しないと考えられた。したがって、それ自体は実質的意味の行政行為であり、形式的意味においてのみ法律と呼ばれた。しかし、この種の法律は、行政官が行うべき活動をその対象との関係で決定する行為規範を、行政機関に対して規定しているというのが真実である。この点でこの種の法律は法的効果を有し、その結果、行政官との関係で固有の意味の法規範を含んでいる。このような主張が予算法に適用されることはいっそう明らかである。予算法は、法創造のためではなく経済運営のために制定されるものであるといわれてきたので、実質的意味の法律ではなく行政行為であるとされることが望まれてきた。このような捉え方は、予算は数字によって構成されているが、行政機関にとって指令的規範としての効力と価値を有し、また行政機関によって行われるべき活動計画の全体を財政の観点から決定する授権としての効力と価値を有するという異論の余地のない事実を過小評価するものである。このような予算に関する規範は、まさしく行政官の活動を条件づけ決定することによって、立法府によって形成された実定法秩序の高度な構成要素の一つとなる。さらに、予算法が行政活動にとって財政上の規範であると同時に市民自身にも大きな影響を与えるということをつけ加える必要があるだろうか。

三三　以上のことから、法律は、一般的な形であろうと個別的な形であろうと、個人にかかわる法制度またはいわゆる国事にかかわる問題に関して規定することによって、必ず、市民であれ官吏であれ関係者に対して何らかの権利または義務を生み出し、国民共同体に対してさえそこに存在する法秩序の要素を生み出すということが示された。その結果、純粋に形式的な意味の法律のみから成る法律の範疇が存在することを主張してきた理論の基礎は崩壊する。実際この理論は、法規範である規範とその性質を有しない規範という二つの種類の規範によるいわば対峙に立脚していた。そしてこの理論は、法律と法規範を同視することによって、法律の形式で後者の規範を規定する行為には単なる形式的意味の法律という性質しか認めなかった。ところで、立法権を行使するために憲法によって規定された手続にのっとってなされるすべての決定は法を生み出し、また法のみを生み出すことができる。したがって、内容のいかんにかかわりなく、すべての形式的意味の法律は言葉の完全な意味における法律である。というのは、形式的意味の法律は制定手続に関する立法行為の条件を満たしているとともに、その内容が有する法的効果という点で実体に関する法律の概念にも当てはまるからである。そうではないと主張するには、立法府によって可決された規定が誰に対しても法的効果を伴わないという場合を想定しなければならないであろう。そのような場合として、哲学的な、政治的なあるいはその他のまったく理想に関する命題のみが法律の形式で規定されることが考えられるであろう。しかし、この種の命題を規定する行為はいかなる点においても、とくに形式的観点からも法律とはいえないであろう。というのは、法律の形式のみをもってしては、何らかの意味における法律の性質を、義務的効力をまったく伴わない内容を有する行為に付与することはできないからである。

三四　以上のことから、単なる形式的意味という法律の概念は退けられなければならない。純粋に実質的意味の法律という考え方をもたらした法律に関する第二の概念については、特定の機関のみが立法権を行使しうるということを原理として確立する一八七五年憲法のような憲法体制においては、さらに存在の余地がない。実際、同憲法が規定しているように、議会のみが立法権を行使しうるということは、法律の概念は源という条件に依拠しているということを明らかに意味し、この条件を欠けば真の法律は考えられない。さらにこの条件は、法律はその特有の性質を制定者の特別な資質から導き出すということを意味する。これはわが国の公法についてすでに確認したことである。一七九一年以来、わが国の憲法において法律の名称と特定の効力とは人民の選挙に立脚した議会によって制定されるすべての命令に付与され、現在、一八七五年憲法が法律の制定と法律に固有の優越的効力とを議会による議決に依拠させているのは、人民とのつながりという点で、議会が主権者である国民と一般意思との特別で排他的でさえある代表者として設置されたからであり、そして、代表者であり主権的であるという議会のこの地位が、法律の形式による議会の決定に、法律の明確な指標とその本質それ自体とを今日形成する優位性を付与するという帰結を必然的にもたらし、またそれのみがもたらすことができたからである。このことから、すべての形式的意味の法律は法律の概念に完全に当てはまるという結果が得られる。というのは、形式的意味の法律のすべての規定は、その源のみによって、法律が国民共同体において上級法秩序を構成する規範の一つとなるために必要な属性を獲得するからである。しかしこのことからさらに、実質的意味の法律、すなわち議会によって可決されないにもかかわらずその内容のみによって法律という名称を得ることができる法律のみから成る法律の範疇を問題にすることはできないという結果が得られる。実際、執行機関によって制定された命令または司法機関によって下された判決が新しい規範を生み出すということは重要ではない。これらの本質的性質から、ある点でこれらは同じ規範が議会によって制定された場合と同じ法的効力を生み出す。しかしこのような実体的類似性にもかかわらず、執行府の首長によって制定された規制力のある命令または裁判の判決によって示された規制力のある決定は、いかなる意味においても法律と呼ばれることはないし、立法権によって生成されたものでもない。そう呼ばれるには、法律であることを示す卓越した特質の唯一の源、つまり議会が制定したものであるということがこれらには欠如しているのである。それに対して、議会のみが主権者の代表として認められているのであるから、立法権、つまりいかなる規範であろうともそれに一般意思に属する力を授ける権限が議会のみに憲法によって付与されているのは当然なのである。

三五　実際、憲法が立法権という名の下に想定しているものは主権としての真の権力である。議会は法律を可決することによって、始原的にかつ無条件で決定するという意味で、また立法府以外の機関のあらゆる決定を条件づけ、必要であればそれらを覆すという意味で、主権を行使する。立法権に付与されたこれら二重の効力によって、法律はまた次のような二重の本質的性質を有する。一、始原的な規範であり、これは、共同体の始原的で自律的な意思を表明する機関によって作られたものであり、あらゆる他の法が派生する始原的な法を形成する。二、一般意思に固有のものとみなされてきた主権的な力の性質を有する最高の効力を備えた規範である。したがってこれは、法律によって規制された対象の影響を受けるという意味で、立法府に従属するあらゆる機関の将来にわたる活動に対して優位する。これら二つの性質がいずれもいわゆる実質的意味の法律に欠けていることは明らかである。まず、議会以外の機関によって制定された法規範は、主権者またはその代表者による授権をもたらす規定にもとづかなければ制定されえないので、副次的な法しか構成しない。さらに、この法規範は、その存在が将来の立法に依拠しているという意味で、いずれにしても立法府によって制定される法に対峙したり対抗したりすることができないことから、法律に固有の効力を有しない。そして、これらの原因はとりわけ、わが国の実定法によれば、議会によって制定された法を、たとえその内容が違憲であっても、判決は取り消したり無効にしたりしえないことにある。

最後に、あらゆる形式的意味の法律はその制定者の権限から法律のみに固有のすべての性質と効力を得るのであるから、あらゆる関係において法律であるが、しかし逆に、いかなる法規範といえどもそれが形式的意味の法律でなければ、いかなる意味においても法律とはいえないという結論に至る。換言すれば、実質的意味の法律と形式的意味の法律という二元的区別は、他の時代においてあるいは他の体制において存在理由を有しえたとしても、わが国における一八七五年憲法のような諸憲法とは現在では両立しえなくなったのである。これらの憲法によれば、立法権とは、議会が国民の一般的で主権的な意思を法律によって表明する権限なのである。ドイツにおいてさえ、この区別は第一世界大戦以前の法学文献においてあれほど絶対的な支配力を有したにもかかわらず、今やその影響力をまったく失ってしまった。一九二七年のドイツ国法学者大会においてこの区別に向けられた激しい批判に、このような変化を見てとることができる。この批判の目的は、現代法においては法律に関する唯一の概念しか認められないということを立証することだったのである（cf. *Veröffentlichungen der Vereinigung der Deutschen Staatsrechtslehrer*, Heft

4, 1928)。ドイツにおいてさえ、いわゆる実質的意味の法律と形式的意味の法律とに関する理論がこの批判に耐えられるとはほとんど思えない。

三六　一八七五年憲法によれば、法律は議会による一般意思の表明であると考えられ、あるいはともかくそのように扱われてきた。このことから得られる第二の帰結はとくに我々の関心を引くものである。すなわち、立法権は議会によって他の機関、とりわけ執行府に対してなされる可能性のある委任にはなじまないということである。

立法権の委任に関するこの問題はこれまで法学文献において重要な位置を占めてきたし、判例にさまざまな変化をもたらしてきた。この問題は、大統領が法律による授権に続いてかつそれにもとづいて制定する命令に関して提起された。通常、大統領による命令の制定を承認しまたは命じる法律はこの命令の制定をコンセイユ・デタの諮問に付す。共和暦八年憲法五二条［コンセイユ・デタは、統領の指揮の下、政府提出の法律案および法律特別施行令を起草……する権限を有する］に関する復古王政以来の解釈によれば、この諮問が必要なのはいわゆる法律特別施行令のみであるので、議会がコンセイユ・デタの審議を経た命令の制定を欲する場合、議会が承認する命令は法律特別施行令である旨法律によって規定される。その結果、議会による執行府への授権の性質が問われてきたのはこの種の命令に関してである。しかし実は、この問題は議会による授権にもとづいて制定されるあらゆる命令について提起することができたはずである。

三七　長い間、専門家とコンセイユ・デタの判決とは、立法府による授権の中に、立法府によって執行府の首長に対してなされる立法権の移譲を認めるという点で一致してきた。このような捉え方の源は、君主制またはナポレオンの時代に由来する伝統にある。当時、全体としての命令制定権は議会の立法権と対を成す第二の立法権と考えられていた。この第二の立法権は、君主制における国家元首の権力に固有の一身専属的な特権から生じたものであった。国家元首が自ら制定することができず、それ故議会による授権を必要とする事項について命令を制定しようとする場合、国家元首は立法権を行使するものとみなされていた。ただこの場合、君主が行使する立法権はもはや自らの特権にもとづくものではなく、立法府によって同意された委任にもとづくものとされていた。何よりも、君主制の時代に形成されたこのような思考傾向こそが、コンセイユ・デタをして、法律特別施行令と法律を同視する理論体系を二〇世紀に至るまで維持させたのである。とりわけ、この同視によって、法律特別施行令は越権を理由とする取消訴訟を免れ、訴訟において法律とみなされるので、その有効性を裁判所で審査することはできなかった。同時に、大統領自身、法律特別施行令の制定において立法権に類似する権限を行使するものとみなされていた。大統領は先行体制の国家元首である君主のような存在と思われ続けたのである。現行体制において大統領は、国民を主権的に代表する権限に関与する機関としての性質を保持していた。その結果、この権限は一八七五年憲法によって議会に付与されているので、大統領は議会とともに国民の代表者としての資質を有するように思われたのである。

しかし、一八七五年憲法のような共和制に立脚した憲法においては、執行府の首長がその命令制定権を君主制の性質を有する一身専属的な特権に基礎づけることは明らかに不可能であった。同憲法それ自体、同年二月二五日法律三条において、命令制定権全体を、そして大統領の活動を、「法律の執行」という原理的条件に服従させる規定の中に取り込んだのである。このことによって、法律特別執行令も含めたあらゆる種類の命令を、大統領個人の始原的または自律的な権限という考え方に基礎づける可能性は排除された。そこでコンセイユ・デタは、少なくとも法律特別執行令について、大統領個人のこのような不完全さを立法権の委任という発想でもって補完した。この発想によれば、議会は、この種の命令の制定を大統領に授権することによって議会に固有の代表する権限を移転し、このことによって大統領を議会と対等な代表の地位にまで高めたのである。

実は、このような立法権の委任という理論に対して、一般的な命令のみを対象としてこの理論を形成するのはあまり論理的ではないと反論することが可能であった。というのは、法律による授権を必要とするのは一般的な命令だけではないからである。個別的な命令については法律の執行としてのみ制定されうるが、すでに述べた一八七五年二月二五日法律三条は法律の執行という点でこの種の命令と一般的な命令とを区別していない。ところが、立法権の委任という理論を、議会によって個別に付与された授権にもとづいて制定される個別的な命令にまで拡大しようとは決してしなかった。その理由は、法律の一般性に対する信頼が人々に及ぼした影響それ自体の中に求められるべきである。すなわち、規定の一般性は法律の概念の条件とみなされていたので、立法と命令によって執られた個別的な措置とを関連づけることは問題になりえなかったのである。個別的な命令は法律ではないと認識されていたので、たとえそれが法律による授権にもとづいて制定されたとしても、委任された立法権の行為を構成しえなかった。それは法律の執行という考え方の範囲内のみに完全に納まったのである。

三八　一八七五年憲法が大統領の命令制定権を法律の執行というこの考え方のみによって基礎づけたという事実で、命令が、たとえ法律特別施行令であろうとも、立法権の性質を有するとすることは適切ではないということを、当初から専門家や判例に納得させるには十分であったはずである。ところが、委任理論は不正確であり一貫性を有しないということを専門家が認識したのは、ようやく一九世紀末になってからであった。しかも、この理論を受け入れがたいものとしている理由の主要なものが明らかにされたとは必ずしもいえない。

立法権の委任という考え方がわが国における国民主権の原理と両立しえないことを強調して、この考え方を最初に批判したのは憲法学者であった。実際この原理から、いかなる憲法によって設置された機関といえども、その機関が憲法によって付与された権限をまったく自由にできるわけではないということが帰結される。その理由は、さまざまな権限は国民のみに帰属するからである。すでに述べたように、とりわけ議会は立法権を支配したり処分したりすることはできない。というのは、議会は立法権を固有の所有物としてではなく国民の権限として保持しているからである。議会は立法権を行使するにとどまり、したがって憲法によって課された条件に従って行使しなければならない。ところで、一八七五年二月二五日法律一条によれば、立法権を行使することができるのは議会のみである。その結果、議会が立法権を委任することは、委任先が何であろうとこの規定に反する。

この議論には反論の余地がないように思われるが、実はその価値はかなり疑わしい。というのは、一七八九年から一七九一年にかけての国民議会以来すでに、わが国の代表制は国民主権の原理から逸脱していたということをここで想起すべきだからである。すなわち、わが国の代表制は一般意思と議会の立法意思とを同視することによって議会を主権者と対等なものとした、というよりも実際には主権者としてしまったのである。立法権という名の下に、議会は憲法からほとんど無制限な支配的意思力を導き出した。とりわけ、一八七五年憲法は、議会が執行府に対してなしうる授権の対象と範囲とに関していかなる制限も設けていない。この点に関する唯一の主要な制約は各授権ごとに要求される個別化の制約である。その結果、規範を制定する必要があるたびに、または措置を執る必要があるたびに、議会は適当と判断した規範または措置を自由に自ら可決することができるし、逆に法律の規定によって、自らに代わって執行府に命令でそうさせることができる。したがって、議会が立法権を行使するに際して強制される条件を同憲法が規定しているとはいえない。実はむしろ、議会と執行府の間で自由に権限分配を行うために議会が立法権を行使することを、同憲法は容認しているのである。ここに議会にとって主権的性質を有する権力が存在する。議会はこのような権限分配を行うことによって主権者として振舞うのである。そして、この種の議会主権は委任という考え方へと再び途を開くであろう。というのは、主権者は自らの主権それ自体によって自らの諸権限を自由にすることができるからである。したがってこのことから、議会による執行府への授権はまさしく権限の移転として分析されるという結論に至らざるをえないであろう。

三九　それに対して、行政法学者は、委任理論が法律特別執行令に対する越権訴訟を認めないようにコンセイユ・

デタの判断を導いたという理由で、この理論を批判してきた。彼らの主張によれば、このような判例は［コンセイユ・デタの再編成に関する］一八七二年五月二四日法律九条に反する。実際同条によれば、取消訴訟は「行政庁の行為」に関してコンセイユ・デタに提起されうる。ところで、命令の本質的性質をどのように捉えようと、すべての命令は立法機関の行為ではなく執行機関の行為であるということに異論の余地はない。それは、通常用いられる「行政命令」という名称が示しているように、形式と制定機関によって同条の規定に当てはまる行為である。したがって、法律特別執行令は、その制定のために法律によって執行府に付与された授権の制限をその規定が超える場合には、通常の命令として取消訴訟において受理される可能性があるといわざるをえない。この点、結局、コンセイユ・デタは委任理論に反対する論者の論拠に与した。よく引用される一九〇七年一二月六日判決［三七頁参照］においてそれまでの判例を変更して、法律特別執行令は訴訟の受理に関して他の命令と異なることはありえないと判断したのである。他の命令とまったく同じように、法律特別執行令においても、その根拠である法律によって授権された措置しか執ることができない。法律特別執行令は、この授権の文言を超えれば、取消訴訟の対象となるのである。コンセイユ・デタはこの判決によって、法律特別執行令が法律の形式的効力を有しないことを明確に示した。というのは、法律はその規定の有効性に関する裁判所のあらゆる審査を免れているからである。したがって、あらゆる命令が本質的に裁判所による合法性の審査に服するということは、少なくとも訴訟に関して、立法権の委任という理論のもっとも重要な帰結の一つを否定することを意味するのである。

四〇　しかしながら、一八七二年五月二四日法律九条に関して行政法学者によって主張され、一九〇七年以来コンセイユ・デタによって採用された論拠は特定の点にしかかかわらなかった。確かに、この論拠は執行機関の行為である命令が議会という源に由来する法律の効力を有しえないということを明らかにした。しかし、この論拠は委任という考え方それ自体に直接向けられたものではない。また、議会によって大統領の命令に付与された授権の中に立法権の移転を見出すことは、憲法上まったくかつあらゆる点で不可能であるということが、この論拠によって立証されたわけではない。法律特別執行令の中に委任された立法権の行為を見出す理論が不正確であるということを立証するためには、いかなる一般的で原理的な真の理由が必要なのであろうか。委任という考え方に対抗することができる真の理由は、法律と立法権とに関する概念が現在立脚している憲法上の概念とこの考え方とが両立しないであろうということである。

四一　これはすでに述べたことであるが、まず、法律に関する現在の概念からすれば、立法権には本来委任の余地はない。一八七五年憲法によれば、実際、立法権に固有の性質の一つは始原的権限であるということであり、明らかに立法権は全体としてかつ自律的に行使される。その結果、委任された権限はもはや立法権とはいえない。かくして、命令制定権は授権をまってかつ授権にもとづいてのみ行使されうるのであるから、命令はもはや立法権に関する憲法上の概念には含まれず、執行権の行為の範疇に属するということは明らかである。さらに、授権法律によって大統領に付与される権限の範囲にかかわらず、命令は、その制定を授権法律が大統領に認めた範囲内でしか効力を有しないということからすれば、執行の性質を有する行為である。したがって、命令は授権法律の執行として制定されるのであり、これはコンセイユ・デタがすでに述べた一九〇七年判決の中できわめて正当に指摘したことである。この判決は、命令は「(授権)法律の執行を確保するために」制定されると述べているが、この表現はそもそも一八七五年二月二五日法律三条の文言を採用したものにすぎない。

四二　以上と同じようなことが、国家において下級の地方公共団体、とくに市町村によって行使される規制力についてもいえなければならない。実際、市町村は規範を定立するが、この規範はその内容のみから判断すれば国家の法律と同じ性質を有する。しかし、だからといってそれが立法権の行為であるとはいえない。というのは、市町村の条例が全国一律に適用される法律と異なるのは、その規制力が及ぶ範囲が市町村という特定の領域に限定されているという点だけではないからである。両者の主要な相違は、市町村の権限はあらゆる点で国家権力の純粋かつ単純な発現であるとまではいえないが、少なくとも、その実効性を確保する効力を法律によって是認・承認された権限であるという点にある。そして、国家は法律によって市町村の権限を規制し、この意味で市町村の権限は国家の立法によって創設されたといえる。したがって、市町村において制定される法規範は、市町村の自律的な意思のみにもとづいた始原的な規範ではない。そうではなくて、それは派生的な規範であり、国家の立法府による条例への授権を認めた先行する一次的な法規範にもとづいて制定される。国家の部分である地方公共団体に認められている規制権を立法権とみなす可能性を排除するには、この派生的で副次的な性質を確認すれば足りる。逆に、地方公共団体が自律的な組織力および意思力のみから規制を自ら行う権能を導き出す場合には、たとえその規制が部分的なものであり規制事項の範疇が制限された領域にとどまろうとも、あらゆる前もって付与された授権または委任とは無関係なこのような始原的権能に、立法権に固有の特徴である始原的な力と能力を認めるべきである。したがってまた、そこには疑う余地のない国家権力の指標と刻印を認めるべきである。というのは、国家のみが立法権の条件であるこの一次的な意思を自由に表明することができるのと同様に、自律的な、すなわち自由な意思のみにもとづいて自ら規範を定立する権限をそれ自体から導き出すあらゆる地方公共団体は、このことのみによって、少なくともその自治の程度と領域においてまったく自由に活動するものとみなされるからである。その結果、このような地方公共団体は国家の存在に固有の先天的な自己決定権という条件を満たしているのである。以上は連邦国家における支邦の場合である。支邦の立法権は連邦が自らの立法権に留保しなかった事項にしか及びえないので、支邦は主権的ではない。しかし少なくとも、自由で自主的な規制に委ねられたこの領域において、その固有の国家的立法権のみに源を有する始原的な法を自由に制定することができるという点では、支邦の国家権力が示されており、支邦は国家として振舞うのである。

四三　したがって、立法権を委任することの可能性は、まず、法律の始原的性質に関する、明文には現れていない一八七五年憲法の理解にあらゆる点で反する。しかし、立法権の委任を問題にしうるということに何よりも反する理由は、現在法律の概念が立脚している基盤それ自体から導き出される。同憲法によって立法権は一般意思を表明する権限であると想定されており、まさしくこの考え方にもとづいて、同憲法は議会のみが立法権を行使することができると規定している。というのは、選挙によって選出されるということから、議会のみが一般意思を代表しうるとみなされるからである。議会をとおして、主権者である国民自身が意思するのである。そして、国民が主権的意思を表明しなければならない場合には常に、議会は立法権の行使によって介入しなければならない。したがって、法律の概念と議会による主権者の代表という考え方とは強固に結びついている。というよりもこれらは一体不可分であり、このように理解された立法権は本来移転することができないのである。確かに、議会はその主権的権限からすれば、授権法律によって、執行機関に対して命令制定権を付与しうるということはきわめて当然である。しかし、議会の権力がいかなるものであろうとも、執行府に付与することができない属性が存在する。議会は、自らを一般意思の代表者とする源の性質を、議会それ自体以外のいかなる機関にも移転することができないのである。おそらく、執行府は授権によって議会の立法権と対等な権限を獲得するであろうが、しかし、議会と対等な機関になることはない。執行府が議会に取って代わるであろうことはなく、執行府には国民を代表するという議会の地位が常に欠如している。この地位を委任によって執行府に獲得させるに至ることはない。この地位の欠如故に、執行府は一般意思を表明することができない、つまり立法権を行使することができないのである。したがって、立法権を執行府に移転することは、いかなる場合においても主張しえない。

四四　おそらく、授権されたあらゆる命令の根底には一般意思が存在するであろう。一般意思の力は命令制定の根拠である執行府への授権を行う法律において行使される。しかし、たとえ命令が一般意思の行為にもとづいて制定され、その規定が義務的拘束力の法的根拠を一般意思から引き出そうとも、一般意思は命令それ自体によって表明されることはない。法律の場合には、議会によって代表され、議会のあらゆる主権的要素とともに、意思力を行使するのは国民自身なのである。それ対して、授権された命令の場合には、国民の権力を行使するのは単なる憲法によって設置された機関である。この機関は選挙によって全体としての国民と結びついていないのでそれを代表するものではなく、授権法律において表明されたような一般意思の執行として自らに課された職務を国民のために遂行するにとどまる。

四五　以上のことから、授権された命令は法律と一般意思を同視する概念に由来する法律の特質を有しない。法律と命令の間には、一般的で主権的な国民の意思力と、主権者によって設置されるが主権には関与しない機関の単なる執行権との間に存在するのと同じ相違が存在する。この相違は複数である。

まず、一般意思は自ら活動し、まったく自由に前進する。命令は一般意思から許可または推進力を得なければならない。

また、一般意思は、一次的な法、つまり自らと同じ始原的な性質を有する法を構成する規範を制定する。命令は副次的で派生的な法を制定する。この法は執行であり、その意味で執行府にその制定を授権した一次的な法規範にもとづくものである。この法は第二段階に位置し、したがって、授権規範によって構成される一次的な法と関連性を有する。この法はあらゆる意味において合法という名に値する（二二四頁以下参照）。しかし、いかに合法的であろうと、この法が立法機関によって制定された法となることはない。というのは、授権された命令は結局は執行府によって制定されたものだからである。その結果、命令と一般意思の関係によって、命令が一般意思の表明それ自体となるに至ることは決してない。

さらに、一般意思はその主権的な力を法律に移転し、その結果、法律に固有の効力に関するあらゆる議論を認めない。授権された命令の内容は、その制定を命じた授権と合致している限りでしか効力を有しない。その結果、命令制定権は、授権の場合においてさえ、命令の各規定の有効性に関する審査を本来必ず必要とすると思われる。この意味で、命令の適用に関して訴訟を提起されたあらゆる裁判所が、命令の適用に先立ってまずその合法性を審査することはきわめて当然であり、不可避でさえあるといわざるをえない。このことから、権限裁判所の一九二三年六月一六日判決（*Septfonds* 事件）には賛成できない。同判決は意外にも、完全に確立された判例に反して、刑法四七一条一五項〔三四頁参照〕の規定する場合を除いて命令の適用を求められた司法裁判所に対して、その規定の有効性を判断する権限を否定し、有効性に関するこの問題を先決問題として行政司法機関、つまりコンセイユ・デタに移送することを要求した。すでに述べた判例からすれば、少なくとも、司法裁判所の正当な管轄に属する訴訟において司法裁判所によって宣言されるべき法を命令が規定している場合には、この命令の適用と解釈それ自体とが司法裁判所に属することは明白かつ当然であるので、権限裁判所のこの判決はますます受け入れがたいように思われる。ところで、命令の適用と解釈は、訴訟を提起された裁判機関が、命令の内容と効力を有する法律の規定とを比較し、それによって訴訟に適用される命令が惹起する可能性のある合法性の問題を解決するように必然的に導く。というのは、この比較において両者の間に矛盾が存在する場合には、裁判官が法律の規定を命令の規定に優先させるのは当然だからである。

最後に、一般意思のみが、自らによってすでに制定されたものを廃止しまたは改正することができる。したがって、授権された命令が委任された立法権の行為であり、その結果法律の効力を有するならば、このことから、執行府の首長が自らすでに制定した命令を廃止しまたは改正しうるには、新たな一般意思の表明、つまり議会による新たな立法行為が必要であるという結論を導き出すことができるであろう。あるいは、委任という考え方について、逆に、議会は特定の事項について執行府に授権することによってこの事項に関して一般意思を表明する権限を執行府に移転したのならば、授権法律の規定する事項についてはもはや命令によってしか一般意思を表明しえないと主張することができるであろう。しかし、これらいずれの結論も認めることはできない。議会は一般意思を表明する権限の排他的保持者として設置されたのであり、いかなる場合においてもこの権限を放棄することはできない。したがって、あらゆる授権にかかわらず、議会は、執行府が合法的に規定しえた事項に対して立法権を完全な形で自らのもとに保持し、将来制定される法律はすでに制定されたあらゆる命令に優位する。同様に、執行府の首長は議会によって承認されることなく法律特別執行令を改正しうるか否かという近年の疑問には、すでに述べた一九〇七年判決においてコンセイユ・デタが明確に答えた。同判決によれば、「(授権)法律の明文規定が存在しなくても」、この種の命令を制定するために大統領に付与された権限には、「法律の執行を確保するために新しい状況に応じて既存の命令を改正する政府の権限が当然含まれる」。

四六　要するに、法律と命令を区別するあらゆる特徴は、議会と執行府というそれぞれの機関が、単に対等ではないだけでなく本質的に異なる権限を法律と命令との制定をとおして行使するということに由来する。一方は、主権的な、すなわち始原的で無制約な意思を表明する権限である。この権限は、議会をとおして意思し命じるのは国民自身であるということからその優位性を導き出す。他方は、国民の意思を執行する下級の権限であり、この権限は国民によって自らの奉仕者として活動する機関に委ねられる。確かに、後者の権限にも固有の決定権と、さらに一定範囲の主導権は含まれている。というのは、執行府は単なる執行を行う機械ではなく、「機関」としてそれ自体国民の権力を具えており、判断と創造という役割を果たすべきだからである。しかし、国民によって、換言すれば議会という国民の代表者によってあらかじめ表明された意思を、個別的な適用によってなり具体化によってなり実現するためにのみ、執行府は国民の権力を行使することができる。したがって、執行府の活動はもはや主権的な権限の行使ではない。とりわけ命令は、もはや法律のように一般意思の主権的な表明ではなく、法律によってあらかじめ定められた政府による活動の帰結にすぎない。

議会の権限と執行府の権限とのこのような本質的な相違からすれば、わが国の公法には立法権の委任という発想の余地がないことはまったく明らかなように思われる。というのは主権を移転することはできないからであり、また当然、始原的で自律的で他のものに還元しえない権限を、議会はいかなる委任によっても縮減したり制限したりすることはできない。この権限は国民の意思に固有のものであり、とりわけ法律との関係で、議会は国民の意思の代表者としてこの意思の排他的で不可譲な保持者なのである。

四七　一九〇七年にコンセイユ・デタが法律特別執行令に対する訴訟を立法権の委任の理論にもとづいて受理しないという判例を変更して以来、委任に関する問題は解決されたかに思われた。しかしこの問題は再燃し、また、一九〇七年判決それ自体が、法律によって大統領の命令に付与された授権を少なくともある関係においては委任と呼び続けたことから、この問題を再燃させた。この判決は法学文献において重要な議論の対象となってきた問題とかかわりがある。実際、周知のように、命令制定権に訴えるにあたって、議会はあらゆる対象に対してあらゆる措置を命令によって執ることを執行府に授権しうるか否かということをめぐって、専門家は議論してきた。立法権のみに認められ、命令には認められない領域は存在しないのか。これは命令制定権の可能な対象事項に関する問題であり、とくに命令に付与された授権の及びうる範囲に関する問題である。この問題から、一般意思の表明である法律の現在の概念に関する新しい帰結が導き出されるであろう。

四八　議会が命令に付与する授権の可能な範囲に関して二つの説が存在する。

第一の説は一九〇七年判決の中に存在する。その判決理由によれば、「法律特別執行令は立法府によって政府に付与された権限が十全に行使されたものである」。これによってコンセイユ・デタがいいたいことは、一八七五年憲法は法律によって執行府の命令制定権を拡大する自由を議会に認めつつ、この自由に対して制約を課さなかったということである。その結果、執行府は法律によって授権されたあらゆることを無制限に行うことができ、あらゆる対象について規定することができ、あらゆる措置を執ることができる。そして、同判決はこのようにして付与された授権を立法権の委任と呼び、この点について明確に述べている。同判決によれば、法律特別執行令があらゆる種類の命令を規定することができるのは、それが「立法権の委任にもとづいて制定された」ということの「結果」である。このようにコンセイユ・デタは、命令が法律によって課されたあらゆることを行いうるということを説明するには委任という発想が必要であると考えた。一九〇七年以来、コンセイユ・デタはこの委任という発想を多くの判決において維持してきた。ところが同判決は、いくつかの点で、とくに法律特別執行令に対する越権訴訟の受理に関してこの発想を放棄したのである。

四九　委任理論を一方で否定しつつ他方で肯定する一九〇七年判決の内容には矛盾が存在するといわれてきた。この矛盾は表面的なものにとどまる。この矛盾は、法律による授権によって惹起された状況を分析するにあったて、コンセイユ・デタが二つの異なる視点を順次設定していることに由来する。つまり、形式的視点と実質的視点である。一方でコンセイユ・デタは、議会はそれ自体に固有の地位を執行府に移転することはできないと正当にも述べている。これはこの問題における形式的側面である。形式的効力についてあらゆる点で、命令はいかに授権されようとも依然として執行機関の行為であるとともに執行権の行為であり、そのようなものとして法律と同視することはできない。その結果、いかなる命令に対しても訴訟を起こすことができる。しかし他方で、印象的なのは、命令は議会の授権によって、議会が規定しようとするのと同じ対象について規定することができるようになり、この対象について議会が執ろうとするのと同じ措置を執ることができるようになるとコンセイユ・デタが述べていることである。一九〇七年判決はここで、形式的視点を離れて実質的領域に足を踏み入れるのであり、その論理は次のようなものである。すなわち、法律による授権がなければ間違いなく議会の権限に属する対象について命令によって規定する権限を執行府の首長が獲得するためには、また、原則として内容上法律事項に属する措置を執行府の首長が命令によって執りうるようになるためには、立法府はその固有の実質的権限を政府に移転しなければならない。それ自体法律事項である対象にまで命令制定権を拡大するには、これ以外の説明方法は存在しないであろう。かくして、実質的領域において委任という発想が復活するわけである。コンセイユ・デタは、命令が法律の形式的効力を有することを認めない以上、大統領が通常議会の立法権に属する事柄について授権されている限り議会に取って代わるということに少なくとも固執するのである。そしてこの場合、命令も法律に取って代わるのである。その結果、対象事項という点では、命令は実質的な立法行為、つまり委任された立法権の行為なのである。

五〇　多くの優れた専門家の立場はこの判決とまったく異なる。ある論者は、立法権を委任することはできないという原則を堅持して、授権がなければ立法権に属する事項について、議会は命令によって規定することを執行府に授権することはできないと主張する。少なくとも法律に留保された領域を形成する事項が存在し、この事項について規定するにあたっては、命令という形式はいかなる場合においても法律による独占に取って代わることはできないといわれてきた。とりわけ、刑罰や租税の創設についてそうである。というのは、これらについて命令に授権することは立法権の移転以外の何ものでもないであろうからである。ところで、一八七五年二月二五日法律一条によれば、議会のみが立法権を行使することができる。したがって、議会のみが法律の性質を有する事項について規定することができるというわけである。

五一　以上のことから、明確に対立する二つの主張が存在するように思われる。実際には、これら二つの主張とも結局法律に関する同じ概念に立脚していることらすれば、両者は似通った類似の主張である。両者の出発点は、それ自体実質的意味の法律である規範・措置・命令、つまり法律に固有の対象事項が存在するという考え方である。その理由は、両者とも国家作用に関する実質論、つまりモンテスキューの権力分立論に由来する旧い伝統的な理論によって支配されているからである。この理論によれば、立法権という名の下にいわゆる立法議会に付与されるべき権限は、立法権が行使される対象によって画定される。その結果、立法機関が立法権に留保された対象について規定する権限を他の機関に移転すれば、当然、この機関は立法機関に代わって立法を行うことになる。このことから得られる結論は、議会は同様の授権を執行府に付与することによって、実質的関係において固有の立法権を執行府に移転するということである。

以上が学説と判決それぞれの論理である。一方で学説によれば、立法権の移転が必要であるにもかかわらずそれが認められないことから、命令に制定を授権することができない事項が存在する。他方でコンセイユ・デタによれば、命令によって規定することが認められない対象は存在せず、いかなる対象に対してであれ執ることが認められない措置は存在しない。しかし、授権はそれがなされなければ行使しえない規制権限を執行府に付与するのであるから、授権に立法権の移転を認めざるをえない。このように対立する二つの主張は、共通の源として立法権に関する同じ概念を有するという点で一致する。この概念によれば、立法権は固有の領域を形成する対象事項の種類によって定義される。したがって、異なる結論にかかわらず、二つの主張はそれぞれ、『法の精神』の実質論の遺物であり変形であるにすぎない。ところがまさしくここに、コンセイユ・デタの主張にも学説の主張にも賛成できない理由がある。

五二　これら二つの主張が批判されるべきは、モンテスキューに由来する伝統に従って思考することに固執して、立法権と執行権の区別に関してわが国の憲法が現に確立した体系の真の、そして大きな重要性をまったく看過している点である。もし一八七五年憲法がこの区別のためにモンテスキューの権力分立論から着想を得たような実質的基準に立脚し、立法権に固有の事項と執行府に留保された事項とを区別していたとすれば、確かにこの意味で、大統領が立法に留保された対象を規制する権限を得るには立法権の委任が必要であろう。そして直ちにつけ加えなければならないことは、通常法律は大統領に対してこのような委任をなしえないということである。というのは、憲法によって画定された諸権限の秩序を単なる法律によって変更することは議会の権限には属さないからである。憲法改正法律のみがこのような変更を行うことができる。したがって、議会が命令による規制を政府に授権しえない対象事項が存在するという専門家の主張は正しいことになる。逆に、コンセイユ・デタは、命令制定権の領域が法律による授権をとおして無限に拡大されうるとは主張しえないことになるであろう。

いずれにしても、授権法律によって規定された事項に応じた立法権の委任ということを主張し続けるすべての論者の誤りは、立法府と執行府の権限分配が今日もはや実質的な基準には立脚していないということを認識していない点にある。確かに、一八七五年憲法は、立法機関である議会と同憲法が命令制定権を付与した執行府との間に一定の権力分立を確立している。しかし、それはモンテスキューが望んだ権力分立とはまったく別のものである。彼は内容にもとづいた権力分立を確立すべく努めた。現在の権力分立は、階層的な発想にもとづいて諸機関の地位の非対等性に立脚しているという意味で形式的なものである。この非対等性からすれば、立法権と命令制定権の二つの帰属機関に対して同憲法が分配したものは、異なる対象事項ではなく異なる性質を有する権限である。実際、法律と大統領の命令との間の権限分配に関する同憲法の規定から導き出される原理によれば、国民の意思である始原的で支配的な意思をすべての事項にわたって表明する権限は議会のみに属する。そうであることは、議会のみがこの意思の代表者とみなされてきたことから、間違いない。その結果、すべての領域において、始原的で優越的な意思を法律によって表明することは議会に留保される。そしてこの意思は、特定の事項に関する規範を議会の法律によって制定する場合もあれば、執行府にこの規範を命令によって制定することを命じる場合もある。それに対して、執行府は、代表権を有しない機関であり、法律の中で表明された国民の意思を単に表明する機関とみなされていることから、この執行するという資格でのみ命令制定権を保持する。明らかにこれが、同年二月二五日法律三条が意味するところである。同条においては、命令制定権という文言すら存在せず、命令と執行権の他の行為とは区別されていない。その結果、大統領の命令はいかなる事項に対しても始原的規制力を有しえない。それに対して、少なくとも、同条の規定の前提となっている実質的ではない概念からすれば、法律の執行として活動するという条件のみで、換言すれば法律による授権にもとづいて、執行府はあらゆる事項についてあらゆる種類の命令を制定することができる。というのは、同条は大統領の命令制定権を特定の事項とか措置とかといった観点から制限していないからである。同条における同憲法の要求は、命令が規定する規範は、議会が執行府に対して命令で規定することを授権した先行する規範から派生し、それに由来するという意味で、命令はその正当性を、それに先行しそれが執行する法律から獲得するということ以上のものではない。法律に関しても命令に関しても、あらゆる場合において対象事項はまったく考慮されない。法律と命令を区別するあらゆる特性の源である両者の唯一の本質的相違は、法律が自律的で主権的でさえある権限の行為であるのに対して、命令は派生的権限の行為であるということである。

五三　実質的権力分立論に支配されてきた専門家は、長い間、立法権に留保された事項と命令制定権に承認された事項とを分類すべく努めてきた。これは不毛の努力であり、断念せざるをえなかった。一八七五年憲法の中には、明らかに、命令や法律に関するそれぞれのリストをまったく見出しえないだけではなく、命令ではない法律に固有のものを内容にもとづいて画定することを可能にする何らかの原理または指標もまったく見出しえない。確かに同憲法には、一定の定めや措置をたまたま法律によって行わせるいくつかの規定が存在する。しかしその数は限られており、次の四ヶ条にすぎない。一八七五年二月二五日法律一条は、代議員は「選挙法の定める条件の下で」指名されると規定する。同法律三条によれば、「大赦は法律によらなければこれを行うことができない」。同年七月一六日憲法法律八条は、いかなる領土の変更も「法律によらなければこれを行うことができない」と規定する。同憲法法律一二条によれば、法律は政治高等法院としての元老院に訴追された事件の「手続について規定する」。これらの規定の数は限られているので、これらの規定をもって法律事項の完全な列挙または限定的な列挙を示すものとみなすことはできないであろう。とりわけ、憲法上のこれらの規定によって定められた事項以外はすべて直ちに自律的な命令によって定めることができるという主張は認められない。さらに、同憲法において、命令という用語すら用いることなく、法律事項または命令事項を列挙することができたであろうか。

五四　法律事項と命令事項のそれぞれに関する一八七五年憲法の沈黙は、同憲法がそれらを規定し忘れたからでも、無視したからでもない。この沈黙は、国民の一般意思を代表する議会の権限に法律の概念を基礎づける捉え方の論理的帰結、さらにいえば当然の帰結にすぎない。その結果、以下ではこの捉え方のきわめて重要な新しい帰結が明らかにされるであろう。この帰結はさらに明らかにされる諸帰結の一つでもある。そして、この捉え方が同憲法に及ぼした影響はもっとも明確な形で示されるであろう。

ある憲法が議会は法律によって一般意思を表明する権限を有するという考え方に立脚する場合、まず明らかなことは、その憲法はもはや特定の事項を立法に分配しようとすることはできないということである。というのは、一般意思は、それが規制しようとするあらゆる対象に対してまったく自由に支配力を行使することができるからである。一般意思がその支配的決定を適用すべく想定することができない対象事項は存在しないのである。さらに一般意思は、たとえ特定の事項に対する規制権を放棄している場合においても、下級機関にすでに委譲されたこの事項に対する権限を依然としていつでも取り戻すことができる。その結果、国民の代表者である議会は、立法権の名の下に、あらゆる対象事項に及ぶ規制権を行使することができる。この場合議会は、これらの対象事項について、自ら表明したあらゆる意思に付着する優越的価値を伴わせて自ら命じようとするのである。かくして、一八七五年憲法は決して立法権を実質的領域によって定義しようとしないといわれる。同憲法は立法権を、それは議会によって行使されるという規定のみによって定義する。このことが意味するのは、立法権の内実が国民の意思を表明する一般的で無制限な権限の中にあり、この権限が議会の代表性を根拠に議会に属するということである。

一八七五年憲法は、ありうる法律事項と特別な命令事項とに関して超えることができない制限を法律に対して、つまり一般意思に対して設けることができなかったのであれば、同様に、議会の立法権に関する現在の概念からすれば、一方で法律に有利に、他方で命令制定権に不利に、それぞれの対象事項を分配するような制度を拒否せざるをえなかった。実際、このような制度は一般意思が当然に具備している主権的権能と両立しなかったであろう。このような制度は法律に対する実体的な留保よって立法府の地位を強化するどころか、法律に留保された事項に関する命令制定を執行府に授権するあらゆる可能性を議会から奪うことによって、かえって議会の権限を制限することになったであろう。一般意思は決してこのような制限を認めない。一般意思の代表者とみなされる議会が、執行権に含まれる命令制定作用をその利便性から利用しようと思えば、そこにはいかなる障碍も存在しないはずである。議会が代表するのは意思の主権性それ自体であり、まさしくこのことによって議会は、自らの判断であらゆる対象事項について、自ら法律によってすべてを制定するなり、授権法律によって決定された範囲内で執行府に命令によって制定させるなりすることができなければならない。同憲法は一般意思に固有の絶対的権限というこの考え方に無条件に従って、大統領の命令制定権の対象事項を定義するにあたって「法律の執行」という条件以外のものを持ち出さなかったのである。同憲法は対象事項という点で無制限な立法権を議会に付与したのであるから、議会の判断で命令に授権する自由を議会に認めたのである。議会のこの二重の自由に対しては唯一の制限しか存在せず、その制限とは通常法律に対する憲法法律の優位である。議会は憲法の規定を侵害する、またはそれに反することを通常法律によって制定することはできない。さらに、議会は憲法の規定に反する授権を大統領に対して行うことはできない。後に述べるように、これら二点について、同憲法は議会の立法意思の力を阻むような性質を真に備えた規定をほとんど有しない。その理由はまさしく、同憲法が議会の立法意思を一般意思と対等なものとして位置づけているからである。

要するに、一八七五年憲法が法律と命令のそれぞれの対象事項について沈黙を守った結果、命令によって規定しうる対象や、さらにその各対象について大統領の命令によって執られうる措置の重要性と範囲を、議会は授権法律によって決定するのである。コンセイユ・デタは、このことから、すでに述べた一九〇七年判決において、授権によって執行府は「あらゆる」権限を備えるに至る規制力を獲得しうると結論づける。ここには、理論と現実に対する高度な配慮が認められる。議会は授権について同憲法から白紙委任を得ているのであり、議会による授権は政治的な判断のみによって制限される。その結果、法律と命令の実質的な区別にもとづく法的障碍は存在しないのである。

五五　したがって、頻度と範囲がますます大きくなる命令への授権という議会の運用の根拠は、一八七五年以来憲法の規定の外でまたはそれに反して生じた慣習の変遷にすぎないという主張は正確ではない。実際、大統領は法律の執行を確保すると規定する一八七五年二月二五日法律三条が想定し正当化するのは、特定の事項に関して議会によってすでに可決された規定を適用するために補完的な措置を執ることしかできない命令のみであると主張されてきた。さらにこの主張によれば、議会が自ら法律によって規定しない事項について執行府に完全に命令で規定させるならば、この授権は法律によって規定されていない事項にかかわるということのみによって憲法に反する。そこで、このような授権の付与によってもたらされた進展は、同条によって当初示された原理に優位するまでになった憲法慣習の形成によってしか説明することができないと結論づけられた。

しかし、この結論は認められない。問題の授権が一八七五年二月二五日法律三条の原理に反するということが正しいとするならば、このような広範にわたる議会による授権の付与の中に見出すべきは慣習の形成ではなく憲法の変容である。そもそも、憲法の明文規定に反する形で正当に確立されうるような慣習など存在しない。真実はこうである。すなわち、法律によって規定されていない対象に関する授権という運用を、憲法を超えたまたはそれに反する改革とみなすことは決してできず、議会は特定の事柄に関して大統領に命令を制定させることによって、この点に関してまさしく憲法上の幅広い権限を行使させているにすぎない。その結果、授権にもとづく命令制定権の拡大は議会の憲法上の権限の帰結であるにすぎず、その現れであるにすぎない。というのは、一八七五年憲法が議会の法律と執行府の命令とのそれぞれによって制定しうることまたは制定すべきことを自らの明文規定によって変更できないように画定しなかったということそれ自体からすれば、同憲法は立法権と命令制定権の間で自由に役割を分配する可能性を議会に認めたということになるからである。すでに述べた同条は、大統領に法律を執行する義務を一般的にかつ何らの留保なく課すのであるから、無制限な権限の体制を議会に有利な形で完全に確立したのである。とりわけ、この義務は法律の規定が求めるあらゆる事柄を大統領の命令によって制定する義務を含む。

五六　法律事項と命令事項のそれぞれに関して一八七五年憲法が採用した方法は柔軟で弾力性のある性質を有しており、これには利点があるということができる。状況と必要に応じて政府の命令制定能力を拡大しうることが往々にして有益であることからすれば、この能力にあらかじめ不動の制限を課さないことは賢明であるといえよう。また、自ら法律によって制定するのが妥当であるか、執行府の命令に委ねるのが望ましいか心得ているという点で、議会は常に政界における優れた審判者であるといえよう。最後に、命令への授権に関して同憲法が確立した制度は、過去に由来する伝統と現行の議院内閣制の精神とを両立させるものである。わが国においては、共和暦八年から一八七〇年に至るまで、執行府は君主や皇帝といった国家元首の権力に立脚することによって重要な命令制定権を行使してきた。今日政府は、多種多様な種類の対象について命令を制定する可能性を保持しているが、議会の意思と承認の下でそれらについて命令を制定するのである。

五七　このように、執行府の命令制定権の範囲が議会の承認に依拠しているということからすれば、幅広い授権を得る執行府の可能性が議会の権威を失墜させるという主張はあまり合理的ではない。確かに、第一次世界大戦中およびそれ以後、非常事態を理由に政府によって要求されたきわめて重要ないくつかの授権の付与について、わが国の議会は躊躇したであろうと思われる。政府の命令制定権を際限なく強化すれば、議会は自らの信用を失う危険を冒すことになるであろう。というのは、命令に委ねた職務を遂行するには議会は政府に比べて適していないということを、議会が認めることになるからである。したがって、特定の事項、とりわけ刑罰と租税に関する執行府への授権に議会が反発することは、政治的観点からすれば容易に理解できる。しかし、議会には命令制定権の範囲を任意に決定する自由が委ねられており、たとえこの特殊な観点からしても、このような自由は議会のもっとも重要な権限の一つであると思われる。ある憲法が立法府を憲法によって設置された単なる機関として位置づけ、立法府は執行府と同じ地位にもとづいて権限を行使するのであれば、両機関のそれぞれに個別に付与された規制権限の範囲は必ず憲法それ自体によって画定されるであろう。そして立法府には、このようにして画定されたそれぞれの権限の範囲を変更することが憲法によって禁じられるであろう。したがって、一八七五年憲法が、執行府の権限の対象と範囲を議会に自由に決定させ、執行権を法律によって決定されたすべてのことを事後的に執行する権限とするためには、議会とその権限について大いに高度な理念を有する必要があり、さらに、憲法によって設置された機関に通常帰属する権限とは異なる本質を有する権限を議会に付与する必要がある。その結果、法律によって命令に付与された授権は、それがいかに強大なものであろうとも、議会の意思の結果であり、それに反する法律によって常に取り消すことができるのであるから、議会の優位性を損なうものではない。それに加えてさらに、この授権が強大であればあるほど、それだけ、それを付与する議会の権限は議会の力の大きさをより示しているということができる。実際、特別な命令によってであろうと、一般的な命令によってであろうと、執行府がなしうることは議会の立法手続を用いた決定によって決められるというのが真実である。その結果、同憲法は、執行府との関係で議会に、もはや単なる立法機関としての役割ではなく、憲法制定議会に匹敵するような役割を付与した。また、同憲法は、意図したか否かはともかく、議会と執行府の関係に権限の相違を設け、この相違はもはや単なる階層的な段階性ではなく、権力の超越的な優位性を議会の中に持ち込んだ。法学はこのような優位性を主権と呼ばざるをえない。議会との関係における執行府の地位は主権者に従属する一機関の地位であり、その権限の対象と範囲は法律によって決定されなければならないのである。

五八　執行府の命令制定権との関係におけるこのような議会の主権性は他の観点からみても明らかである。それは、法律によって付与された授権の有効性を統制し評価することができる機関がわが国の公法には存在しないということの結果である。命令が授権にもとづくことなく制定された場合、また授権を付与する法律の規定を超えた場合、当事者はコンセイユ・デタなり、さらにそれを適用する裁判所なりに難なく訴えを提起することができる。要するに、合法性を有しない命令は無効なのである。その結果、命令は本質的に、それが由来する法律との適合性に関して裁判所の統制に従う。ところが、命令と授権法律の適合関係を審査する権限についてではなく、命令が立脚している授権が違憲の状態で議会によって付与されたと主張して、当事者がこの命令について訴えを提起すれば、状況はまったく異なる。とりわけ、議会が憲法によって立法に留保された事項を命令制定権に移転した場合がこれにあたる。訴訟当事者が執行府によって制定された命令を攻撃するにもはやとどまらない場合も同様である。この場合、実際に攻撃されているのは授権法律それ自体でなのである。ところで、いかなる裁判機関も法律の有効性の審査および評価に干渉することはできない。制定機関の地位から法律は主権の表明であり、立法府によって支配されるいかなる機関にも法律を議論の対象とすることは認められない。その結果、一八七五年憲法それ自体、法律事項と命令事項を区別しようとしなかったし、さらに、議会の権限のうち執行府に授権を付与する権限を対象事項という点から制限しようとしなかったといわれる。同憲法が議会を主権者とした以上、このような試みは無意味であり、議会の立法意思に対する訴えは決して認められないのである。

五九　したがって、以上のことは論理的に、一八七五年憲法が立法権と命令制定権の関係に関して確立した制度に含まれる。ある憲法が法律の内容の適正さに関する統制を組織しないということは、執行府に対して授権を付与する立法府の権限を内容上制限する可能性をこの憲法自らが奪うということを意味し、この制限は初めからサンクションを伴わないものとされる。それに対して、オーストリア（一九二〇年連邦憲法一三七条以下）とチェコスロヴァキア（一九二〇年二月二九日憲法法律）においては事情が異なる。両国には、憲法裁判所という名の下に上級法院が設置されている。上級法院は憲法という最高規範に反する法律の適用を排除する権限を有し、そこに法律の内容の合憲性を争う問題を持ち込むことができる。両国においては、憲法上の立法権が及ぶ範囲を議会のみが決定する絶対的な自由を憲法が議会に委ねなかったので、議会の立法権は憲法によって実効的に制限された。したがって、この種の憲法は命令に授権を付与する議会の権限を制限しうるということが理解される。現に、オーストリア憲法一八条は、命令は「法律にもとづいて」のみ制定することができると規定し、チェコスロヴァキア憲法五五条は、命令は法律の執行としてのみ、さらに法律の「範囲内で」制定することができると規定している。両国の憲法裁判所の判決によれば、これらの規定が意味するのは、新しい法を制定しようとする命令はそのために授権されなければならないだけではなく、その新しい点については、授権法律それ自体によってあらかじめ特定された措置しか規定することができないということである。その結果、両国においては、議会は、執行府に自らの判断のみで適切と思われる措置を執らせることができない。この措置が既存の立法に新しいもの、つまりその変更をもたらす限り、それは立法府それ自体によって明確に決定されなければならず、その結果、命令に授権されたのは、授権法律によってあらかじめ決定された種類の措置を具体化することのみである。両国の憲法裁判所の判決によれば、政府に自らが新しい措置を命令で規定する権限を付与するには通常法律では不十分である。そのためには、憲法に変更または例外をもたらす場合に要求される特別な手続によって法律を制定しなければならない。

以上のことから、命令に付与される可能性のある授権の性質と範囲について、オーストリアとチェコスロヴァキアのような国における制度と、一八七五年二月二五日法律三条にもとづくわが国における制度とはまったく異なるといえる。同条によれば、議会の権限とは、命令に対して形式的な条件としてのみ授権を要求するといった類のものである。すなわち命令は、その制定を承認した法律の規定を前提とするという意味で、法律を執行しなければならないが、それだけではなく、命令の制定を求める法律は、執行府に委ねた対象について、執行府が必要であると判断したあらゆる規定の制定を執行府に授権することができる。それに対して、オーストリアとチェコスロヴァキアの憲法裁判所の判決によれば、法律に対する命令の従属性は単なる形式的な承認の要求にとどまらない。効力を有する法律によって条件づけられるのは、もはや単なる命令制定権の行使ではなく、命令の内容それ自体である。このことが意味するのは、命令によって執られた措置が法律による授権に由来する執行府の権限を超ええないということ（三二一-三四頁参照）だけでは決してない。さらに、執行府は授権法律によって特別に規定された対象についてさえ立法府によって委ねられた措置しか執りえないというもう一つのことも意味する。このように、法律の執行に関する概念が及ぶ範囲は、命令との関係において、わが国の公法と比べてより狭くより厳格である。その結果、執行府の命令制定権はより小さいものとなる。しかし、とりわけ強調すべきは、授権を付与する議会の権限がより制限されているということである。ところで、授権を付与する議会の権限の性質と範囲に関してこのような相違が生じる原因は、まさしく、議会による立法手続にもとづいた決定を審査しうる機関がわが国の法には存在しないということにある。オーストリアとチェコスロヴァキアにおいては、法律の有効性に関する憲法裁判所の審査権によって、裁判機関が命令に付与された授権を実質的で厳格な範囲内に封じ込めることが可能となった。わが国においては、議会が法律という規制手段に代えて命令という規制手段を用いようとしても、議会に法的障碍は存在せず、議会は自由に活動することができる。国民の意思それ自体の表明である法律によって示された意思はあらゆる審査と議論を免れていることから、議会が法律に代えて命令を用いることに制限はありえない。その結果、法律によって付与された授権の文言内にとどまっている限り、命令は有効である。この形式的条件さえ満たされれば、議会による授権は、その範囲が実質的観点からみていかに広かろうとも、いかなる訴訟の対象にもなりえないので、命令は有効なのである。

六〇　一八七五年憲法が議会による執行府への授権の可能性を広く認めたということに関する以上の説明からすれば、法律と命令の関係を決定するにあたって、あるいは立法権と命令制定権のそれぞれの領域を画定するにあたって、実体的な考察から答えを導き出す理論がわが国において正当でないことはきわめて明白である。したがって、ある論者は、特定の事項に関する法律による命令への授権は立法権の委任にあたるとして、この授権の正当性に異議を差し挟むが、このような主張は認められない。しかし、さらに容認できないのは次のようなコンセイユ・デタの見解である。すなわち、コンセイユ・デタによれば、いかなる事項といえども、またいかなる種類の措置といえども、議会はこれらに関する規定を命令に委ねることができるが、これらの移転は立法権の委任として位置づけられる、あるいは少なくともその一部はそのように位置づけられるという見解である。

これらの主張は憲法上の根拠を有しない。というのは、一八七五年憲法が命令に課すのは、形式的な条件、つまり法律による意思の表明と議会による承認という行為にとどまるからである。そして同憲法は、対象事項に関しては、立法に始原的かつ厳格に留保されたいかなる一般的な領域も設けていない。とりわけ刑罰と租税について、執行府は授権にもとづいて命令によって新たに規定を創設しえないと主張されてきたが、これらといえども排他的な法律事項とみなすことはできない。これらに関する規定の創設を目的として付与される授権の排除を正当化するために援用することができるのは、刑罰に関しては、法律なければ刑罰なしという古典的な原理を確認する刑法四条のみである。そして租税に関しては、法律によって創設された租税以外の徴収を認めない財政法の規定のみである。しかし、刑法四条にしろ財政法の規定にしろ、憲法の規定ではない。これらは純粋な法律の規定であり、通常法律によってこれらに反する規定を設けることができる。確かに、わが国の政治的伝統からすれば、命令による刑罰や租税の制定を執行府に認めることはあまり好ましくない。しかしこの伝統は、政治的観点からみていかに強かろうとも、固有の意味における法的障碍をもたらすに足るものではない。したがって、わが国の憲法構造からすれば、すでに述べたいくつかの対象（八七頁）を除けば、議会が命令に委任することができない事項も、議会が執行府に命令によって制定させることができない規定も存在しない。授権を必要としない固有の命令事項が存在しない以上、命令は自発的かつ自律的に自ら何らかのものを生み出すことはできないが、個別の明示的な授権にもとづけばあらゆる対象事項について規定することができるようになるのである。

六一　さらに、命令事項のありうる範囲に関する憲法上の真理は、第一次世界大戦中およびその後の緊急の必要に対処するために議会が用いざるをえなかった多くの法律による授権によって明確に示され、明らかにされた。議会が代表者である国民の意思に全面的にもとづく規制を事柄の性質と重大さから要求するであろうような問題を、議会が執行府に委ねることは、平時であれば驚くべきことであろう。それに対して、混乱と危機の時期においては、執行府の規制権限が国防と公の秩序との利益という点で拡大され強化されることはきわめて有益であろう。かくして、第一次世界大戦の勃発以来、一九一四年八月四日に可決された一連の法律は、多くの重要な事項に関する措置を命令によって執る権限を大統領に付与することになった。付言すれば、議会がこれらの法律を憲法上まったく正当に可決しえたという事実は、一部でいわれたように、法律による執行府への授権という点で、同大戦が一八七五年憲法を突然襲ったわけではないということを意味する。

第一次世界大戦の終結以来、とりわけ二つの法律によって、議会によって行使される授権権限がいかに広いかが示された。一九二四年と一九二六年の二度にわたって、ポアンカレ内閣は経済的観点から国家の財政状況を改善するための法律案を議会に提出した。これらの法律案はいずれも、国家の歳出削減を目指して、公役務の組織と運営に関するあらゆる改革を数ヶ月間にわって命令で実施するという議会の承認を政府に付与することを目的としていた。いずれの場合においても、政府が要求した授権は、非常に広範にわたる効力を有する憲法附属法の領域に大きな改革をもたらすことを政府に可能にするものであった。ただし、このように広範な権限を政府に付与することは、命令に付与されるあらゆる授権にとって必要な個別化という主要な原則と両立するか否かという点で問題を抱えていた。

一九二四年に、ポアンカレの法律案に対する多くの反対者はこの点を批判した。彼らが強調したところによれば、政府が付与されたと主張する権限は、始原的で一般的な、換言すれば無制限な権限を伴う固有の効力を備えているという点で、まさしく立法権それ自体であった。それ故、彼らはこの法律案に規定された命令をデクレ・ロワと呼んで厳しく批判した。この名称によって命令の違憲性が示されたのである。しかし、この名称が不当なものであることは確かである。一九二四年と一九二六年の法律案の可決は、議会と執行府の二元性を侵害する効果も、執行府を議会と対等なものとする効果も、議会の法律の優位を否定する効果も決して有するものではなかった。というのは、これらの法律案は次の二点で議会の法律の優位には手を触れなかったからである。すなわち、問題の命令は議会の承認にもとづかなければならないだけではなく、法律案の規定によれば、制定される命令が効力を有する法律に変更を加える場合は常に、その命令を「議会の承認」に付さなければならなかった。その結果、ポアンカレの両法律案は、政府をして、議会に対峙し自ら独自の立法権を有する第二の立法府とすることを目的とするものでもなかったし、さらにそのようなことに至るものでもなかった。ただ、要求される授権の範囲しだいではその可能性がないとはいえないが、その範囲は決して無限ではなかった。というのは、命令によってなされるべき改革が承認されるのは、その改革によって経済が改善される場合に限られなければならなかったからである。このことは一九二四年の法律案においては明文規定の帰結であったし、「役務の廃止または統合」についてのみ規定していた一九二六年の法律案では前提とされていた。

いずれにしても、議会はこのような疑念の前に立ち止まることはなかった。議会は二度にわたって政府提出の法律案を可決した。一九二四年三月二二日法律（一条）と一九二六年八月三日法律（一条）である。ところで、授権における個別化という問題を除けば、両法律における重要な点は、ごく最近までまさしく立法権に属するとみなされていた領域においてさえ、現在では議会が命令への授権を認めるに至ったということである。このような展開の原因は戦争あるいはそれに伴う諸状況に起因する困難のみではない。さらに、授権の頻度とその内容の拡大とに関して現状のような運用がもたらされたのは、何よりも、法律と命令の関係に関して一八七五年憲法によって確立された制度の真の重要性が結局は十全に正しく理解されたからである。同憲法に含まれている原理とは、国民の主権的な意思の代表による決定権の行使があらゆる事柄に関して議会と法律に属しているということである。しかしながら、このことは、対象事項の内容が議会の法律によって制定されなければならないということを意味するわけではない。各対象事項ごとに議会の立法意思のみがまさしく始原的法を創設しうるのである。つまり、議会の立法意思はその主権性故に、特定の対象事項に関して相当程度完全な実体的規範を創設することによって、あるいは、この規範が命令によって制定されることを規定するにとどめることによって、自由に始原的法を創設しうる。議会が第二の方法を用いることが、同憲法によって規定された実体的な権限分配関係に混乱をもたらすわけではない。というのは、同憲法が法律と命令の二つの領域を画定するにあたって用いたのは対象事項ではなく、執行府の個々の命令が合法的であるという条件、つまり命令が先行する法律の規定の執行として制定されるという条件のみだからである。

六二　したがって、ある論者は、特定の対象事項を排除することによって授権の可能性が制限されると主張してきたが、このような主張は厳しく批判されるべきであろう。他方で、対象事項に応じて特定の授権を立法権の委任として扱うことに固執するコンセイユ・デタの理論は、いっそう受け入れることができない。確かに、すでに述べた一九〇七年判決は、一八七五年二月二五日法律三条に含まれている原理の解釈をとおして、増大する授権の運用を進展させることに貢献した。しかし、法律が要求すれば命令はいかなることでも行いうるということを、コンセイユ・デタは十分認識していたし、またそのように述べることができたのに、なぜ、同判決とその後の判決は立法権の委任に言及し続けたのであろうか。命令が授権によってあらゆる対象事項について規定しうるのは、一八七五年憲法が内容に着目した留保を法律に対して行わない以上、まさしく、議会による授権が、その対象事項にかかわらず、決して立法権の委任として分析されないからである。議会は、特定の事項について大統領に命令で制定させたからといって、同憲法が立法権の構成要素として議会それ自体に留保した実体的権限の一部を執行府に移譲するわけではない。同憲法が厳格な形で行わなかった対象事項の分配を、議会が自らと執行府の間で行うにすぎない。したがって、授権は実体的な対象事項を決定し、大統領と政府との執行権限を形式的に機能させるにとどまる。執行府はこの権限を授権に先立って同憲法それ自体によって付与されているのである。

六三　一八八四年八月一四日憲法改正法律が、元老院の組織と元老院議員の選出手続とに関する一八七五年二月二四日法律一条ないし七条を憲法事項ではないとしたことから、コンセイユ・デタの理論に反して次のことを想起すべきである。すなわち、それまで憲法によって規定されていた事柄について通常法律によって新しく規定する可能性が議会に開かれたからといって、誰も国民議会がその憲法制定権力を立法府に委任したとは考えなかったということである。同憲法改正法律の「もはや憲法的性質を有しない」という文言からすれば、元老院の組織という事項は憲法制定権力の対象ではなくなり、以後立法権の領域に属するようになったことは明らかであるので、このような考え方はいっそう支持しえないであろう。つまり、国民議会はその憲法制定権力の対象事項の一つを放棄したが、しかし憲法制定権力それ自体の一部を議会に委譲したのではなく、特定の対象事項を格下げしたにすぎない。その結果、この事項は以後議会の立法権に委ねられ、かくして単なる法律事項へと後退した。議会によって命令に付与される授権とはこの種の作用であり、同憲法改正法律による非憲法事項化と同様に、委任ではない。議会は、授権に含まれる事項について現実の立法権の行使を放棄するからといって、その固有の権限を移譲するわけではない。議会はこの事項について、憲法によって無限定な形で付与された執行府の命令制定権に訴えるだけである。要するに、授権法律は執行府に新しい権限を付与するのではなく、執行府の通常の執行権に新しい対象事項と新しい行使の機会とを付与するにとどまる。したがって、命令によって規定された事項は授権がなければ立法権に属していたということを考慮するあまり、コンセイユ・デタは誤ったのである。授権は、実質的視点からにしろ形式的視点からにしろ、立法権の委任として分析することはできないというのが真理である。

六四　たとえ授権が、大統領が命令によって効力を有する法律を改正したり、それに反したりすることを認めるに至ったとしても、そこに立法権の委任は存在しない。このような授権に関して、すでに述べたように、法律を特徴づける効力の一つは形式的な立法行為によらなければ法律の内容には介入しえないとして、強い疑念が表明された。したがって、この考え方によれば、法律の改正を認める授権はもはや単なる対象事項の分配に還元することはできず、議会はこのような授権によってまさしくその固有の形式的立法権それ自体、つまり既存の法律を改正する権限を執行府に移譲することになる。この考え方に対してはいま一度、一八八四年の非憲法事項化から導き出された憲法制定権力と立法権の類推論法によって応えざるをえない。実際、効力を有する法律の改正が執行府に授権される場合、議会はまさしくこのことによって、法律の規定から法律の形式的効力を、したがって法律の性質を奪うのである。同時に、この規定が対象とする事項は、命令によって規制されうる事項へと転換される。かくして、授権の後は、命令が法律事項ではなくなった事項について規制するという通常の場合へと立ち戻るのである。したがって、非憲法事項化の場合との類似はきわめて明らかであり、いずれの場合においても委任という考え方は排除されている。

六五　一八七五年憲法と命令のありうる対象事項に関する議会の運用とから導き出された認識に対して、おそらく、無制限なまたはそれと同様の実体的な授権を行う権限を議会に認めれば、この限りで、議会をして、憲法制定権力それ自体ともはやまったく区別できない権力の保持者とするに至るという反論が予測される。というのは、議会と執行府の間で権限と対象事項を配分するということは憲法制定機関として振舞うということだからであり、この点、議会は立法府としてというよりも憲法制定議会として行動する。その結果、議会にこのような絶大な権力を認める体制は、立法権と憲法制定権力の明確な分離の必要性を正当化するために近代において援用されてきた思想とほとんど両立しないと正当にも批判されうる。しかしながら、この批判は、法律と命令の関係に関する我々の理論にではなく、一八七五年憲法それ自体に向けられるべきである。我々は同憲法の規定する制度を示したにすぎない。すでに述べた(九二－九三頁)ように、同憲法は、あらゆる対象事項について執行府に授権を付与する完全な自由を議会に認めることによって、法律の効力を憲法それ自体の効力と同等のものとした。また、これもすでに述べたことであるが、同憲法がこのような方向に向かうことができたのは、法律を国民の最高の意思と同視する考え方の影響を受けたからに他ならない。実際、この考え方を採用した憲法には、もはや立法権を制限する可能性はほとんど存在しない。このような憲法は、もはや立法府に対して憲法制定権力の真の優位性を確保し保持する手段さえ有しない。このことは、議会が執行府に対して授権を付与しうる権限との関係ですでに論証済みである。今や、とりわけこの点に関する同憲法の立場は全体的傾向の帰結にすぎないということが認識されるであろう。この帰結は同憲法において多くの他の関係でも見て取れるが、それは要するに議会による支配に服するということであった。この支配の行き着くところは、立法権と憲法制定権力がほとんど区別できなくなるということである。これが、同憲法のもっとも重要な特徴の一つである。この特徴は、法律は一般意思、つまりそれに優るいかなる権力も認めない意思の表明であるという思想が同憲法に及ぼした影響を何よりも示している。

第三章　憲法法律と通常法律の区別について一八七五年憲法に何が残されているのか

一　これまで、立法権の上にはいかなるものも存在せず、議会は最高機関であり、法律は国民共同体の始原的規約法であるということについて述べてきた。さらに、法律には制限がなく、立法権は主権的であるとしてきた（とくに、九二—九三頁参照）。これらは、憲法が立法権と法律に先行して存在し、立法権と法律が憲法によって支配・制限され、要するに憲法によって条件づけられているということを否定しないのか。憲法は立法権それ自体を創設する法であると一般にいわれてきた。また、今や法段階理論の提唱者によれば、上位段階において憲法は立法によって生み出される法に先行して法を生み出し、下位段階において立法は法律の制定を規制する憲法の適用である。このように、立法レベルの規範が憲法によってあらかじめ規定された規範に由来するということからすれば、いかにして法律を自律的で始原的な規範とすることができるのか。

憲法制定権力の優位性と、そこから導き出される憲法法律と通常法律の区別または段階構造とにもとづくこのような反論に対して次のように応えるべきである。すなわち、法律は一般意思の表明であり、一般意思は議会において代表されるという考え方が定着している国政レベルにおいては、憲法制定権力と立法権の分離は明確かつ正常に現象することも機能することもほとんどない。実際、憲法法律と通常法律の区別は国政レベルにおいては想定されていない。というのは、一般意思は、その対象が何であれ、常に一般意思それ自体であることに変わりはなく、したがって常に主権的だからである。その結果当然、議会は一般意思を代表するということのみによって、共同体の権力行使を組織化する規範およびその他の規範を常に定立することができる地位にある。一般意思の表明としての法律はそれ自体最上級の規約法となり、この規約法に優る本質を備えた規約法は存在しない。要するに、どのような形であれ、憲法法律と通常法律を真に差別化する基盤それ自体が存在しないのである。

二　わが国では一七八九年の大革命以来、憲法制定権力と立法権を分離するという主張は、政治家の発言や、さらに法学文献において重視され続けてきた。もともと同年の国民議会で行なわれた演説にもとづいて、通常、この分離はわが国における権力の組織体系の要石の一つとされてきた。この点、おそらく外見に惑わされてきたのであろう。事物の本質を見きわめようとしていたならば、問題の分離は、革命の当初以来実体的というよりも名目的であったし、今日においてもそうであるということを認めざるをえなかったはずである。一八七五年憲法にはそのような分離はほとんど存在しないし、議会が憲法法律と通常法律との支配者であるというのは強弁ではない。そして、現在の議会の権力に関するあらゆる認識の中で、このことほど注目すべきことはない。まさしくこのことが、同憲法が議会を一般意思の代表者としたと考える最大の根拠なのである。

三　憲法制定権力と立法権の関係について、まず、一八七五年憲法にはある特徴が存在する。この特徴は、確かに想起するには陳腐かもしれないが、それでもあえて指摘すべきである。というのは、同憲法が議会の立法権に関して意識的にとった控えめでやや慎重な立場を明らかにするには、この特徴を指摘するだけですでに十分だからである。ここで指摘したいのは憲法の簡潔さである。この簡潔さの結果、わが国の大部分の過去の憲法や同時代の大部分の諸外国の憲法において規定されている諸問題はまったく規定されていない。とりわけ、個人に保障される権利や司法権に関する問題である。一八七五年憲法は議会と執行府を組織するだけである。すなわち、同憲法は両機関の権限分配を画定し、両機関のおおまかな関係を規定する。これが同憲法のすべての内容なのである。

一八七五年憲法のこのような奇異な簡潔さは何に由来するのであろうか。その多くの原因を挙げることができる。とりわけ、第二帝制崩壊後、新しい憲法体制について、わが国が停滞した長期にわたる不安定な期間に早急に終止符を打つことが喫緊の課題となったということが挙げられる。国民議会は、この暫定状態から国をなかなか脱出させようとしなかったが、ようやくその必要性を感じたのである。この暫定状態を早急に終わらせるために、国民議会は必要最小限の規定で満足し、立法権と執行権との機能にとって不可欠な諸原理のみを憲法で規定した。また、国民議会は大がかりな憲法を制定する自らの資格についてあまり自信がもてなかったということも挙げられるであろう。一八七一年に国民議会議員が選挙されたのは、新憲法を制定するためではなく、和平条約の締結か戦争の継続かを決定するためであった。その結果、国民議会の憲法制定権力には疑義があり、共和派は国民議会が共和制を確定するまでその憲法制定権力に異議を唱えた。このように、国民議会の成り立ちそれ自体がその役割を控えめなものにしたのである。さらに、当時の憲法制定者は自ら制定するであろう憲法の実効性と安定性にあまり信頼がおけなかったということも指摘しうる。この憲法は、暫定状態を脱するために王党派と共和派の間で成立した妥協の産物であった。両派の憲法制定者はそれぞれ、互いに認めせざるをえなかった譲歩を近い将来再び問題にして、相反する思惑の方向に憲法を改正する希望を捨てていなかった。それ故、将来の無制限な憲法改正に大きく途を開く条項が一八七五年二月二五日法律八条［一一四-一一五頁参照］として導入されたのである。その後、事態を確定させたくない両派は憲法を大がかりなものとしようとはしなかった。両派の思惑においては、憲法それ自体が改正に備えた暫定状態にすぎなかったのである。

四　さらにおそらく、一八七五年憲法の簡潔さは、部分的には、憲法という構築物の価値に対する当時のある種の懐疑にも由来するであろう。わが国は大革命以来多くの、そしてまったく異なる憲法の継起を経験してきた結果、憲法秩序を顕示することに対する一種の無力感と、その実効性に対する全般的な信頼の低下とが人々の心にもたらされた。このような状況において、過去に倣った詳細な憲法の制定に改めて着手する必要があったであろうか。わが国においては、憲法が変動して行く中にあって、政治体制の変遷にもかかわらず、諸原理の体系が形成されてこなかったであろうか。これらの諸原理は体制から体制へと受け継がれ、わが国の公法において統合された後、最終的には明確な伝統的価値を獲得するに至ったのである。これが、一八七五年以来、現行の成文憲法とは別にまとまった一つの慣習憲法が存在すると主張してきた多くの論者の考えである。この慣習憲法は一七八九年以来徐々に形成されてきた基本的な諸制度を含み、それらの存在はもはや否定することができない。とくに、一七八九年人権宣言によって表明された諸原理に源を有する個人の権利の憲法的価値が主張されてきた。すでに一八五二年憲法は、伝統によって個人の権利がわが国の憲法と一体を成すに至っているという立場に立っていた。それ故、同憲法はその一条において、「本憲法は、一七八九年に宣言され、国民の公法の基礎である偉大な諸原理を承認し、確認し、保障する」と規定することによって、個人の権利に簡単に言及すれば十分であると判断したのである。一八七五年には憲法は言及の必要さえ感じることなく、わが国において慣習となった個人の権利の存在を前提とすることができた。まさしく沈黙によって、規定の背後に存在する個人の権利を確認したのである。

しかしながら、この主張には重要な留保が必要である。確かに、時間的余裕がないために不可欠なことしかなしえない状況において、一八七五年憲法の制定者が自らによって制定されるであろう憲法の基礎に諸原理や諸制度が存在することを前提としつつ、これらの維持を改めて表明する必要はないと判断したと考えるのはまったく正しい。憲法制定者が国民主権や権力分立を原理として改めて明示しなくても、これらの諸原理が常に有効であり、この有効性はわが国におけるこれらの諸原理に対する全般的な同意にもとづくものであると憲法制定者が判断したことに疑いはない。同様に、間違いなく、憲法制定者は市民の個人の権利に関してわが国に存在する伝統の維持に強く執着した。ただ、前提や黙示の公認といったこのような手法では、真の憲法を創出するには不十分である。憲法制定者は、支配的な思潮・確立された伝統・政治文化の力に依拠した限りにおいて、現実には、世論を構成するこれらの要素すべてが状況しだいで将来こうむるであろう変遷に身を委ねた。この意味で、憲法制定者は憲法制定作業とまったく反対のことを行なったのである。というのは、ここですでに述べたこと（二七―二八頁）を繰り返すべきであるが、憲法を創出するには憲法制定機関の意図では不十分だからである。憲法はその条文のみによって構成されるのであり、憲法制定者の意図は重要ではなく、少なくとも憲法としての効力を有しない。

たとえ憲法制定者の意図が十分に確立された慣行や慣習に依拠していようとも、このことに変わりはない。慣習が憲法としての効力を有する法を創出することができないことは確かである。というのは、憲法に固有の効力はまさしく次の点にあるからである。すなわち、憲法によって確立された原理・制度・法は、憲法制定後は、憲法制定手続によってのみ改正することができるということである。憲法制定機関のみが、憲法規範として制定された規定に手を触れることができるのである。その結果、憲法が特別に有する目的と効果は、通常の立法府は自らが制定した法律に対して有する改廃権を憲法に対しては行使しえないという意味で、通常の立法府を拘束することである。換言すれば、憲法はより強い効力を有する法律として特徴づけられ、立法府それ自体を支配し拘束するのである。ところで、憲法規範に固有のこのようなより強い効力は、憲法規範が憲法制定手続によって、つまり形式的な憲法の条文によって定立されるということを前提とする。このようなより強い効力は慣行のみに立脚した規範には属さないのである。まさしくこれが一八七五年二月二五日法律八条の実定的意味である。同条が「憲法法律」の改正について規定するとき、「憲法法律」という文言が意味するのは言葉の形式的意味における法律、つまり一八七五年憲法を構成する条文以外ありえないことは明白である。この条文に対して、議会は通常の立法手続によっては手を触れることができない。それに反する場合または修正を加える場合には憲法改正手続が必要なのである。ということは逆にいえば、対象事項が何であれ、効力を有する憲法の条文に含まれない規範を改正するには憲法改正手続は要求されないということが同条から帰結される。憲法改正手続は憲法の条文にしか適用されないのであるから、議会は慣習にのみに立脚しているあらゆる事柄を単なる通常法律によって規制することができるのである。

確かに、立法府が侵害すれば激しい非難を惹起せざるをえないであろうような慣習・受容された思想・一般的な要望というものがある。その結果、現実には、慣習は立法府に対して否定できない抑止力を有しうる。しかし、それは政治的または道徳的な抑止であって、法的な抑止ではない。法的には、立法府が反しえない慣習など存在しないのである。それ故、法に携わる者は「憲法」慣習なるものについて語ることはできない。というのは、このいわゆる憲法慣習なるものは、憲法の概念の本質的条件である特別な効力を決して法的には有しないからである。したがって、一八七五年憲法の制定者が、自ら制定したきわめて簡潔な憲法とは別に、この成文憲法を補い豊かにする慣習憲法なるものの存在を暗黙のうちに容認したという理論に与することはできないであろう。憲法制定者は、先行する伝統によって確立されているとみなされた諸原理や諸制度の成文化を断念することによって、わが国公法のこれらの領域から憲法に固有の効力を奪ったというのが真実である。これらの領域は議会の裁量権に委ねられたのであり、その結果、これらの諸原理から導き出しうる結果の規制については、議会は世論に対する配慮によってしか制限されていない。

五　これまで一八七五年憲法の簡潔さの原因について述べてきたが、もう一つの原因があり、憲法制定者はこれについてはあまり強調しなかったが、これは重要な原因である。実際、一八七五年の時点で同憲法において憲法との関係で議会が占める地位が、何よりも一七八九年人権宣言六条と革命期の各憲法とによって初めて表明された概念からの影響の下で決定されたことについては疑いない。これらは法律を「一般意思の表明」として定義する点で一致し、その結果、議会それ自体を一般意思を形成する機関であり、その源として位置づけた。大革命はこの定義によって、立法権と憲法制定権力の明確な分離、さらにそれらを行使する機関の明確な分離をアメリカで生み出したのとはまったく異なる考え方を、それらの関係問題に導入したのである。

六　アメリカでは、憲法のみが一般意思の表明と考えられてきた。一七八七年の合衆国憲法の前文は、同憲法の制定者が人民、つまり主権者であると規定している。通常法律についていえば、それはもはや人民が制定するものではなく、立法府が制定するものであり、換言すれば、憲法によって設置されたにすぎない機関が、人民による憲法上の委任にもとづいて権限を行使して制定するものである。このように、当初から憲法法律と通常の立法との根本的な相違が確立されている。憲法法律が主権者に由来するのに対して、通常の立法は、単なる機関の性質しか有さず、主権ではなく付与され限定された作用しか有しない議会の活動のみに由来する。アメリカのある論者によれば、「憲法は最高の法であり、人民が制定した法である。それに対して、立法府によって制定された法が人民の声であるということはありえない」。実際、立法府によって行使される権限は、「官吏がその長から得た任務に類似」している。この任務を立法府は人民が制定した憲法から得るのである。その結果、「立法府の権限は憲法の規定によって画定され制限されている」。

アメリカでは、このような当初の概念から、憲法制定権力と立法権はまったく異なる本質を有する権力であると考えられるようになったということが直ちに理解される。アメリカでは、次の二つの意味で、立法府は憲法によって本質的に支配されているとみなされているということが理解される。第一に、議会は単独で憲法を改正することはできず、第二に、憲法によって厳格に制限されている通常の立法は憲法によって立法府に付与された権限の範囲内でのみ行なうことができる。さらに、立法府によって可決された法律は憲法に適合している限りにおいてのみ有効であり、裁判官は法律の適用に先立ってその合憲性を審査しなければならないということが理解される。このことは、立法府と裁判官が、それぞれの委任された権限の共通かつ唯一の源である憲法との関係において、対等な立場に立っているということからすればいっそうよく理解される。対等であるというのは、立法府と裁判官が、少なくとも憲法に対する義務との関係で、それぞれの権限領域において同じ性質を有する機関だからである。両者は同じ資格で憲法から地位と職務を得ているのである。最後に、以上のような理由から、アメリカでは、憲法にはその内容を大幅に充実させる傾向があるといわれる。実際、主権者が、立法府による侵害を免れようとするあらゆる事項や、将来の立法権の行使を条件づけ制限することを目的とするあらゆる規定を、憲法秩序を構築するにあたって憲法それ自体の中に取り込もうとするであろうことは当然である。以上のような思想や制度の全体を要約すれば、アメリカにおいては、憲法制定権力と立法権は対等でないだけではなく、本質的に異なる性質を有し、組織という点から明確に分離されているということになる。いずれにしても、アメリカにおける両者の区別は、主権者と公権力を行使する機関との間に確立された根本的な相違に対応しているのである。

七　これらの点に関するわが国公法の方向性はまったく異なるものであった。シエースが述べたように、代表者をとおして意思し立法するのは人民自身、つまり主権者であることから、革命期における公法の創設者は立法府が一般意思を表明しうるということを原理として認めた。このような原理的な考え方から、議会は主権者の代表者としてその権力を保持する、より正確にいえば人民の主権それ自体を行使するということが帰結された。まさしくこの意味とこの理由で、法律は一般意思の表明として位置づけられ、また主権的効力を有するとみなされたのである。

このような考え方から直ちに二つの帰結が得られた。一方で、立法府は、国家機関の階層構造において、執行府と裁判官よりはるかに優位した性質を備えた地位と権限を獲得した。というのは、執行府と裁判官は委任された職務を課された単なる機関にすぎなかったのに対して、主権者を代表する権力にまで高められた立法府はまさしく主権者と一体を成したからである。ここに、わが国における議会の優位性の源がある。他方で、立法府と憲法制定機関の距離はきわめて近いものであった。現に、革命期の概念においては、もはや立法権と憲法制定権力を積極的に区別する余地さえなかった。というのは、立法府は法律によって一般意思を表明するということがひとたび認められれば、あらゆるありうる対象を法律によって規定する権限を立法府に認めることが不可避となるからである。実際、一般意思は主権と同様に不可分であり、それが向けられる対象のいかんにかかわらず、自らに優る権力を容認しない。その支配は、国家権力の組織化に関する基本的な問題から、規制を必要とするあらゆるその他の事項にまで及ぶ。かくして、イギリスでいうところの「万事をなす」ことができる議会の体制に至るわけである。したがって、大革命が、シエースから着想を得て、立法権と憲法制定権力の分離に関するアメリカ的な原理を採用したと当初主張し、言葉の上でこの原理を要求し続けたにもかかわらず、実際には憲法それ自体に対する支配権を議会に付与したとしても驚くにはあたらない。これが、わが国における議会優位のもう一つの大きな要因だったのである。

八　憲法に対する議会のこのような支配権は、一七九一年憲法（第七編二条）が憲法改正を開始する権限を立法府に留保したことにすでに端を発している。その結果、立法議会の意思によらなければ憲法を改正することはできず、立法議会のみがこの点について一般意思を表明する権限を有した。その帰結は、議会の権限はまさしく議会の承認によらなければ変更されえないということであったが、このことは確かに国民主権の概念とあまり適合的であるとはいえなかった。というのは、この概念は特定機関に有利な権限のあらゆる占有や不変性を排除するからである。

同じことが五条（第七編）から導き出される。同条によれば、連続する三立法期において憲法改正の必要性が議決されれば、憲法改正は「憲法改正議会」によって着手され行なわれる。「憲法改正議会」は憲法改正のために特別に選出されるものであり、憲法改正の対象に関する決定権以外の権限を有さず、立法議会の議員よりも多い議員によって構成される。そして、憲法改正の必要性を議決した三回目の立法期の議員は「憲法改正議会」の議員には選出されえない。このように、「憲法改正議会」は通常の立法議会とは異なるいくつかの特別な特徴を示しており、これらの点では、一七九一年憲法は立法権と憲法制定権力を分離する原理を適用したようである。しかし、「憲法改正議会」のこれらすべての特徴は、同条が「憲法改正議会」に「第四立法期」という名称を付与した事実の前に失われる。同条はこのことによって、憲法改正議会なるものが一七九一年憲法の制定者にとって通常の立法期と異なる本質を有するものではないということを明確に示していた。実際、この議会が異なる本質を有することはありえなかった。というのは、そもそも通常の立法期が一般意思を表明し、その結果として主権的権力を行使することによって、主権者である国民を体現する以上、通常の立法期の上に議会を設置して、この議会に通常の立法期より高度な主権を付与し、あるいは、本来通常の立法期が表明する意思とは異なる種類の一般意思を表明させる可能性は存在しなかったからである。

実は、一七九一年憲法は、連続する三立法期における議決に憲法改正の着手を依拠させることによって、憲法改正の準備作業に有権者という市民の集団を介入させた。その結果、市民の集団は、憲法改正案に関して、君主による拒否権行使の場合を除いて通常の立法では認められない重要な役割を果たす権限を獲得した。すなわち、選挙における選択をとおして、立法議会によって発議された憲法改正案に反対することができるようになったのである。しかしこのような機能を有する選挙権からは、人民にとって消極的な阻止する権能しか導き出されなかった。さらに市民団は、第四立法期において可決された憲法改正に対して意見を表明することも認められなかったし、独自の提案によって憲法改正手続を始動させる権限を有することもなかった。第四立法期は、代表制の原理に従って、換言すれば主権的に議決することによって、単独で憲法改正を行なうのである。しかも、第四立法期は通常の立法期として活動するのであり、この場合、議会が至高性を伴う一般意思を体現することから、それに優越する権力はまったく存在しない。

このように、議会が立法権を行使する資格に関してわが国の公法が採った方向性は、当初から、立法権と憲法制定権力の区別に対して致命的な打撃を与えた。議会は憲法制定機関と同じ資格で国民のために意思するということを一八七五年憲法が原理として確立した以上、立法権と憲法制定権力の間に存在するとされてきた相違の大部分はその価値を失ったのである。ある意味では、立法議会の地位は「憲法改正議会」の地位以上のものであった。というのは、「憲法改正議会」が不定期にかつ憲法改正の場合にのみ一般意思を表明すべきであったのに対して、通常の立法府は継続的にかつ常時国民を代表しその意思を表明するからである。

九　現在、立法権と憲法制定権力の分離は一七九一年憲法下のもともとの時代に比べてより小さくなっている。その理由は、一八七五年二月二五日法律八条が憲法改正の可能性を両議院の排他的な権限とし、両議院のみに「憲法を改正すべきであるという宣言を行う」ことが認められているからだけではない。それに加えて、憲法改正手続は、憲法制定機関として活動するために特別に選出された議会の招集をもはや要求さえしないのである。同条によれば、憲法改正は国民議会によって行なわれる。国民議会は、確かに、両議院とは異なる憲法上の機関である。そして、個別に審議するというのがわが国両議院の本質であり、その結果、両議院は合同会議を行なうには適さないことからすれば、国民議会が両議院の合同によって形成されるとは明らかにいえない。しかし少なくとも、国民議会は両院議員によって構成されるのである。国民議会は、その招集時に議員としての身分を有する元老院議員と代議員が一団となって集合した結果なのである。このことから、現実には、憲法改正作業は両議院で支配権を有する多数派の意思に依拠することになる。実際、元老院と代議院のそれぞれに特定の憲法改正で合意した多数派が存在すれば、あらかじめ合意した憲法改正を確実に実現するには、これらの多数派がヴェルサイユ「国民議会の開催地」で合同するだけでよい。これは、立法機関と憲法制定機関の実効的な分離にまったく逆行する。まさしく、同条によって確立された憲法改正の仕組みにおいては、議会が憲法と法律に対する支配権を行使するというのが真実なのである。議会は二重の意味において憲法の支配者である。第一に、議会の同意がなければ憲法を改正しえず、第二に、議会はその固有の権力によって、すなわち両議院の多数派が憲法改正に関して一致した意思を有するという事実のみによって憲法を改正しうるのである。

まさしく一八七五年憲法が、「憲法改正に着手するために、両議院は国民議会に合同する」と規定することによって、このような議会の支配権を強調している。同憲法は、憲法改正に関して二箇所（一八七五年二月二五日法律八条および同年七月一六日憲法法律一一条）でこのことに言及するとともに、国民議会が議会の特別な形態であることを示している。確かにこの点で、憲法の表現は稚拙である。というのは、両議院それ自体が国民議会を構成するというのは正確ではないからである。しかし、国民議会というこの不用意な用語は示唆的である。それによって、実際には憲法改正を両議院それ自体に依拠させるという同憲法の考え方がみてとれるのである。実際、国民議会は、法的観点からすれば議会と異なる機関であるが、しかし議会構成員の意思や権限以外の何ものにも対応しない擬似機関なのである。かくして、新しいよろず屋である議会は、立法機関として、そして憲法制定機関として、順次活動する。さらに指摘すべきは、両議院を構成する同じ人々が各議院の絶対多数によって立法者から憲法制定者へと変わることができるのは、これらの人々の意思のみによってであるという重複の特殊性である。

一〇　以上のことから、一八七五年憲法の制定者が自ら制定したものを相当な規模のものとしようとしなかったことが容易に理解される。法律の規定と同様に、憲法の規定の将来も議会の権限に結局は依拠している以上、憲法の条文を多くしても意味がないであろう。憲法改正権が立法府の意思よりも上位に位置する意思の特権であるアメリカにおいて、憲法の規定が詳細であることは理解できる。一八七五年にわが国で確立されたような憲法改正の仕組みにおいて、特定の事項を通常の立法府から保護するためにそれを憲法それ自体によって規制しようとしたとしても、あまり意味がなかったであろう。わが国の議会多数派は、立法手続によって到達することができない結果に国民議会において到達する手段を保持していたのである。

しかし、一八七五年憲法の簡潔さはより深い他の理由によって説明されるべきである。とりわけ、議員が国民を代表するという思想とともに、一般意思を主権的に表明する議会という革命期の概念を、憲法制定者に復活させるように導いた思潮との関連性である。この概念がひとたび確立されるや否や、憲法と通常法律を明確に区別する諸要素は瞬く間に消失してしまった。というのは、代表する議会の権力に優越する権力がもはや存在しなかったのと同様に、一般意思の正式かつ通常の機関とされた議会の意思の他に一般意思の存在とそれに留保された権利とを特定の事項のために認めうることは想定されなかったからである。その結果、二種類の異なる意思に対応する二種類の事項を区別することができなかった以上、憲法制定権力と立法権の対峙も消失せざるをえず、結局想定されることすらなくなったのである。以後、国民の意思の適用が要請される規制対象が何であろうとも、自律的な始原的権力の保持者として決定権を行使する何らかの機関を議会の上に見出し想定することはできなかった。それに対して、新しい規範の定立をもたらすあらゆる事項について、議会の介入を容認することは論理的であり当然であろう。議会は、国民共同体の意思の適格で、通常の、常設的な代表者なのである。このような捉え方が憲法制定者に影響を与えたことは疑いない。というのは、それのみによって、同憲法の簡潔さを十分合理的に説明することができるからである。憲法制定者がわが国の国民に付与する憲法の内容を豊かにする必要がないと判断したのは、何よりも、国民の意思を代表して制定されるべき規制を必要とするあらゆる問題に議会が以後常に対応する立場にあるという考え方が、憲法制定者に浸透していたからである。憲法制定者を衝き動かしたこのような捉え方はその後いっそう明白になった。このことは、創設から今日に至るまでの議会によって、同憲法がその揺籃期の状態のまま放置されてきたという事実によって証明されるだけではない。このことは、一八八四年の憲法改正による非憲法事項化によっても証明される。同年の憲法改正は憲法の規定の相当部分に及ぶとともに、制定時からきわめて簡潔な憲法の実体的領域をさらに狭めることになったのである。

一一　確かに、議会を主権者の代表者とする概念をめぐって議論することは可能である。主権と一般意思を同視したルソーは一般意思が代表されることに断固として反対した（『社会契約論』第二編第一章および第三編第一五章）。しかし少なくとも、一般意思と議会の意思を同視する憲法が、憲法法律と通常法律の区別からその主要な基盤を奪うことに疑問の余地はない。この基盤とは、立法府に優越する権力と意思の承認であり、分離なのである。いずれにしても、一般意思と議会の意思の同視は、一八七五年憲法体制において、またわが国のさまざまな国家機関の間で、とりわけ議会の優位を強化することになった。実際、現在における議会の優位のあらゆる原因の中でもっとも重要なものは、議会が憲法との関係で有する支配権に由来する。その結果、このような議会の支配権を確認することによって、同憲法が法律は一般意思の表明であるという概念を採用したということを立証することになるあらゆる論拠に、とくに決定的な新しい論拠が加えられるのである。ところで、これから述べるように、この確認は二つの側面を有する。

一二　第一に、一八七五年憲法の規定の簡潔さは、憲法制定権力に特別に留保することが可能であった領域を犠牲にして、議会に帰属する立法権の実体的領域を相当拡大するという帰結をもたらした。これが、憲法制定権力と立法権の区別が現に消失したことのきわめて明確な第一の表れである。実際、同憲法は、それを構成する三つの憲法法律のタイトルそれ自体が示しているように、「組織」と「公権力の関係」、より正確にいえば両議院と執行府のそれらに関する規定しか含まない。しかも、これらについてさえ、きわめて限定的な規定しか有しないのである。

一八七五年憲法は、代議院の組織についてほとんどすべてを議会に、換言すれば単なる立法に委ねた。代議院は「普通選挙によって選出される」という原則を確立することで満足したのである。その他のすべてを、同年二月二五日法律一条は通常法律に委ね、代議員の選挙に関する一八七五年一一月三〇日法律が制定された。後者の法律は代議院について普通選挙以外のすべてのことを規定しなければならなかったので、代議院に関する真の規約法である。

同法律はそのために制定され、確かに十分「憲法附属」法の名に値する。しかし、それが規定するすべての事項は当初より議会の立法権に依拠していたのであり、当然その内容は憲法の効力を有しない。一八八四年八月一四日憲法改正法律は元老院について同じ手法を採用し、元老院の組織に関する事項を一括して通常の立法に委ねた。

同様に、一八七五年憲法は憲法によって設置された機関間の関係についても簡素で基本的な規定を置くにとどめた。例えば、議会に対する執行府の政治責任というきわめて重要な問題について、その責任を大臣に負わせる同年二月二五日法律六条は、確かに重要な意味を有するが、しかし何ら具体性を伴わない一定の文言によって原則を確立するにとどまるということが認識される。同条は、例えばヴァイマル憲法五四条のように、議会多数派が明示的に不信任を表明した場合に限り大臣は辞職しなければならないということを意味するわけではない。とりわけ、同法律六条は大臣の責任を追及する手続についてまったく規定していない。わが国におけるそのための通常の手段である問責質問という制度は議院規則、つまり内部的な組織準則によってしか規定されていないのである。これは各議院によって個別に制定されるものでしかなく、当然法律の効力を有しない。

一三　したがって、一八七五年憲法は公権力の組織についてさえ多くを議会に委ねている。それ故、同憲法が議会と執行府の間で法律事項と命令事項を法律によって分配する権限を議会に委ねたということをすでに論証したわけである。公権力の組織以外の問題に関して、同憲法は簡潔であるということだけではなく、あらゆる権限を議会に委ねているというのが真実である。この点に関する同憲法の立場は、憲法が主権者によって制定されたものとみなされている国家における状況とはまったく異なる。後者においては、通常法律を制定する立法府は、委任された、したがって本質的に制限された権限を行使する単なる機関として活動するにとどまる。憲法を主権者によって制定されたものとみなす考え方が支配的な国家においては、憲法には一定の規模へと発展する傾向がある。というのは、このような国家における憲法は、公権力の組織という点で重要なすべての規定を自らの中に取り込もうとするからだけではない。さらに、排他的な規制権限を自らに留保するための事項に関する規定や、立法府に強制され、その立法権を条件づけ制限することになる諸原理を確立するための事項に関する規定も、すべてそうしようとするからである。アメリカ合衆国の諸州の憲法の場合はとくにそうである。そこには、国家機関に関する規範や市民と政府の関係に関する規範が存在するだけではなく、行政法に関する規範・刑法に関する規範やその他の対象に関する規範も存在する。この種の憲法は硬性憲法の名に値する。というのは、この種の憲法はその憲法法律としての性質によって立法府による侵害を免れるからだけではない。さらに、その内容の重要性という点からも硬性憲法の名に値するのである。すなわち、その内容的な広がりが一体としての法規範を日常的な立法から切り離し、それに強固な安定性をもたらすのである。そして、このような安定性の根拠は、これらの法規範が憲法制定機関の決定に至る特別な手続によらなければ改正されえないということにある。

一八七五年憲法はあまりに簡潔で、それを硬性憲法と呼ぶことはできない。逆に、議会に付与された規制権限の大きさからすれば、同憲法は大いに軟性である。議会を一般意思の代表者とすることによって、同憲法は法律によって国法秩序全体を創設する役割と権力を議会に委ねたのである。その例外は公権力の組織に関するいくつかの規範にすぎず、これらについては憲法の規定によって確立せざるをえなかった。実際、同憲法には憲法制定権力と立法権の分離は存在せず、むしろ立法府のなかば絶対的な全権体制が樹立されている。ある意味においては、同憲法は至高の意思の表明というよりも議会の意思への委任行為であり、その結果、議会の意思を憲法制定者の意思それ自体と対等なものとするのである。同憲法の特徴は、規定しようとしたことよりも、規定しない態様の中に存在する。

一四　一八七五年憲法のこのような沈黙は、とりわけ、国家機関との関係における個人の権利に関して指摘されるべきである。公的自由といわれるものに関して、おそらく、同憲法の制定者が一七八九年の諸原理によってわが国にもたらされた政治的な思想や慣習の力に依拠したということを考慮する必要があるであろう。しかしながら、このように憲法制定者が伝統や国民の思想状況に依拠して、市民に付与された権利を明文で規定しようとしなかった結果、その活動はいっそう憲法制定権力の行使というよりもその放棄を意味し続けたということも認めるべきである。すでに述べた（一〇九頁）ように、伝統は、たとえその力によって現実に立法府に対抗することができたとしても、立法府を法的に拘束するには至らない。国民の権利の現在の効力を一七八九年の当初の人権宣言に由来する慣習に求めるべきであるという主張は、同憲法が国民の権利を保障しなかったと認めることを意味するのである。

しかしこの点に関して、一八七五年憲法が依拠したのは伝統だけではない。同憲法が国民の権利を明文で規定しようとしなかったことの原因は、さらに、議会が法律を制定する資質に関して同憲法がわが国の公法に再び導入した概念にもある。実際この概念によれば、個人の権利の問題に関して、立法府は一般意思を表明するのであるから、憲法制定議会と同様に、この主権的意思を代表によって表明したとみなされる規範を定立する権限を有する。換言すれば、同憲法は個人に付与される権利の規制を議会に委ねたのである。この点、同憲法は本来一七九一年憲法が用いた手法に従ったまでである。

実際、一七九一年憲法第一編によれば、「本編において規定され、本憲法によって保障された自然権の行使を侵害し阻止するいかなる法律も、立法権は制定することができない」。しかし一方で、同憲法はサンクションを伴うことなくこのような制限的禁止を立法府に委ねた。とくに、同憲法が「保障」したとされる権利を侵害する法律に対して、その違憲性を理由に関係者が訴えを起こすことを可能にするいかなる法的手段も、同憲法は組織しなかった。他方で、同編は続けて、「公共の安全」の要求、「他人の権利」に対する尊重、そして「社会にとって有害な行為から」公の秩序を守る一般的な必要性が、個人の自由の主張に対して要求する制限を法律によって規定する権限を立法府に付与した。その結果、市民に認められた権利の行使の条件、その範囲、さらにはその内容さえ規制する無制限な裁量的決定権を立法府に付与するに至ったのである。

一七九一年憲法と比較して、その後のわが国の諸憲法が国民の権利の実効的効力を立法府との関係でいっそう明確にしてきたというわけではない。国民の権利に関するそれらの規定は、一七八九年人権宣言の規定と同様に、権利の明示的な設定というよりも原理の表明として分析される。ここで権利とは、当事者が裁判官に対して主張することができ、その尊重を確保するために裁判所によって承認の対象とされる個人の法的権能を意味する。国民の権利のリストに関する憲法上の規定の中には当然諸原理が含まれており、これらの諸原理は立法府にとって反してはならない指導的価値を有するといわれてきた。権利を宣言するにとどまり、その外延を明確にしてこなかったこれまでのわが国の諸憲法は、個人の自由に関する原理を自らの判断で具体化し、この原理にふさわしい帰結を法律によって導き出し、したがって憲法制定機関が内容を最終的に確定していない権利を自由な権限によって規定することを、現実には立法府の支配に委ねてきたのである。その結果、国民の権利に関する裁判官の法的な役割は、もはや憲法が表明した抽象的で漠然とした原理的な基準ではなく、この基準を実定法によって具体化した法律の規定を単に適用することであった。

一八七五年憲法の制定者の前には、以上のような伝統的先例が存在した。ところで、一七八九年の諸原理から導き出される個人の権利の種類と範囲を立法府が法律によって画定することが伝統となっていた以上、同憲法の制定者がこの点に改めて着手しようとしなかったことは驚くにはあたらないであろう。これらの諸原理は想起する必要がないほど自明で疑問の余地がなかったのである。通常、その具体化は立法問題であると考えられた。議会の優位を強化することが不可避的に要請される体制において、この点に関する議会の役割を縮小することはできなかった。多くの他の事柄と同様にこの点についても、同憲法は沈黙によって議会の立法権に委ねたのである。

一五　わが国において、議会の強大な権力に対する隠然または顕然たる反対活動が開始されて以来、この強権を制限する手段の一つは、実定憲法秩序によって保障された個人の権利の一つが法律によって侵害された場合、少なくとも抗弁によってその法律を訴える権利を個人のために要求することであった。このような主張は、訴訟事件を解決する法律の適用に先立ってこの法律の規定が憲法の規定に反しないことを審査する権限がまさしく訴訟の担当裁判官に属するという主張に尽きる。訴訟事件に適用されるべき法律の規定が憲法に反すると裁判官が判断すれば、その適用は拒否されるべきであると主張された。というのは、この場合、対等ではない効力を有する二つの法が対立しており、より上位の法、つまり憲法法律がより劣った性質を有する通常法律に優位すべきであるということを認めざるをえないからである。このような主張は、裁判所には職務の性質それ自体からして憲法法律と単なる法律とを適用することが要請されるということを意味する。このような主張は、憲法の規定の及ぶ範囲をめぐって生じうる問題を解決するという観点から、憲法の解釈が裁判所の権限に属するということさえ意味する。とりわけ、憲法のある規定が存在しなければ現実の訴訟事件において直ちに適用が要求される法律の規定の制定を、憲法のその規定が立法府に禁止しているか否かを審査する場合、そうである。その結果、憲法に反する法律を無効とする裁判官の権限によって議会の権力は制限されるが、この憲法とは司法機関それ自体が解釈したものなのである。

法律の規定の合憲性を統制する裁判官の権限と責務との正当化理由が司法権の概念それ自体の中に存在するという主張に関して、わが国公法の一般原理が提起する主要な反論については後に述べるとおりであるが、とりあえず次の点を指摘するだけで十分である。すなわち、たとえこの主張がそれ自体として正当であるとしても、わが国憲法の現状からすればこの主張に実益はないであろう。というのは、一八七五年憲法は権力の組織に関する規範についてのみ規定し、個人の法的地位についてはまったく規定していない以上、法律の違憲性を根拠とする訴訟事由を個人に提供しないからである。さらに、私法の領域における個人間の争いや個人と国家の争いに適用されうる法律と憲法の規定との対立を解消する機会を裁判官に提供することもない。

一六　法律の司法審査制度をわが国に導入しようとする論者は、わが国憲法の現状においては、その試みが初めから意味のある効果を伴わないと強く感じていた。個人の権利に関する一八七五年憲法の欠缺を補完し、これまで個人にまったく認められてこなかった違憲を根拠とする法律に対する訴えの可能性を個人に開くために、ある論者は大胆な手法に訴えた。その手法とは、裁判官が法律の有効性を判断するにあたって用いる諸原理は、憲法の規定の中のみに求められるべきではないというものである。かくして、近年次のような理論が現れた。すなわち、議会の立法権は、一方で、憲法の明文によっては規定されていないが、わが国の公法体系全体の暗黙の前提を形成しているとみなすことができる、さらにはみなさなければならないといわれてきた諸原理によって法的に制限されている。これらの諸原理とは、例えば、行政機関と司法機関の分離であるとか、官吏の職階制などといったものである。他方で、一世紀ほど前に純理派が主張したより高いレベルの諸原理によって法的に制限されている。純理派によれば、これらの諸原理はあらゆる主権の中でもっとも高次なものである正義と理性との主権から超越的な優越性を導き出し、その結果、立法府だけではなく憲法それ自体をも支配する。さらに、このような考え方の支持者は、訴訟の過程において、基本的なあるいは至高のこれらの諸原理を探究し、認識し、表明すること、およびこれらの諸原理を否定する法律に対して正当性と適用されるべき法としての性質とを否定することは、訴訟の担当裁判官に属すると主張する。

一七　要するに、以上のような主張は、現在のわが国において欠如している憲法なるものを判決によって創造することが裁判所に要請されているということに帰着する。このような主張から導き出される考え方が受け入れられないものであるということを示すには、この帰着の提示で十分である。このような主張は、大革命によって導入され、それ以来わが国の公法において維持されてきたような司法権の伝統的概念に反する。これまでわが国公法の基礎として援用され特徴づけられてきた諸原理それ自体の一つを創出したこの概念からすれば、裁判官は法律を適用するという第一の、そして不可避の法的義務を負っているのであるから、刑法一二七条［次の者は、瀆職の罪として公民権剥奪の刑に処する。一項　……法律の執行を停止し、または法律が公布もしくは執行されるか否かという点を考量することによって、立法権の行使を侵害した裁判官……」が規定しているように、立法それ自体の外部に存在する理由にもとづいて、正規の手続を経て審署された法律を考慮することを拒否しえないであろう。裁判所が自らの自由な判断でリストを作成し、優位性を確立しうる原理や原則にもとづいた法律の無効という理由のみで、法律を適用しない自由を裁判所に認めることは、現実には、立法府が制定したものに対して審査・検閲を行なう権限を裁判所に付与することを意味するであろう。この審査・検閲権はひいては、立法府が制定したあらゆるものの実効性を裁判所の恣意的な権限に依拠させることになるであろう。そして、この権限はまさしく無制限なものとなるであろう。というのは、このような状況の下で、この権限の正当性に何らかの疑義を差し挟むような重要な改革や刷新をもたらす法律はほとんど存在しないからである。そして、裁判官は法律の革新性に少しでも敵意を感じれば、法律の適用を免れる手段として、自らがいうところの優位するものとして何らかの理由を頻繁に持ち出すようになるであろう。一八七五年憲法が司法機関について規定すらしてないにもかかわらず、わが国の公法において、司法機関が議会の決定を阻止し麻痺させるような権限を保持しているとはとても思えない。このように同憲法には司法権に関する規定が存在しないということから、同憲法が立法府に対して行政機関が占めるのと同様の従属的な地位に裁判官を置いたことが明らかに帰結され、その結果、わが国における憲法上の全階層秩序を覆す権限が現在の裁判所に帰属すると主張する論者の理論に同意することはとてもできないであろう。この秩序は革命期にまでさかのぼるものであり、それを判例の発展という手法のみによって覆すことはできないであろう。ここで判例の発展とは、裁判所に固有の道徳的・社会的その他の諸概念にもとづいて法律が適用に値するか否かを判断するために法律の正当性を審査するという権限を裁判所の側から主張することを意味する。その結果、裁判所はその固有の活動によって立法府と対等な地位に立つことが可能となるのである。

一八　法律の憲法適合性に関する裁判所による統制が可能であるか否かをめぐって現在わが国で激しい論争が行なわれているが、以上のことからすれば、いずれにしても、裁判所が違憲性を根拠として法律の適用の拒否を問題とすることができるのは、法律が効力を有する憲法の規定に反していることを裁判所が立証した場合に限られるという帰結に至るであろう。ところで、個人が関係する訴訟において法律が適用される場合、その違憲性を指摘する機会を裁判所に提供するような性質の規定は、間違いなく一八七五年憲法には存在しない。その結果、同憲法の簡潔さのために、裁判所による法律の合憲性の統制を導入することによって議会の権力を制限しようとする現在のわが国における言論活動は、現実には意味のある結果を得ることができない。わが国において議会の立法権の実効的制限を実現するためには、同憲法は新しい内実を備えなければならないであろう。またそのためには、同憲法は、一八七五年以来の権力の組織に関する単なる規約法から、憲法制定機関が自らに留保しようとしたあらゆる事項について、立法府を拘束しその権限を制限するあらゆる諸原理を含んだ憲法規範の体系へと転換されなければならないであろう。そうすれば、裁判所が憲法の規定によって法律を統制する可能性が生じるであろうし、この統制は憲法によって確立された上級法秩序の尊重を立法府に強制することになるであろう。また、個人の権利に関して憲法が明確に規定した実定的諸原理とこれらの諸原理の結果可能となった法律の統制とによって、これまでとは異なり、市民は個人の権利について立法府の権力から実効的に保護されるであろう。しかしいうまでもなく、同憲法のこのような転換は判例によって実現しうるものではなく、そのためには憲法改正手続を経なければならないであろう。そして、このような改革は深甚な影響を伴うだけに、いっそう憲法改正手続を経ることが必要となるであろう。というのは、このような改革は同憲法の制定者の基本的な考え方を完全に変えてしまうからである。この基本的な考え方によれば、同憲法の制定者は、一般意思を表明する機関とみなされた将来の議会の権力をあてにして、自らが制定する憲法の内容を必要最小限にとどめたのであった。

しかし、立法府の権力を制限する条項を憲法に挿入することは、代表性を有する議会によって制定される法律を一般意思および人民の主権に結びつける概念と両立しないわけではない。人民が憲法をとおして自らと立法府とにさまざまな制限、とくに個々の構成員との関係における制限を課すことは容易に想定されうる。とりわけ、憲法において市民に保障された自由に手をふれるには、通常法律の議決に要求される以上の厳格で困難な特別の条件による憲法改正という方法に依拠しなければならないという制限を課すことは可能であろう。このことによって、自らの固有の意思のみによって拘束されるのであるから、人民がその主権を放棄したことにはならないであろう。自己制限とは主権の否定ではなく、その属性の一つであり、その指標の一つなのである。かくして、通常法律が憲法の規定に違反して制定された場合にその適用を阻止するための司法審査の可能性が再び開かれることが認識されるであろう。まさしくこのような考え方から、革命期における人民主権の主要な理論家であるシエースは、人民自身が代表者をとおして意思するという代表制に関する自らの定義に、憲法に違反する法律を無効とすることを目的とする憲法陪審という制度を結びつけたのであった。そして、この点に関する彼の捉え方は正しかった。というのは、あらゆる法治国家においては、主権は、その帰属主体が人民であろうとその他であろうと、実定法秩序によって決定された形式と条件の下でのみ行使することができるからである。

しかしながら実際には、一八七五年憲法を詳細な硬性憲法へと転換し、通常法律の有効性を司法審査に服させることを目的とする憲法改正は、革命期に由来するわが国の伝統と同時に、現在のわが国における議会に立脚した憲法体制の基盤それ自体を激変させるであろう。すでに述べたように、このような憲法改正の結果は、憲法の簡潔さにもとづく立法権のほとんど無制限な実質的範囲がもたらした高い地位を議会から奪うだけではない。さらに、法律の運命がその有効性に関する第三の機関による判断に依拠しなければならないならば、このような改革はもう一つの特権を議会から奪うであろう。この特権は現在の議会の優位性の主要な特徴の一つを形成するものであり、まさしくここで議論しているものである。すなわち、憲法が議会に対して許容したこととそうではないことを議会自らが決定する権限、したがってまた、議会の審議に付された法律の合憲性を議会自らの判断で決定する権限であり、議会はこのような権限を一八七五年に獲得したのである。

一九　一八七五年憲法はその簡潔さによって憲法制定権力と立法権の分離を極端に曖昧にしたとして、同憲法を批判することができる。しかし、憲法制定者は同憲法を簡潔なものとすることによって一貫性を欠いたとして、憲法制定者を批判することはできないであろう。同憲法の簡潔さそれ自体が、憲法制定者は憲法の内容的な豊かさにほとんど有用性を認めなかったということを示している。議会が憲法法律に対して支配権を有する限り、憲法の内容を豊かにしその量を増やしても無意味なのである。ここでは、すでにふれた（一一七頁）憲法に対する議会の支配権の第二の側面を検討することにしよう。

すでに述べたように、一八七五年二月二五日法律八条は、憲法を維持するか改正するかを議会の意思に依拠させている。同条によれば、議会のみが憲法改正に着手することができるが、このことは議会の同意がなければ憲法を改正することができないということを意味する。そして、憲法改正の完遂についていえば、改正案に対する過半数の賛成が各議院で得られさえすれば、憲法は改正されたも同然である。というのは、代議員と元老院議員の過半数は企図された憲法改正を完遂するめには国民議会への合同を議決するだけでよく、この場合、外部の障碍は存在しえないからである。もちろん、議会多数派が自らに反する世論の明白な動向を支持するような憲法改正の企てに与するであろうとは思えない。いずれにしても、この点、議会多数派が自ら国民の意思を表明する権限を法的に有するというのが真実である。憲法改正を争点として実施される総選挙を通じて憲法改正に影響力を行使することが市民団に保障されていない以上、そうである。一八七五年憲法の制定者は一七九一年の先達以上に、憲法に対する議会の支配力を明確に確立した。というのは、前者は憲法改正を立法期の特別な更新に服させる［一一二-一一三頁参照］

ことすらしなかったからである。

最後に、わが国における憲法上の組織全体は結局議会の支配権に立脚しているということができる。この点、議会による主権者の代表という概念はいっそう明確かつ明白である。この概念は、すでに述べたように、一八七五年において、議会に認められたきわめて広範な立法権の源であったように思われる。それによって議会の優位性は非常に強化されたのである。この優位性の主権的性質は、一八七五年以来何よりも、地位と権限が議会の憲法改正意思によって変更されえないような機関など存在しないという事実の帰結である。まさしくこのことから、わが国の議会が執行府を完全に支配することはとりわけ明らかであり、この支配は執行府を体現する首長にまで及ぶ。現在のわが国における議会の優位性の原因にはさまざまなものがあるが、その中で最大の原因はこの事実である。まさしく議会は自らの地位の支配者であり、自らの意思以外によってそれを変更することはできない。あらゆる他の機関はそれらに影響を及ぼす議会の憲法改正権の結果として議会に従属している。要するに、憲法全体が議会の手中にあるのである。

二〇　他方で、憲法に対するこのような議会の支配権からすれば、法律の合憲性に関する司法審査を導入にしても、わが国公法の現状では、それが他の諸国において有するような効果を期待することはできないであろう。アメリカにおいては、法律が憲法に反するという裁判所の判断は、それを突きつけられた議会の意思に対して克服しがたい障碍をもたらす結果になる。というのは、議会は単独で憲法を改正することができないからである。同様に、議会は憲法を改正することができるが、三分の二とか四分の三といった特別多数による議決が要求されている諸国においても、法律が憲法に反するという宣言は、克服不可能ではないが少なくとも克服困難な障碍をこの法律にもたらす。というのは、憲法改正に必要な特別多数を議会が調達することは容易ではないからである。それに対して、わが国においては、法律が憲法に反するという判決が下されても、議会はこの障碍を難なく克服することができるであろう。司法機関の判決によって無効にされた法律をかつて議決した議会多数派がその意思を貫徹するには、通常の立法手続で議決された後に裁判所によって有効性が否定された決定または措置を国民議会で確認するだけでよいであろう。おそらく、国民議会への合同は、その無視しえない重大性からして一つの出来事である。しかし、司法機関の前で喫した敗北にもかかわらず、断固たる議会多数派がその意思を貫徹しうるであろうことに変わりはない。このような状況においては、司法機関は法律の違憲性を根拠にその適用の拒否を宣言することを大いに躊躇するであろう。裁判所が、一般に思われているようにいかに地位が高くて強固な組織を有しようとも、議会と対立しようとすることはほとんどないであろう。議会はその気になればいつでも裁判官の反対を打ち負かすことができる以上、この対立には明らかに始めから勝負がついているのである。可決された法律の再議を議会に要求する大統領の権限に関することと同じことが、法律の司法審査制度についてもいえるであろう。これまで執行府がこの権限を行使する危険を決して冒そうとしなかったのは、執行府に対する議会の優位の結果、実際にはこの権限を行使する余地がなかったからである。最後に、純粋に論理的な観点からすれば、議会多数派による改正が可能な憲法について、その保持を議会に義務づけることを裁判官が主張しうるとは思えない。

したがって、法律に対する訴訟の導入はわが国の憲法体系における大きな変動を前提とするであろうということを認識する必要がある。立法府による支配を免れるべきであると思われるあらゆる対象事項と規範を規定することによって、わが国憲法の内容を発展させなければならないだけではない。とりわけさらに、現在欠如している憲法制定権力と立法権の分離をわが国において確立することが不可欠であろう。その結果、もはや、通常の議会多数派は憲法を改正することはできず、かくして、憲法が課そうとし、司法機関が憲法を維持するにあたって依拠する制限を回避することはできないのである。

二一　今やわが国は、憲法制定権力の分離とその真の優位性とからほど遠い所に位置している。その理由は、すでに指摘した（一二一頁）ように、またしても、一八七五年憲法が、人民の憲法制定行為において付与された権限の枠組みによって制限された単なる機関として議会を位置づけることなく、議会の意思を一般意思と同視するからである。その結果、議会は自らが代表するとみなされる主権者と同視される。議会の権力基盤に関するこのような捉え方は議会による憲法制定権力の独占をもたらしたが、この帰結は論理的である。すなわち、一方で、議会は主権者を体現している以上、当然、主権者にとって可能なすべてのことを行なうことができ、他方で、主権者は国民共同体を規制する通常法律の支配者であると同時に、その憲法の支配者なのである。

二二　このような捉え方の結果、裁判所が法律の合憲性に関する問題に介入することは一切排除された。行政機関の行為の合法性を判断するにあたって、裁判官は立法府と行政機関の仲裁者として位置づけられうるといわれる。その理由は、憲法上の定義からすれば、行政機関に付与された権限は執行権、つまり法律の執行行為のみを内容とする権限だからである。このことは少なくとも、執行府は法律の規定が承認した授権措置にもとづいてかつその範囲内でなければ活動しえないということを意味する。その結果、法律によって付与された授権を超える執行機関のすべての行為は必然的に無効とされざるをえない。その必然性はきわめて強く、命令をめぐる訴訟に関して、行政機関と司法機関を分離するというわが国の原理に勝った。すなわち、革命期には行政行為の裁判を裁判官に禁じる多くの措置が執られたが、驚くべきことにそれらに反して、司法裁判所は「合法的に制定」（刑法四七一条一五項〔三四頁参照〕）されなかった命令の適用を拒否せざるをえなくなったのである。それに対して、憲法制定者である主権者と、フランス的な理解においてはまさしく主権者と一体である議会との間に、裁判官その他の何らかの第三の機関が仲裁者として位置づけられうるとは思えない。行政行為に対する裁判機関の介入を認める目的は、執行機関という下級機関に立法機関の上級権限を尊重させるためである。法律を一般意思の表明とみなす体制においては、法律の適用を阻止しうる権限を裁判機関に認める余地はもはや存在しない。というのは、裁判機関は、その権限が当然議会の意思や力に立脚している以上、それらに優るものを権限の根拠とすることはもはやできないであろうからである。その結果、法律を審査する制度が認められたのは共和暦八年と一八五二年という両ナポレオンの時代に限られるということは驚くにはあたらない。つまり、これらの時代には、立法議会は、一七八九年以来自らを主権者と対等な存在としてきた地位と偉大さをまさしく奪われていたのである。ただし、当時、法律の正当性を審査したのは裁判機関ではなく、憲法の擁護者であり保護者である元老院であった。

二三　最後に、主権者を体現する議会という概念は、具体的事件に適用されうる法律の規定と憲法の規定との間に矛盾が存在すると裁判において主張された場合、憲法の効力範囲を画定するために憲法を解釈する裁判官の権限が排除されるという帰結を、ほぼ論理的にもたらす。アメリカにおいては、憲法は人民が制定したものとみなされ、その結果、単なる設置された機関である立法府の制定したものを人民の主権によって支配するので、当然、立法府は憲法によって課された制限の範囲を自らの判断で画定することはできない。この場合、憲法制定者と立法府の対立において、必要な解決策を宣言するために第三の機関が介入する余地が存在するだけではない。さらに、一八〇二年にマーシャル判事が明確に示したように、現に問題になっている訴訟事件に法律を適用するのに先立って、裁判所がその法律と憲法という上級の性質を有する法との適合性を審査し確保することは当然であり、不可欠でさえある。ところで、このような審査を行ないうるには憲法それ自体の解釈が必要となることがしばしばあるであろう。その結果、法律の条項と同様に憲法の条項に疑念や疑義が存在する場合、アメリカの裁判官にはそれらを解釈することが直ちに要求される。当然、アメリカの制度は、法律の条項と同様に憲法の条項を臨機応変に適用する権限が裁判官に属していることを前提としている。それ故、両者の間に矛盾が存在する場合、裁判官は違憲と判断した法律の条項を排除して憲法の条項を適用するのである。

法律と憲法の関係に関する問題は、わが国のような公法体系においては全く異なる形で提示される。そこにおいては、人民は憲法制定議会による憲法の制定に際してだけではなく、立法府による法律の制定に際しても、その場に存在しているという原理が前提とされている。このことから導き出される考え方は、人民を代表する立法府は、人民が代表者をとおして憲法において表明した意思を解釈する資格を有するであろうというものである。実際、行為者である人民自身に行為を解釈させることほど当然なことはない。解釈権は制定者に属するのであり、憲法を制定した人民に憲法を解釈する権限が属するのである。ところで、人民は立法府によって常に代表され、立法府をとおして意思を表明するのは常に人民である。その結果、人民は過去にその名において憲法の条項で表明した意思の及ぶ範囲を立法府という機関をとおして画定するであろう。換言すれば、まさしく法律の制定に際して、審議されている法律が憲法に適合しているか否かを審査し、この点に関して生じる可能性のある疑義を解決する権限は、立法府に属するであろう。そのために、立法府は人民の代表としてこの種の疑義を惹起する可能性のある憲法の条項を解釈するのである。最後に、立法府が法律を可決すれば、可決という事実それ自体によって、この法律は合憲性に関するあらゆる異議を免れるであろう。その結果、いかなる機関といえども、とりわけいかなる裁判官といえども、合憲性をめぐるこの問題にもはや介入することはできないであろう。主権者自身が立法府という機関をとおしてこの問題を解決し、終わらせるのである。要するに、憲法を解釈する権限は議会に属するということに尽きる。議会は、主権者の権限を行使する以上、自らが制定した法律の合憲性の審判者なのである。したがって、裁判所は憲法を解釈すべきではない。少なくとも、裁判所は議会に対抗する形で憲法を解釈する権限を有しない。さらにいえば、裁判官は憲法を適用すべきではない。法律が正規の手続を経て審署されれば、裁判官はこの法律をそれが対象とする具体的事件に適用しなければならない。裁判官には審署以前にさかのぼることは認められないのである。したがって、裁判官が適用すべきは通常法律のみであり、憲法は適用すべきではない。

二四　一八七五年憲法には、これまで述べてきたすべての概念を要約し確認する規定が存在する。それは、「憲法改正の必要性を宣言する権限」を議会に留保する同年二月二五日法律八条一項である。この規定は、わが国の実定公法において法律の合憲性を判断する機関は何かという問題に文字どおり適用される。実際、同項が規定するように憲法改正の「必要性」を判断する権限が議会に属するということは、議会以外のあらゆる機関に対してこの権限を否定することを意味する。その結果同項からすれば、通常法律の審議に際して、提出された法律案に違憲の条項が含まれているか否か、そしてこの法律案は通常の立法手続によって議決されうるか否か、逆に憲法の条項に反するとして憲法改正手続が必要とされるか否かを審査する権限は議会に属するということになる。かくして、合憲性の問題を審査した後に法律案は立法手続で議決されうると議会が決定した場合には、あるいは合憲性に関する疑義が提示されることなく法律案が可決された場合には、もはや法律の有効性に関する問題を裁判所に持ち出すことはできないであろう。この問題に関して、裁判官自身の判断を議会の判断に優先させることは認められないであろう。議会によって可決された法律は本来国民議会において憲法として制定されるべきであったと、裁判官が自ら判断することはできないであろう。というのは、議会のみが憲法改正の必要性を宣言する権限を有すると、同項が規定しているからである。要するに、憲法改正への着手だけではなく、それがいつの時点で必要であるかの判断についても、同項は議会に排他的に独占させているのである。しかもこのことは、革命期の諸憲法と一八四八年憲法という先例に従ったままである。さらに、憲法の解釈に関してわが国の議会に認められたこのような権限の結果、立法権と憲法制定権力の意味のある分離について語ることは明らかにわが国においてはほとんどできないのである。

二五　わが国の議会が憲法に対して有する権限についてこれまで述べてきたことを要約しておこう。議会のみが憲法改正に着手することができるということ、そして議会は憲法を解釈し憲法との関係で立法権の範囲を画定する権限を有するということ、最後に各議院それぞれの多数派の一致のみによって自由に憲法を改正する権限が確保されているということ、これらについて述べてきた。これらのことから、一八七五年憲法の制定者が簡潔な憲法を制定したことには十分な理由があったということが明らかになる。制定された憲法が、議会の権力にこのように強く依拠している以上、きわめて簡潔なものとなったのは当然である。憲法制定者は今や議会は一般意思を常に代表する機関でなければならないと考えており、憲法に対する議会の支配権の拡大が憲法制定者のこのような考え方にもとづいていることからも、制定された憲法がきわめて簡潔なものとなったのは当然である。その結果、議会の権力と憲法制定権力を実体的に対立するものとして捉えることはもはや不可能であろう。

形式的な観点から、国民議会は立法府と異なる機関であるとしても無意味であろう。実際、一八七五年憲法は、憲法制定機関に特別な外観を付与したという点で、一七九一年憲法・共和暦三年憲法および一八四八年憲法によって形成された先例に正面から反することをあえて行なわなかった。まさしく先例と同様に、一八七五年憲法における憲法制定機関と立法府の分離は表面的なものにとどまり、その結果、立法府は憲法制定権力の代替物にすぎない。現実には、憲法改正の正否と内容を国民議会の内部においてさえ左右するのは、代議院と元老院のそれぞれの多数派の意思に他ならない。この意味で、国民議会において行なわれるべき憲法改正と立法府の意思とのこのような結びつきを、同憲法の制定者自身が示しているといえるであろう。というのは、事前の一致した議決にもとづいて起草された憲法改正の枠組みを国民議会は越ええないという大半の議員の主張が立脚しているのは、各議院それぞれの多数派の意思を尊重すべきであるという論拠だからである。別々の審議にもとづいて両議院で行なわれるこの議決が、結果として憲法改正の開始とともにその対象を決定するのである。

結局、わが国には、一七八九年以来、真の憲法制定機関は存在しなかった。ブレビッシト体制の時期を除いて、特殊な本質を備えた憲法制定権力という概念が出現するのは、既存の全憲法体制を根底から覆した激しい衝撃の後のみであった。このような危機的な時期には既存の憲法は存在しなくなるので、この状況を終わらせるために選出された特別な議会がまったく新しい憲法秩序を創設しなければならなかった。この場合、明らかにこの種の議会は既存の立法府との共通点を何ら有しなかった。既存の立法府それ自体が革命運動によって押し流されてしまったのである。まさしくこの時に、わが国において、まったく独立の創造する権力を備えた、立法府とは異なる憲法制定機関の伝統が出現した。このような事実上の伝統と、憲法改正を議会の権限に委ねてきた諸憲法の伝統によって形成された先例とのうち、どちらを一八七五年憲法が選択したかは明らかである。同憲法がその改正を委ねた国民議会は、その組織の条件という点からみても、立法府との関係におけるその権限の独立性と真の優位性という点からみても、憲法制定機関とはいえないのである。

二六　以上のことから、言葉の固有の意味における憲法がわが国に存在するか否かなお疑問である。一八七五年の憲法諸法律が、これらのタイトルが示しているように、「公権力の組織」を確保し、その「関係」を規制している限りにおいて、憲法秩序に関する組織上の規約法としての性質をそれらに否定することはできないと、とりあえずは答えざるをえないであろう。すでに述べたことから、これらの憲法諸法律は相当多くの重要な問題を議会に委ねたこと、そして結局は自らの運命を議会に委ねたことが確認される。しかしそれでもなお、このようにいかに無制限な議会の権力を樹立しようとも、これらの憲法諸法律は憲法としての外観を備えており、結果として憲法の概念に合致しているといえる。

ところが、一八七五年の国民議会によって創出された機関間の状況を仔細に検討すれば、国民議会によって制定された憲法が真の憲法思想に要求される条件を満たしているか否か疑わざるをえなくなる。というのは、憲法を特徴づける指標、その定義の本質的要素を成す指標とは、通常の立法府を支配し制限するという意味で、強化された力によって裏づけられた優越する効力を有する法だからである。執行機関と司法機関を拘束するには、必ずしも憲法を必要とせず、通常の立法府で十分である。それに対して、立法権が制限されるのは、立法府に強制され立法府が手を触れることができないより高次の法によって立法権が支配されている場合に限られる。したがって、本来憲法の概念は、通常法律と憲法法律の区別、および後者の前者に対する優位を前提とする。少なくとも、立法府は自らが単なる法律事項に対して有するのと同じ権限を憲法事項に対しては有しないということが前提とされるのである。

二七 通常法律と憲法法律のこのような区別が十全に実現されているのは次のような国家においてである。すなわち、そこにおいては、憲法改正権が市民によって構成される機関または憲法制定機関に留保され、これらの機関が主権者としてまたはその代表者として決定権を行使するのに対して、立法府は単なる一機関という資格でのみ法律を制定する。後者の機関は一般意思にもとづいて活動するが、それはこの主権的意思が表明されている憲法によってこの機関が権限を付与されているからである。ただ、この機関が一般意思にしろ主権にしろ自らに集中するには至らないであろう。その結果、この機関は自らに付与された権限の範囲内で立法権を行使しうるにとどまる。このような体制においては、憲法制定権力と立法権の組織上の分離は、主権者と立法府が根本的に異なるという本来の考え方にもとづいている。立法府はそもそも排他的性質を有する憲法に手を触れることができないだけではなく、自らが可決した法律に対して裁判官が当然有する審査権によって憲法の尊重を強いられるであろう。最後に、立法府には憲法改正を提案しそれに着手することが認められるとしても、ともかく、立法府は憲法改正手続を進める権限を単独で保持すべきではないであろう。

一八七五年憲法の規定する憲法改正制度の中には、憲法制定権力と立法権の実効的な分離に関するこれらの特徴は存在しない。その理由は、国民の意思と議会の意思とを区別しようとしなかった一七八九年から一七九一年にかけての憲法制定議会によって形成された思潮に同憲法が棹さしたからである。もちろん、この区別を構成する要素が当時まったく認識されていなかったわけではない。「主権的で一般的で無限定な真の代表は憲法制定機関の中にのみ存在しうる」（*Archives parlementaires*, séance du 10 août 1791, t.XXIX, p. 331）ということを強調することによって、バルナーヴは憲法制定議会においてこの区別を指摘したのである。しかし、わが国公法の創設者はこの重要な考え方を採用しなかったし、バルナーヴ自身も最後までこの考え方を維持したわけではなかった。というのは、「立法議会（も）、法律の制定をとおして国民のために意思する以上、国民の代表者である」ということを最終的に認めたからである（*ibid*）。

二八　単独で憲法制定権力を行使しうる主権者と、委任された職務を行なうために設置された機関とみなされる議会との二元的な分離に代わって、憲法法律と通常法律の実効的な区別を維持する第二の可能性が存在する。実際、いくつかの国家においては、議会は立法権に加えて、追加・削除もしくは例外規定によって、または条文の修正によって憲法を改正する権限を有する。その結果、憲法と法律はともに議会の権限に依拠している。ただし、依拠の仕方は同じではない。通常法律の成立には過半数の賛成で足りるが、直接または間接的に憲法改正にかかわる法律の成立にはそれでは不十分である。例えば、ヴァイマル憲法（七六条）によれば、後者のような法律は立法手続で制定されるが、それがライヒ議会において可決されるには、まず特別な定足数（議員定数の三分の二の出席）が、そしてとくに出席議員の三分の二の賛成が要求される（一八四八年憲法一一一条は憲法改正の開始に際してのみ議会における「有効投票の四分の三」の賛成を要求していることを参照）。通常法律と憲法法律の相違を明確にするにはこのような特別多数の要求で足りる。実はこの場合、両者の区別は主権者と立法府の絶対的な分離という考え方にはもはや立脚していない。すなわち、両者の区別は、憲法とその改正は議会の意思に優越する本質を備えた意思のみの表明でありうるという原理のもはや帰結ではない。そうではなくて、両者の区別の根底にあるのは、憲法はその重要性から通常法律よりも大きな安定性と抵抗力を有しなければならず、その結果、議会は憲法に対しては通常の立法活動に対するのと同じような活動の自由と改正の能力とを有しえないという考え方にすぎない。このようにして付与された特別な堅固さにもとづいて、憲法は一定の範囲において基本法としての性質を獲得する。憲法がこの性質を有するのはもはやその源の故ではなく、法律を制定することができる議会多数派に対するその不可変性の故である。

以上のことから、憲法と法律にすぎないものとの区別に関して新しい意味が帰結される。そして、まさしくこの変容した意味から直ちに、憲法を改正する法律の可決に特別多数が要求されることは、過半数によって可決された法律の合憲性を裁判所が審査する制度に堅固な基盤を提供しうるということが理解される。というのは、後者の法律をその違憲性を理由に拒否するに際して、裁判官は、確かにアメリカにおけるように憲法制定機関である特別でかつ優位する機関に対する立法府の従属性を根拠にしないが、しかし少なくとも問題の法律を可決した単なる過半数に対して強化された特別多数にいわば訴えるからである。この場合、判決において、憲法に変更をもたらすような法律の可決には特別多数が必要であると述べられるであろう。ヴァイマル憲法のような憲法は、通常法律の成立と憲法を改正する法律の成立とでは異なる二種類の議会の多数が要求されるということを確立した。実際この相違から、議会における単なる過半数のみでは、特定の法律案が憲法改正手続を要求するか否かを決定しえないという主張が可能となる。その結果、同憲法七六条のような制度においては、裁判官には、対等ではない権限を有するこれら二つの議会の多数をめぐって仲裁を行なう可能性がある。しかも、裁判所が違憲と判断した法律を適用しない権限は、このことによって論理的に正当化されるだけではなく、三分の二の多数を実現することの困難さによって現実に強化されるように思われる。かくしてこの場合、裁判所による法律の適用の拒否はおそらく相当な実効性を有するであろう。

二九　それに対して、すでに述べたように、わが国においては事情が異なる。議会における通常法律の可決の場合と同様に、国民議会における憲法改正法律は要するに通常の過半数によって成立する。つまり、審議に付された憲法改正案は代議員と元老院議員の単なる過半数の賛成を得ればよい。その結果、裁判官は法律が憲法に反するとの判決によって法律に対抗することはできない。裁判官による抵抗をもってしては、議会の権限によって乗り越えることの困難な障碍とするには不十分なのである。一八七五年憲法は、立法機関と憲法制定機関の本質的な分離というアメリカ的な基盤にもとづいて二種類の法律を区別しなかった。同憲法はさらに、次のように、いわば議会を二元化するというヴァイマル憲法的な手続によってこの区別を実現しなかった。すなわち、議会において二種類の意思または権限を分離し、一方が通常法律の制定に関与し、他方が憲法法律を改正することができるという手続である。

以上のことから、すでに提起した疑問（一三五頁）に対して次のように答えざるをえない。すなわち、一八七五年憲法は、通常の立法が依拠する議会多数派の権力の上には位置しないということそれ自体から、基本法として制定された規範の全体に真の憲法の名を十全に得させるような法的効力を有しない。いずれにしても、一八七五年憲法といわれる諸法律が形成しているのは、極端に簡潔な形態における組織的な枠組みにすぎない。その内部においてわが国の公法制度は、政治的な思想または要求の側の変遷に応じて、まったく自由に活動し変化しさえする可能性を保持してきた。この変化の主導権を握り、それを完遂するのは議会であり、議会は世論と協同し有権者団によって示される情報にもとづいて活動するのである。

まさしくこのことが、一八七五年憲法が先行する諸憲法の経験したことのない期間にわたって存続している理由ではないのか。同憲法が長く存続してきた原因の相当部分は、その順応性・柔軟性・内容の簡潔性のはずである。同憲法はまるで柏と葦の寓話のようである。たわんで折れることのないか細い潅木のような同憲法は、過去に姿を現し、今なお存続し、制定者が作り上げた枠組みの中で生じるであろう将来の幾多の変転に備えている。硬性さの欠如とあらゆる不完全さの故に、まさしくその代償として存続するという一種の堅固さを獲得したのである。

第四章　わが国の現行公法における法律の義務的拘束力の法的基盤

一　法律の制定過程に関する諸制度を検討すればするほど、今日では議会の立法意思が一般意思に適合しているとみなすように考える新たな理由が発見される。その結果、国民の共通意思の表明としての法律という概念のみが、大いに注目に値する次のような特性を説明しうるように思われる。すなわち、法律の制定過程において、議会による議決のときにもその後にも、法律の規定に従う義務をその名宛人に課すべき命令的要素は発生しないという特性である。

これは比較的最近のことであるだけに注目に値する。一七八九年以前に絶対君主が正式な命令を課すために用いた命令文が知られているが、この命令文は君主の命令にオルドナンスという重要な名称をもたらした。「朕は本状によって命じる」、「朕は望む」、「命令書を交付する」、「以上が朕の望むところである」。これらの命令文は法律の中に含まれる命令的要素とともに、当時の法律が君主の支配的意思力から得た権威の基盤を明確に示していた。同様の文言は復古王政期に用いられた制定文にも見出され、そこには君主による裁可の意味が含まれていた。この場合、君主は国民宛と公的機関宛の二種類の命令を発した。すなわち、「朕は次のように命じる（法律正文）。本法は国家の法律として執行される。而して、わが全王国において服従され遵守されることを望む。裁判所、知事、行政機関その他すべてに対して命令書を交付する。本状は服従され保持される……以上が朕の望むところである」。

わが国における一七九一年以来のさまざまな制定文の中に、市民ではなく、少なくとも執行府と司法機関との官吏に向けられた同様の命令的要素を見出すことができる。この命令的要素においては、審署された法律を遵守し、それが遵守させることが命じられている。この点、一七九一年憲法（第三編第四章第一節三条）によれば、「審署は左に掲げるとおりなされる。『国王である某は、……本状が王国の法律として執行されることをすべての行政機関と裁判所に対して通達し命じる』」。共和暦三年憲法（一三〇条）によれば、「法律および立法議会の文書の公布は左に掲げる形式によってなされる。『フランス共和国の名において、……執政府は右に掲げた法律または立法議会の文書が公布され執行されることを命じ、……』」。共和暦一二年フロレアル二八日憲法附属元老院令一四〇条によれば、「審署は左に掲げるとおりなされる。『皇帝である某は、……本状が裁判所および行政機関に対して発せられ、本状を遵守し、本状が遵守させることを命じる』」。一八三〇年憲章の下においても同様に、審署は、すべての機関に対して、審署された法律が「服従され、遵守され、保持される」ことを命じる命令書を発する。第二帝制下において一八五二年一二月二日および一八七〇年五月二一日デクレによって確立された制定文の文言についても同様である。それに対して、一七九三年憲法と一八四八年憲法のみは例外である。一七九三年憲法（六一条）は審署ではなく次のように記される「表題」のみについて規定している。「国民の名において、共和暦……年」。一八四八年憲法（五六条）は、「大統領は国民の名において法律を審署する」と規定するにとどまる。第二共和制下で用いられた制定文には、法律の公布を命じる命令以外は含まれない。

二　これまで述べてきたような伝統的な慣行と一連の命令文とから、一般に、学説の側から法律の中に何よりも命令的行為が認識されてきたことが説明される。この命令的行為は万人に向けられたものであり、官吏は法律を執行しなければならず、市民は法律に服従しなければならない。とりわけドイツにおいては、この点に関して有名な理論が確立された。この理論は一九一八年まで排他的とまではいえないまでも支配的であり、それによれば、法律の制定過程は二つの異なる段階に分けられる。すなわち、一方は法律内容（*Gesetzesinhalt*）の確定または法律の本文の可決であり、他方は法律命令（*Gesetzesbefehl*）を発することであり、後者の結果、法律の本文に命令的で義務的な拘束力が付与される。このような捉え方によれば、法律命令それ自体が立法権に固有の行為である。というのは、それのみが、特定の立法目的の下で起草された条文を、義務を発生させる効果を備えた規定へと転換するからである。ところで、ドイツの君主制理論によれば、法律命令は君主によって裁可をとおして発せられる。この場合、君主は裁可によって法律を完成させることを求められるのに対して、議会についていえば、その役割は法律の条文について審議し、その本文を確定することにとどまる。さらに論者によっては、君主が行なうことができるのは、議会によってあらかじめ可決された法律の裁可のみであることから、議会は可決によって君主に裁可を許可すると主張する。ところがそれにもかかわらず、結局、真の立法者は君主なのである。というのは、君主のみが法律命令を発するからである。この理論の支持者はドイツでは非常に多いが、彼らによれば、法律内容への法律の効力の付与を目的とする命令的要素がなければ法律が完成されえないだけではない。さらに、裁可に固有の対象であるこの命令的要素が立法手続全体における最重要事項であるとみなされているのである。したがって、立法手続において裁可以前になされるあらゆることは裁可の単なる準備作業にすぎず、立法意思と立法権との最高かつ決定的な行為として最終的に裁可がなされるというのが彼らの結論である。

三　立法権に関するこのような分析は、ドイツにおける一九一八年以前の君主制時代に妥当するし、またわが国における両憲章の下で法律が国家元首によって裁可されていた状況に適合するが、しかしそれを一八七五年憲法によって確立された立法権の体制にはもはや適用しえないことは明らかである。一方で、ドイツの法律命令説が立脚していた裁可制度は現在のわが国公法にはまったく存在しない。議会によっていったん可決された法律を完成させるために何らかの名目で介入するこができる機関など、わが国の議会の上には存在しないのである。さらに、議会それ自体による法律の裁可について語りえないことは明らかである。というのは、何らかの機関がそれ自体の行為を裁可するというようなことは考えられないからである。このような裁可は無意味であろう。他方で、指摘すべきは、議会の立法権は固有の意味における命令の形態では行使されないということである。おそらく、議会による法律の規定の可決は、常にというわけではないが少なくともほとんどの場合、個人または国家の官吏がなすべき行為を決定し、その結果これらに対して作為または不作為の義務を生じさせる命令的要素を含んでいる。この意味で、ローマ時代と同様に、法は命じ、守り、禁じるということは常に正しい。またおそらく、市民の法的地位または行政役務の内部運営を規律するために議会によって可決された法律は、その効力によって、その中に含まれる命令的要素に官吏なり個人なりを従わせる力を有する。しかし、まさしく注目すべきは、官吏や個人の服従は立法府がそれらに対する明確な命令をまったく発しなくても得られるという事実が確認されることである。これは強調すべききわめて重要な点である。官吏と市民は法律によって命じられ、その規定する法規範への服従を義務づけられるが、この法規範の制定手続において認識可能な形で次のような命令が発せられることはない。すなわち、議会がその優越する意思への服従と自らが制定した法律の規定の遵守とを官吏と市民に義務づける命令である。確かに法律の規定はその義務的拘束力によって命令的効力を有するが、しかしこの義務的拘束力が法律の規定に命令的性質を付与するであろうような明確な命令に由来するとはいえないのである。

四　このように、かつて君主制の下で法律の裁可によって行われていたのとは異なり、立法機関はもはや命令という手法を用いない。法律命令説とは異なり、議会にとって一八七五年二月二五日法律一条の規定する立法権とは単に文言を確定し、法文を可決するにすぎないものである。そして、この可決のみによって、法文は効力を有する制定法を構成する規範体系の中に組み込まれる。将来法律となる規範を探求し確定する必要性という点でのみ、議会は国民の立法機関なのである。しかし、この点で議会が権力を行使するということは否定できないであろう。この権力は、憲法上、議会のみが規範を可決する組織上の権能を保持しているということに由来する。法文を議決するという議会の決定と、法律による規制案に賛成する法学者委員会の議決とを比較してもまったく意味がないことは確かである。この案が内容という点でいかに優れていようとも、法学者による起草と投票は私的な意見または提案としての価値しか有しない。それに対して、議会の立法行為は法律の制定を目的とした特別な権限を独占する機関の活動結果であり、その意味で国家権力の行為として現象する。その結果、確かにそこには何らかの権威的な要素が存在する。しかし議会が、自らによって可決された法文の対象である人々にその遵守やその内容の執行を命じることによって、この法文に明確な命令的要素を付与しない以上、立法行為がその名宛人に対する服従命令の側面または要素を有するとはいえいない。

五　このように、立法行為には命令的要素が含まれるとする理論を正当化する要素が見出されるのは議会の側ではない。実は、議会は立法権という名の下に審議権を行使するにすぎない。それ故、法律命令説という伝統的な考え方にいまだに与する論者は、法律の制定に関する議会の意思表明以外にこの命令的要素を求める立場をとらざるをえなかったのである。執行府に目を転じた彼らは、法律への服従命令が大統領の審署の中に含まれるという主張が可能であると考えた。彼らによれば、大統領は審署によって法律に執行力を付与するのである。審署に関するこのような捉え方は、「法律は審署にもとづいて執行される」という民法一条の文言に伴う曖昧さが原因でここ最近まで支持されてきた。その結果、同条が、審署の本質的目的の一つは法律に対する命令力の付与であるという主張の根拠とされてきた。この命令力がなければ、法律は服従を要求することができないであろうというわけである。したがってこのような意味で、審署は、命令という言葉を文字通り理解すれば、命令的行為として分析されるであろう。少なくとも、審署によって大統領は、行政官に対して、とくに公権力を行使する行政官に対して法律の執行を命じるとされてきた。このような主張のために、ある論者は権力分立から導き出される論法をも持ち出した。というのは、この論者によれば、権力分立からすれば、行政官はその首長である大統領のみに従うのであり、その結果、大統領による明確な命令が存在しない限り、議会による法律の可決を考慮する必要はなく、したがって法律の執行に着手する必要はないからである。最後に、法律の義務的拘束力が生じるのは大統領のこの命令からである。しかも、それは迂回して生じるとされる。すなわち、公権力を行使する行政官に法律の執行を命じることによって、審署は執行のための強制力の可能性を生じさせ、この強制力が立法府によって制定された規定の遵守を市民に義務づける結果をもたらすのである。かくして、審署は法律の規定に義務的な効力を付与するわけであるが、この効力を確保するには議会の可決のみでは不十分なのである。

六　法律の執行力が審署の中に根拠を有する命令的要素から生じるということが正しいならば、このことから直ちに、執行府の首長は法律の審署によって立法権の行使に参与するという帰結がもたらされなければならないであろう。ある論者は躊躇することなくこの帰結を認める。さらに、ドイツにおける法律命令説のように、議会によって可決された法文を命令的で義務的な規定へと変換するこの命令的要素によって、大統領は立法過程における最高の行為を完遂し、したがってその最も高い段階において立法権を行使する存在として立ち現れるであろう。審署がすでに述べた理論によって付与されたような意味を有しえないことを立証するにはこの帰結のみで十分である。というのは、一八七五年二月二五日法律一条によれば、立法権の排他的保持者は議会だからである。

同様のことが、一八七六年四月六日デクレによって定められた現行の制定文の文言からも明らかにいえる。それによれば、「左に掲げる法律を、元老院と代議院は可決し、大統領は審署する。（法律）元老院と代議院によって審議され可決された本法は国家の法律として執行される」。大統領によるこのような文言の中に命令的要素を見出すことはできない。大統領は議会によって可決された法律の成立を確認し証明するにとどまる。したがって、大統領はこの法律の存在を証明し、その本文を認証するのである。これらはすべて、制定手続が完了したことや法律の本文に関する疑義またはあらゆる異議を払拭する必要にのみ応えるものである。法律の執行に関する最後の文言にさえ執行の命令は含まれず、このことはもはやかつての審署の文言における命令とはまったく異なる。前者の文言を判決や強制執行される他の行為に付される執行文と比較すれば、その意味するところが明確に理解される。一八七一年九月二日デクレによれば執行文は次のような文言で作成される。「大統領は、当該判決の執行をすべての執行官に、それに対する指示を検事正および検事長に、法的に必要な場合にはそれに対する協力をすべての司令官および将校に、それぞれ命じる」。ここには命令の語が存在する。それに対して、法律に適用される審署の文言においては、法律は執行「される」というように、大統領はまったく異なる形で意思を表明する。まさしく、もはやこの表現が命令を構成することはない。この表現は、審署された法律が以後執行可能な条件を満たしているという事実を確認し証明するにとどまるのである。

さらに、どのように考えれば、法律によって規定された命令的要素が法律の効力を大統領の意思または権限から得ると認めることができるのか。この点、すでに引用した法律の執行に関する最後の文言にはいかなる曖昧さも存在しない。というのは、この文言は、いま一度制定文の冒頭の表現を用いれば、「元老院と代議院によって可決された」という事実から執行力を得ることに法律の効力を結びつけるように配慮がなされているからである。このように、法律にその執行力を付与するのは大統領ではなく、その執行力は議会による可決にのみ由来するということが制定文においてふさわしい明確さで示されている。その結果、大統領の審署が法律にその執行力を付与することもなければ、さらにいかなる新しい効力を付与することもないということは明白である。まさしく、審署の文言に関する検討から導き出される結論は、議会による可決の結果として法律の制定過程が完了したことを確認することによって、審署は法律が執行段階に入るという結果をもたらすにすぎないということでなければならない。換言すれば、法律は議会による可決という事実から効力を得てもこの効力はいまだ発現していないが、審署によってその発現する時期が特定されるのである。要するに、民法一条は、決して審署「によって」ではなく、審署に続いてかつ審署の後に、法律は執行されるという意味に理解されなければならない。これまで長く認識されてこなかったこれら真理のすべては最近の文献でようやく明らかにされるようになった。審署は法律を執行するための条件であるが、それを執行する効力を生み出す要因ではないということが、今日では多くの専門家によって主張されている。

七　以上のことから、法律における命令的要素の中に立法過程の到達点と本質的要素とを見出す理論にはまったく賛成できない。法律が義務づけるべき公人または私人に向けられたかつての命令の痕跡は、審署の中にも議会による法律の可決の中にもみられない。現状においては、法律が生み出すべき義務的効力という点からすれば、立法過程が完了するには議会による法文の可決で十分である。法律における命令的要素は消滅したのであろうか。そうであるならば、今日いかにして、市民と官吏は法律によって拘束され、それに対する服従を義務づけられるという現象が生じるのか。法律への服従を義務づける法的根拠は何か。

一七八九年人権宣言六条から導き出される原理にさかのぼれば、これらの疑問に対する答えはおのずと明らかになるであろう。同条は法律を一般意思の表明と定義したが、その理由は、国民を代表する議員によって構成される議会において、国民の構成員であるすべての市民自身が代表され、その結果として法律の制定に参加するからである。このような考え方が出発点としてひとたび承認されれば、法律による命令という仕組みが消滅する運命にあるのは当然である。自らに命令するということはないのであるから、このような仕組みに存在の余地はない。人民とそれを構成する市民は、憲法法律であれ通常法律であれ、あらゆる法律を代表機関をとおして自らに付与する以上、命令が自らに向けられていると考えることはできない。これが、命令が発せられないにもかかわらず義務が生じるという多くの他の場合に関して認められる基本的な真理である。例えば、契約当事者が自らに向けられた命令にもとづいて義務づけられるとはいえない。さらに、建造物の管理者がその運営または内部管理のために規則を定めた場合、自らに命じたことにはならない。また、わが国の両議院が議事運営のためにそれぞれ議院規則を定めることは自らに対する命令行為ではない。命令は他者に向けられるものであり、とりわけ服従者に向けられる。しかし、自分自身の行為規範を自ら定める場合、決して命令に拘束されることはない。というのは、あらかじめ定めた規則をいつでも自由に変更することができるからである。

したがって、議会をとおして意思し決定するのが市民団であるということが原理として確立されている以上、命じるという形で立法府が法律を制定しうるとはもはや考えられないであろう。法律命令説を否定するこのような考え方においては、議会の立法権は議決されるべき法文にしか及びえない。可決されたこの法文が法律の効力の源として有するのは一般意思それ自体のみであり、この法文は一般意思を代表することによって可決されたのである。その結果、あたかもこの法文が市民以外の者の意思の表明であるかのように、議会がその遵守を市民に命じるということは論理的に問題になりえない。法律の義務的拘束力が執行府によって発せられた命令に依拠していると考えるのはなおのこと不可能であろう。人民の意思の表明、換言すれば主権者自身が制定したものとみなされる法律に命令によって何らかの補充的効力を付け加えると執行府が主張しうる可能性は、代表議会がそうする可能性に比べて低い。法律による命令という概念が存在理由を有したのは、国家権力がその源を君主の人格の中に有し、法律がその義務的拘束力を君主の意思から得ていた時代である。当時、法律は君主が制定したものであり、君主はその権力と命令的意思を臣民に対して行使した。その結果、かつての裁可または審署の文言は命令の形態をとったのである。ドイツにおける法律命令説もまたこのような君主制的概念に対応するものであった。しかしながら、国民の意思それ自体を表明する議会によって制定される法律に関して、法律による命令という概念を保持しようとすることは、現在では時代錯誤である。このような概念を構築することは不可能になった。というのは、主権者としての国民が、議会という機関をとおして法律を制定するに際して、自分自身に命令調で語りかけうるなどということは考えられないからである。

八　かくして、全体として捉えられた国民については、法律による命令という運用は少なくなり、現在では消滅してしまったといわれる。しかし、国民共同体の機関である立法府と国民共同体の個々の構成員との関係においては、法律による命令という考え方は今なお果たすべき役割を保持しており、介入し続けるべきではないのか。全体として捉えられた国民の場合以上に否である。おそらく、大革命は、不可分の国民主権を宣言する（一七九一年憲法第三編前文の一条）ことによって、同様に不可分の統一体とみなされた全体としての国民に主権が存することを明確にした。主権は部分の中にではなく全体の中に存在するのである。その結果、国民主権の原理は国民とその構成員の権力関係、したがって命令関係の可能性を存続させたと考えようとすればできないことはなかった。法律による命令という概念にとって、個々の国民との関係で適用される可能性が再び生じたのである。しかしながら、一七八九年に導き出された国民の概念によれば、国民とは市民の全体であるということを想起すべきであり、国民の構成要素としては個々の国民以外には存在しない。その結果、国民の一体性と不可分性の原理がいかに強固なものとして確立されようとも、全体としての国民との関係で、個々の国民を言葉の完全な意味における第三者とみなすことを可能にするに至ることはない。また、市民の側からすれば、国民の構成要素である自らが、国民がその代表機関である議会によって完了させた立法行為の部外者として法的に扱われることはありえないであろう。まさしくこれが、一七八九年人権宣言六条の意味するところである。同条によれば、議員によって構成される議会において国民が代表される結果として、「すべての市民」は「法律の制定に参加する」状態に置かれ、かくして同条は法律を「一般意思の表明」として定義することができるのである。このような意味で、国民の個々の構成員は全体としての国民と同様に法律による命令の可能性にはなじまない。支配権および命令的立法という考え方は、領土内に存在する国民の構成員ではない外国人との関係で成り立ちうる。市民との関係においては、市民を支配する法律を、市民の外部に存在する命令権の表れとみなすことはできない。法律は現実には多数派によって制定されたものにすぎないが、しかし法的には一般意思によって制定されたものとして提示される。そして、決して単なる理念的または擬制的意味においてではなく、法的現実から導き出される理由からそうなのである。換言すれば、法律を制定する立法府は市民自身によって構成される全体以外の何ものでもない共同体の機関として法的に定義されるという実体的理由からそうなのである。

九　法律にもとづいてなされる実効的命令の可能性が再び生じるのはその執行後である。その可能性は法律による命令に従わない市民との関係で再び生じる。万人共通の行為規範として全国民の名において可決された法律に従わないことによって、市民はいわば共同体の外に置かれる。このことから、この市民を部外者であるかのように扱う可能性が生じる。彼は国民の権力の支配下に陥るであろう。彼が法律に含まれる共通の規範を免れようとしたことから、国民の権力は彼との関係で外部権力として再び立ち現れるのである。このとき、国民による支配権の行使がみられるであろう。そして、支配権は法律の執行を任務とする官吏によって行使されるであろう。立法府は単なる審議と一般意思の命題化の探求とを行うにとどまり、命令と強制という措置はこのような立法府によって執られることはなく、真の命令を課す権限を備えたまさしく執行機関によって初めてなされるであろう。

以上のことから、ある論者は、一八七五年以来確立された組織体系における執行府の立法府に対する実体的「優位」を論証しうるとさえ考えた。というのは、立法府が法文を可決するにとどまるのに対して、執行府は命令するからである。この意味で、法律・命令・裁判というローマ法の用語が執政官の活動との関係においてのみ命令権という観念を明確に生じさせるということが想起されるであろう。しかしながら、現在のわが国公法においては、執行府を立法府に優位させる理論を受け入れることはまったくできない。とりわけ、法律を義務的なものとする力を執行府の権力から導き出すことがこの理論に含意されているという点で、そうである。それは要するに、国民自身の国家権力が行政官の権限によってのみ構成されているというのに等しい。議会と執行府の関係における役割と権限のこのような逆立ちは憲法の用語からしてすでに認められない。国民を義務づける命令的効力を付与することによって法律を有効なものとするのが、執行の実現を義務づけられている機関ではないことを示すには、「法律を執行する」という表現で十分である。行政官は法律を執行するが、その理由は法律が義務的だからであり、行政官が法律を義務的なものにするからではない。いずれにしても、行政官は法律の執行を義務づけられているので、法律は行政官の介入以前からすでに行政官に対する義務的拘束力を有していなければならない。

以上のことから再び、執行機関が法律にもとづいて個人または官吏に向けて命令を発することによって活動する場合、この命令の中には法律による命令の性質はまったく含まれないということになる。確かに執行機関はその職員に対して命じることができるが、しかしこの命令は効力を有する法律にもとづいた義務の履行にすぎない。したがって、執行機関が、義務的拘束力を発生させるために、立法府によって可決された規定に執行機関に固有の命令的要素を付け加えるわけではない。決して執行機関が法律それ自体に対して命令的行為によって働きかけるのではなく、そのなすべきことは法律の執行なのである。このことは、執行機関は法律のために、そして法律の僕《しもべ》として活動するということを意味する。ここで法段階理論の支持者とともに指摘すべきは、執行府はその支配下にあるものに対しては命じるが、執行府を支配する法律との関係では服従し、法律の執行機関として活動するということである。法律への服従をとおして命じるともいえるであろう。執行府が法律によって付与された幅広い授権にもとづいて活動する場合においてさえ、執行府によって制定された命令が、執るべき措置を自ら規定することなくそのために執行府に権限を付与するにとどまる法律を活性化すると主張することは不正確であろう。というのは、このような場合においてさえ、執行機関によって制定された命令はまさしくその合法性の基盤によって有効だからであり、すでに述べた（三四頁以下）ように命令は依然として「合法的」命令なのである。この合法性という言葉から明らかに次のような意味を読み取ることができる。すなわち、すでに述べたようにここでも、執行府がその行為によって授権法律を活性化するのではなく、まさしく逆に、授権法律が前もって執行府の行為を合法化することによって法律の規定の執行としてなされるべき行為を活性化するという意味である。以上のことから得られる結論は、行政官によって行使されるものが規制権であれ命令権であれ強制権であれ、立法府に対する何らかの優位性を根拠に執行府を義務的拘束力の源として提示すれば、その役割を誤らせ、その権限を変質させてしまうであろうということである。義務的拘束力を法律が得るのは議会による可決のみからなのである。

一〇　これまで述べてきたことから、法律の権威の基盤を明確にしようとすればするほど、法律による命令という考え方は否定され、現行公法の実定的諸制度によって排除されているように思われるという結論が得られる。ということは、法律の義務的拘束力の法的基盤に関する問題を解決するには、伝統的なこの考え方以外に答えを求める必要があるということにならないか。この問題は次のように提示される。すなわち、一方で、立法府も法律を審署する機関も命令を発しないが、しかし他方で、法律が正規の手続を経て審署によって執行段階に入れば、官吏と個人はその規定に服従し、その規定を遵守することを義務づけられる。必然的に発生したこの義務をいかにして説明するのか。

この現象を説明する方法は一つしかないように思われる。市民または国家機関と立法府とを結びつける結合関係の中にその原因を求めなければならない。この関係の性質は、立法府によって可決された規範が支配されるべき人々を直ちに義務づけるといったものである。この場合、あたかもこれらの人々は自らが規範の制定に参加したように義務づけられる。そのためには、立法機関によってなされた行為が法的には集団的成果として扱われるという前提が必要である。この集団的成果は法律の現実の制定者自身のみのものではなく、主権者である国民の代表者として設置された機関が制定することによって、全体としての国民の成果として、したがってまた国民がその組織された一体性の中に統合したすべての人々の成果として妥当するものである。まさしくこれが、法律に必然的に随伴する義務的拘束力の真の基盤であると思われる。

一一　まず、執行機関の職員と裁判所についてである。これらは自らに向けられた命令がまったく存在しないにもかかわらず、議会によって可決された法律を適用し、それを執行する義務を負っている。この事実は、国家機関の近代的体系の基礎を形成する一般的概念によってすでに説明されている。この概念のうち主要なものによれば、機関として活動する個人またはその一団は、そのようなものである以上、全体としての集団のために活動し、それから区別される人格を有しない。この個人またはその一団は全体としての集団と一体を成しているのである。その結果、国民の機関によって決定または遂行されたことは、憲法によって付与された権限の範囲内にとどまっている限り、国民自身の決定または行為として扱われなければならない。このことから、国民の他の機関は、自らも国民との一体的な法的関係にある以上、この決定または行為を考慮せざるをえないであろう。議会が国民共同体の直接的で特別な代表者であるという思想に国家機関の体系が立脚している場合には、なおのことそうである。議会という制定機関を根拠に法律は主権者である国民の意思のまさしく表明であるという概念においては、執行機関または司法機関が議会による法律の議決という事実のみによって直ちに拘束されることは当然である。

したがって、すでに述べた理論（一四四－一四五頁）、すなわち、行政官が議会によって可決された法律の執行を義務づけられる根拠は、その首長である大統領が審署においてそのために発した命令のみであるという主張を支持するために権力分立を持ち出す理論に与することはできない。この理論に対してはさまざまな批判がある。まず、すでに述べたように、審署には官吏に対する命令も市民に対する命令も含まれていない。次に、行政官に関して権力分立から導き出される論拠を裁判所に適用することはできない。というのは、裁判所の長は大統領ではなく、裁判所が大統領から命令を受け取ることはないからである。そしてとりわけ、この理論は国民の国家組織の基礎にある統一性の原理を曲解するという過ちを犯している。つまり、この理論を主張する論者は、権力分立の恣意的な解釈にもとづいて、あたかも三種類の権力保持者が相互に無関係なものとして存在するように考えている。その結果、議会の立法行為は執行府と裁判所に影響を及ぼすことなく、これらにとって第三者の間で行われたことである。これはまったく誤った考え方である。機関というものは、団体の利益のために活動し、それから区別された人格を形成しない。革命期に主張されたように、議会をとおして意思し、決定するのは国民自身なのである。ところで、執行機関と司法機関についていえば、これらの機関はおそらく代表にまでは至らない（二一一頁参照）までも、少なくとも協同という統合関係によって国民に結び付けられている。その結果、議会によって可決された法律は、これらの機関によって可決された場合と同じように、これらの機関を直接義務づけるのである。議会が国民の機関としての地位に加えて、国民を代表するというその性質から導き出される権力の優位性を有することからすれば、行政官や裁判所が議会によって可決された法律に対して独立しているとか無関係であるとかとは、ますます考えられないであろう。議会がこの権力によって主権者と対等な存在となるのに対して、執行府と裁判所は国民との結合関係において単なる機関にすぎない。最後に、議会による法律の可決が審署の法的義務を大統領に課すことから、それがさまざまな公的機関を直接義務づけるのに十分な効力をそれのみで有することは完全に論証される。議会による可決は、それが法律の審署を大統領に義務づけることができるならば、そのために特別な命令が改めて発せられなくても、法律の執行を行政官に、その適用を裁判所に当然義務づけるはずである。

一二　同じ理由から、法律が議会における審議を経て可決・成立すれば、市民も法律によって拘束される。実際、法律による命令というかつての慣行は現在の運用から消滅したが、その原因はまさしくわが国の公法において次のような考え方が支配的影響力を獲得したことにある。すなわち、議会の中に、それを選出した市民によって構成される共同体の発現だけではなく、この共同体の実効的代表をも見出す考え方である。そして、この共同体はその全体おいて想定されていると同時に、その実体を成す個々の構成員という点からも想定されているのである。このような考え方がひとたび認められれば、法律を形成することになる規範を国民が自らに付与する手段である立法府の背後に、凝縮された不可分の全体としての国民共同体だけではなく、この全体の構成員も存在するということが論理的に帰結されなければならない。これらの構成員自身は、一七八九年人権宣言が規定していたように、このようなものとして議会の立法行為において「代表」される。その結果、彼らが立法行為との関係で第三者であるとは考えられない。そうではなくて、このような代表の効果として、彼らは法律の制定に参加したものとして位置づけられ、当然、個々の構成員は法律の議決に参加したものとして扱われるであろう。かくして、公法は構成員との関係で法律による命令という制度をもはや保持しようとしなくなるであろう。この法律による命令という運用は、法律の義務的拘束力と法律それ自体の概念との根拠を次のような革命当初の思想に求める考え方とは両立しないであろう。すなわち、法律は国民の意思の代表者による表明であり、この意思は国民の構成員自身の意思であるという思想である。なお、この同じ思想が、法は不知を許さずという伝統的な原理に新しい基盤、あるいは少なくとも補充的な正当化要因をもたらすということを指摘しておこう。

一三　一七九三年憲法と一八四八年憲法が法律による命令という制度をすでに採用しなかった（一四一頁参照）のはこのような考え方にもとづいてである。今日、同様の命令的要素の痕跡は法律の制定と適用に関するあらゆる運用から姿を消したが、この現象は、一般意思の表明としての法律という革命期の原理がわが国の公法において有することになった優位性と支配的地位を示そうとする本書においてこれまで提示されたすべての論拠に、もっとも重要な論拠の中の新たな一つを付け加えうるにすぎない。一八七五年憲法の制定者はおそらく無意識のうちに、しかし間違いなく重要性を有するであろう同憲法の一連の特徴によってこの原理を確立した。同憲法の制定者はこの原理のみがもたらすことができる帰結を受け入れることによってこの原理を確立したのである。とりわけ法律の義務的拘束力に関して、わが国の現行公法はルソーの理論にもとづいて形成されているといわれる。彼の『社会契約論』によれば、「人はいかにして自由でありながら法律に従うのかという問いを立てるべきではない。というのは、法律は人の意思の記録にすぎないからである」（第二編第六章）。さらに、「市民は、自らが反対したにもかかわらず成立した法律も含めて、すべての法律に同意している」（第四編第二章）。これらによって彼がいわんとすることは、法律の可決の後に個々の国民がその規定に従うのは「臣民」（第一編第六章）としてではなく「市民」（同右）としてであるということである。臣民の場合には、彼らの外かつ上に位置する支配者に由来する法律の意思が命令的に課されるのに対して、市民の場合には、法律に従うことは彼ら各自の個々の意思によって構成される一般意思に従うことを意味する。

わが国における現行公法はこのようなルソーの理論に従っているようである。実際、『社会契約論』によれば、市民団は自ら直接立法権を行使しなければならない。しかし、この点に関して間違いなく生じたであろう反論にあらかじめ備えるために、革命期におけるわが国代表制の創設者は当初から次のような原理を掲げた。すなわち、市民は、たとえ個人として法律の制定に参加しなくても、議員による代表をとおしてそれに参加するという原理である。その結果、創設者は、代表制と、万人の意思の産物というルソー的な法律の定義とを結びつけることができると思った。確かに、論理的観点からこの結合が十分満足のいくものであるとはあえていえないであろう。ただ少なくとも、この結合がわが国公法の方向づけと変遷に強い影響を及ぼすことに成功したといわなければならない。というのは、とりわけこの結合のみが、今日法律の制定には命令的行為はもはや伴わないという事実の法的説明を可能にするからである。法律がその可決やその後の手続における命令的要素をまったく伴わないにもかかわらず市民に対する義務的拘束力を獲得することができるのは、法律に一般意思という基盤を提供するという考え方にもとづいてのみである。このように法律の効力は万人の意思にもとづいているのであるから、法律がおのずと万人に強制されるであろうことは当然である。自ら行為規範と活動指針を定めた人と同じ理由と仕方で、市民は法律によって義務づけられる。ここに、法律を制定しあるいは審署する機関がひと昔前まで君主によって用いられていた命令的文言を用いなくなった理由がある。当時は、君主が主権的国家権力を保持しているとして、君主自身の意思である法律を国民に課し、国民は臣民という地位にもとづいてこの意思に服従したのである。

一四　おそらく、法律と同様に、大統領によって制定される命令その他は命令的文言を伴わないといえるであろう。これらは、制定とは異なる手続である審署の対象にすらならないのである。命令という言葉が命じることを意味するのは当然である。文字通り理解すれば、命令という言葉が命じることとの通告を意味するのに対して、法律という言葉は、人民・その公的機関・その個々の構成員を立法行為の内容に服従させる法的義務を意味するにすぎない。しかしながら、大統領の行為に用いられる用語に歴史的に伴う君主制的な要因が何であれ、大統領の行為によって発せられる規範または決定が命じることから義務的実効性を得るものでないことは事実である。そもそも、大統領の行為には命令的要素など存在しないのである。

少なくとも、この命令的要素は市民との関係では存在しない。執行府の職員との関係では、大統領は命令の最後の文言において命じるということができる。このことによって、関係大臣に対して、そしてこの大臣を通じてこの大臣の部下に対して、命令の執行の確保が命じられる。ただし、この命じるということは、執行府の首長とその部下である職員との職階制という関係によって説明されるであろうし、とりわけ、次の点を考慮すればそうであろう。すなわち、大統領は自らが首長である権限を有する職員に対して自らの命令または決定の執行を命じることは是認できるという点である。それに対して、大統領は自らが審署した法律に関してこのような命令を職員に対して発するとは主張しえないであろう。法律は、議会の権限の優位性のみによって、その執行のために活動することを求められるすべての機関に強制されるのである。

ところで、執行府の職員との関係で大統領の命令が義務的拘束力をその制定者による特別な命令から得ることは事実であるとしても、市民自身に対してはこのような命令が発せられないことからすれば、市民の側からみて、いかにして大統領の命令が規定する規範または決定によって義務づけられうるのか。これらの規範または決定それ自体は単なる規定としての効力しか有しないのである。この場合、規定の義務的拘束力を人民の代表または一般意思の表明という考え方に結びつけることはもはや問題になりえない。というのは、人民の法的表象を立法府の中に認め、審議とその結果可決された法律とをすべての市民自身に結びつける概念が一七八九年以降導入されたが、それはあくまで立法府のみにとって有利な形においてだからである。この代表制の概念を大統領の命令に適用しえないことは明らかであり、大統領単独によって命令が制定された場合もそうであり、また大統領と同様に選挙という特別なつながりによって全体としての人民と結びついていない政府によって実際には命令が制定された場合もそうである。では、これらの命令の規定に固有の義務的拘束力を生み出す要因は何か。

一五　同様の問題は条約についても生じる。一八七五年七月一六日憲法法律八条によれば、外国との条約の交渉および締結、ならびに国際法的観点から条約を完成させる批准を行うのは大統領、つまり執行府のみである。この批准に続いて、条約の最終的な成立を確認し、その内容を証明するためにその謄本を作成することによって、審署がなされる。条約が国内に適用され、とくにわが国の市民と官吏が、締約国の各々の国内に直接適用されることになる法規範を生み出す条約の規定に拘束されるには、この審署の公布のみで足りる。拘束されるというのは、わが国の議会によって制定され、審署・公布された法律の場合と同様である。ところで、指摘すべきは、法律の審署に行政官または個人に対する命令が含まれていないのと同様に、わが国における条約の審署にもこのような命令は含まれていないということである。大統領は、条約に関して一般に用いられる審署において、「左を内容とする条約は完全に執行されるであろう」と述べる。しかし、この表現には命令的要素は含まれていない。命令的要素があれば、それはわが国の官吏と国民に以後課されることになる義務の発生要因となりえ、この義務が条約によって定められた法に従う義務を構成することになる。いずれにしても、この審署によって大統領は、自らが審署した条約の条項がわが国で執行されるために必要なすべての条件を、この条約が満たしていることを確認するにとどまる。したがって、法律の場合とまったく同様に、この審署の唯一の目的は条約によって定められた法規範のわが国における執行を開始することであり、この法規範に執行力を付与することではない。

条約における命令的要素の欠如は次の点からもいっそう注目すべきである。すなわち、法律および執行府の一般または特別規制命令がわが国の国民共同体内部の権力によって制定されるのに対して、条約はそれ自体契約行為であり、関係国間の合意によって締結され確定されるという点である。条約の批准に至る国際的交渉において、わが国の全権使節は大統領の名で外国の代表と交渉を行うが、その活動の目的は条約の条項に含まれるはずの法的効果を在外使節や在外フランス人との関係で発生させることではない。そうではなくて、その活動はあくまで締約国に向けられており、締約国間の合意の実現のみに向けられている。ではなぜ、この国際的合意によって形成された法が国内において義務的拘束力を獲得するのであろうか。換言すればなぜ、この義務的拘束力によって、条約の審署の後にこの法がわが国で制定された法律と同じように市民に適用されるようになり、わが国の執行機関および司法機関もまたその適用を義務づけられるのであろうか。

わが国における条約の義務的拘束力の根拠が外国の権力でないことは確かである。国民に条約の規定が適用され、わが国の機関もそれによって拘束されるのは、わが国についていえば、その締結者が大統領であり、大統領が外国との条約を締結する権限を憲法によって付与されているからである。ただ、大統領が国際的行為として条約を締結することは事実である。わが国において官吏と市民を拘束する効果をもたらすのはこの対外的行為、より正確にいえば、この行為に対する大統領の同意である。条約それ自体の大統領による審署は国内的行為であるが、条約の規定の義務的拘束力に関して問題となる文言に変更を加えるものではない。というのは、この規定をわが国で適用可能なものとするにあたって、大統領が審署の対象とするのは条約それ自体だからである。大統領はそのようなものとして、つまり国際的な法として条約を審署するのであり、しかもこの場合、実効的な命令的要素が大統領によって加えられることはない。審署の文言においては、条約の規定はそれのみでわが国の機関と個人を義務づけるように表現される。しかし、条約がこれらを対象としたものでないことは間違いなく、それは国家間の契約である。ではなぜ、対外的に締結されたこの契約の内容が、わが国の国内法秩序に属する法規範としての義務的効力を有するのであろうか。

一六　実は、条約に関するこのような問題はすでに述べた（一五八頁）大統領の命令に関する問題と密接な関係を有する。前者は条約の契約としての性質および国際的性質からすればより複雑であるが、後者は、いかにして、執行府の首長によってその内部で制定された命令が規定する一般的な規範または特定の措置が命令的要素を伴うことなく義務的拘束力を獲得するのかということであった。実際、いずれの場合においても、国内で制定された命令にしろ国際的な条約にしろ、解明すべき重要な点は次のようなものである。すなわち、大統領の行為から生じた法規範に関して当然に国民と官吏に課せられる義務的服従の法的基盤および要因は何か。この場合、立法府とは異なり、大統領が代表者としてすべての市民を体現し、その結果一般意思を表明するような機関であるとはもはや明らかにいえない。大統領の命令にしろ条約にしろ、このように提示された問題には、唯一で同一の解決策しか存在しないであろう。

一七　まず、命令によって国内で制定された規範については、一般的なものにしろ個別的なものにしろ、その規定に属する義務的拘束力に関する説明の本質的部分は、わが国の憲法にもとづいて執行権と立法権の間に確立された関係の性質に求められなければならない。この関係によって執行機関の行為は法律に結びつけられ、法律にもとづくことによってその介入が可能となり、この意味で法律の実現と執行の形をとる。このような関係は、執行行為は合法行為である限りにおいて有効であるという原理に帰着する。

この合法性という用語それ自体の中にきわめて重要な教示が存在する。すでに述べた（三三頁以下）ように、まず留意すべきは、執行府の行為、とくに大統領の命令はその行為者に帰属する制定権または決定権のみからその法的効力を導き出すのではなく、法律への適合性からもそれを導き出し、したがって法律それ自体がその実効性の基盤を提供するということである。この点、わが国の公法においては、執行府の行為に関してローマ法におけるように正当であることと権限に依拠することとを区別する余地はない。現在、機関に属する官職の権限のみに立脚した何らかの執行機関の行為は存在しない。執行府のすべての行為は、もちろんその首長の行為も含めて、有効であるためには「正当であること」、すなわち法律に、より詳しくいえば憲法法律または通常法律に立脚していなければならない。というのは、執行府の行為が行われうる場合やそのありうる内容は効力を有する法律によって条件づけられているからである。

したがって、大統領の命令が合法的に制定されなければならないということは、そこに既存の法律の規定の執行に由来する正当性の要素が見出されなければ、それ自体では有効ではないということを意味する。換言すれば、執行府の命令は立法府の予見・承認・授権に依拠しているという意味で、法律はその効力を執行府の命令の中にまで持ち込み及ぼすのである。その結果、命令は言葉のローマ法的な意味において、つまり行為は行為者の背後に存在する法律と原理的に結びついていなければならないという意味において「正当なもの」とされなければならない。この場合、行為は執行という名目で法律に由来するのである。大統領は命令を制定することによって立法権を行使するのではない。すでに述べた（七六頁以下）ように、議会は命令の制定を大統領に授権することによってその固有の権限を委任するわけではない。命令には立法の要素は存在しないが、しかし授権された命令は自らを正当化する授権によって少なくとも依然として合法行為である。このことは、法律は自らが促しあるいは承認した命令の効力に対して一定の効果を及ぼすということを意味する。この一定の効果によって、合法的なものと立法的なものとを明確に区別する契機が得られるであろう。

一八　合法性と立法という二つの概念の間に根本的な対立が存在することは一見して明らかである。一方で、合法性は法律の存在を前提とし、立法権と合法権はまったく異なる本質を有する。というのは、前者の行使は後者が行使される可能性に先行するからである。とりわけ他方で、立法行為と合法行為との概念は二律背反関係にある。この関係は合法性の概念を立法に適用する余地はないということに由来し、その理由は合法性を創り出すのは法律だからである。この点に関して、合法的でなければならないことが立法にはなりえないということは明らかであり、とくに大統領の命令についてそうである。それに対して、合法行為という表現は執行行為を意味する。わが国の公法におけるように、少なくとも合法性の体系が次のようなレベルに達する場合にはそうである。すなわち、立法府に従属する機関の活動は、一八七五年憲法が大統領それ自体に関して規定しているように、「法律の執行を確保する」こと以外にはありえないというレベルである。要するに、大統領の命令に関していえば、合法権の性質から、大統領の権限は憲法の規定なり法律の規定なりに由来する特別な授権を常に前提とし、その結果、これらの規定が大統領の権限の正当性の本質的条件となる。それに対して、立法権は無制限な権限であり、少なくともこの場合には、憲法の規定に反しないという制限以外の条件は存在しない。

したがって、大統領の命令が立法権の行為でないことには疑問の余地がない。というのは、大統領の命令は合法性の条件に従うからである。その結果、大統領の命令は法律の効力を有しない。より正確にいえば、法律の効力のうち、とくに立法権の行為に由来する効力を有しない。かくして、とりわけ大統領の命令は法律には適用されない裁判所による合法性の統制に服する。しかしそれに対して、付け加えるべきは、執行府の行為に対して求められる合法性の条件をひとたび満たせば、大統領の命令は合法行為としての効力を付与されるであろうということである。大統領の命令は法律に固有の効力を生じないが、少なくとも合法性、つまり執行の対象である授権法律の規定への適合性から法律と共通の効力を獲得する。それは法律の効力ではないが、合法性の効力である。合法性の効力という用語が意味するのは、明らかに、そこには合法性の源である法律の反映としての性質あるいは特質が存在するということである。そして、この性質あるいは特質は合法行為が法律と適合していることの帰結でもある。

一九　法律に適合して制定された命令の合法性に関するこれらの帰結として、まさしく、執行府の首長によって制定された法規範の次のような特質が生じる。すなわち、合法性の故に、この法規範は命令的要素を必要とすることなく官吏と個人に対して義務的なものとして課されるという特質である。この意味で、命令によって規定された規範は、それが立脚し結び付けられる授権法律の効力を共有する。確かに、この規範は法律によって規定された規範とは依然として異なるものであり、それ自体が法律によって規定された規範になるわけではない。例えば、この規範は、法律の改正に必要な立法手続によることなく、ときに新たに制定される命令によって改正されうる。しかし、この規範が立法府によって制定された授権法律の枠内にとどまっている限り、それに当然伴う義務的拘束力についても合法性のみによって容易に説明することができる。憲法の規定にしろ通常法律にしろ、特定の対象または措置について制定することを大統領に授権することによって、これらの規定をとおして一般意思を表明する人民が、このような授権にもとづいてかつその枠内で制定される命令の規定にあらかじめ同意していたと仮定することは、実際論理的である。おそらく、革命期に立法府に関していわれたように、大統領の口をとおして発言するのは国民であるとはいえないであろう。国民の意思による創造として扱われる法律とは異なり、命令は政府の行為によって制定されるものである。しかし国民は、たとえ命令それ自体をとおしてもはや発言しなくても、特定の状況において、特定の条件で、特定の具体的対象に関して、法規範によって構成される決定または命令を発することを政府に授権したときにすでに発言していたのである。この法規範は二つの段階を経ることによって成立する。まず、立法府が執行府に対して、適当な時期または特定の領域において法規範を制定することを承認する。次に、事前の承認にもとづいて、命令が法規範を条文化し制定する。その結果、法規範はその制定者として執行府の首長を、その基盤として立法府によって表明された国民の意思を、それぞれ有する。この意味で、法規範は、命令によるその制定を可能にした立法行為の帰結であり、それを制定した執行権の行為の帰結である。かくして、命令の合法性が形成される。合法性という言葉は、とくに、命令によって法規範が制定される過程に含まれるべき法律の要素を、直接的にではないにしても実際には否定することのできない形で示す意味を有するのである。

二〇　ところで、合法性という言葉は、大統領の命令と効力を有する立法との間に存在すべき結合関係を表すと同時に、大統領の命令の規定が義務的拘束力を獲得するにあたって命令的要素を必要としない理由も、さらには命令的要素を伴う可能性を有しない理由さえも明らかにする。立法府は、そして自らを代表する立法府をとおして人民は、本来立法府の議決に留保しえた決定または措置の命令による実現を法律によって執行府の首長に承認することをとおして、これらに関する判断を執行府に委ねた。人民の意思によって、単なる機関の活動が主権者の始原的権力へと置き換えられたのである。まさしく、授権法律において行使された主権それ自体が、授権法律において表明された人民の意思の効果を、授権法律によって合法化された命令に間違いなく及ぼしたのである。したがって、市民は授権法律によって直ちに義務づけられるように、命令の規定によって義務づけられるであろう。というのは、大統領によって合法的に制定された命令は、一般意思の表明ではないとしても、合法性から、すなわち授権法律に含まれる一般意思にもとづいて制定されたという事実からその効力を得るからである。同様に、行政官が命令の適用を義務づけられる理由は、単に命令が職階制上の上司によって制定されたからではなく、何よりも命令が主権者の意思である立法意思または一般意思の執行として提示されるからである。

執行府の合法的命令はそれが義務的なものとなるために命令的要素を必要としないだけではなく、一般意思としての法律という概念からすれば、そもそも大統領にとってそれに命令的要素を加えることなど問題になりえないと思われる。実際、合法性の体制においては、命令の冒頭にその制定の根拠となった法律の本文を掲げることが執行府に法的に義務づけられる。そして、法律の本文を想起することが意味するのは、命令とその内容とをその源である授権法律に結びつけること以外にはありえない。換言すれば、上級の規範と意思によって、これらの執行として制定された命令とその内容とのそれぞれを正当化するのである。いかにして、執行府は命令に命令的要素を加えることができるというのか。仮にそうするとすれば、執行府は自らの名において命令を制定することになるであろう。この点に関して、命令の規定に先行すべき合法性を示すものと、裁判所の判決の冒頭に掲げられる「国民の名において」という表現との類似性を指摘することができるであろう。命令の制定を授権した法律の本文を援用することは、執行機関の側からすれば、命令の正当性の基盤を成す法律の代用物または派生物として、したがってまた法律によって表明された人民の意思に立脚して制定されたものとして、命令を提示することを意味する。このように命令が国民の意思にもとづいて制定される以上、いかにして、大統領は国民自身に向けられた命令的要素を表す文面または文言を命令に付与あるいは付加することができるというのか。当然、命令と法律の間に存在すべき執行関係からすれば、そしてまた立法府による人民の代表という概念からすれば、執行府の命令制定権が行使される形態は、議会の立法権と同様に、法文の議決という形式でなされる決定以外にはありえない。この法文とそこで規定された規範とに、直ちにかつ当然に義務的効力が随伴するわけである。この場合、義務的効力は、一般意思を代表するものとして立法府によって制定されたものであれ、この同じ意思にもとづいてそれを実現する命令として執行府によって制定されたものであれ、あらゆる規範によって人民とその構成員が当然に拘束されるということに由来するのである。

二一　国内において大統領によって制定された規範に関する以上のような考察は、外国と締結され批准された条約によって規定された規範にも同様に当てはまる。後者の規範は、条約の審署の後、わが国において市民と官吏に対して義務的拘束力を発揮する。

この点に関して、一八七五年七月一六日憲法法律八条に含まれる二つの異なる原理を指摘すべきである。第一の原理は同条によって上級かつ一般的なものとされる。同条は冒頭で「大統領は条約を商議し批准する」と規定したうえで、続けて「大統領は国家の利益と安全が許す限りにおいてこれを両議院に通知する」と付け加える。この規定から同条は明らかに、両議院がまったく介入することなくわが国の利益のためにまたはわが国の負担で成立しうる条約の存在を認めている。ただし、もちろん議院内閣制において政府が従う一般的必要性という留保の下においてである。すなわち、政府は議会多数派の信任を保持しなければならず、その結果、国内政策についてだけではなく対外政策についても議会多数派の方針に反して活動することはできないであろう。このような留保の下において、また一八七〇年から翌年にかけての一連の出来事の結果わが国が置かれた国際的立場によって十分説明可能な理由から、一八七五年憲法は、議会の同意を得ることなく外国と条約を締結する権限を執行府に認めた。そして、同条はこの権限を条約の締結に関する一般原理として規定したのである。

しかし実際には、この原理は一八七五年七月一六日憲法法律八条のさらなる規定によって制限される。すなわち、やや稚拙ではあるが、そこには例外という形でさまざまな条約が列挙され、これらの条約はその対象という点から「両議院によって議決された後でなければ確定的とならない」。実はこれらの例外それ自体は第二の原理に立脚しており、第二の原理は同条冒頭の第一の原理と対を成すとともに、この規定が示す以上の広範で一般的な効果を有する。同条は、大統領が場合によっては両議院に通知することなく条約を締結することを認めるが、この場合実際には明らかに、同条が想定しうる条約は通常、契約条約といわれる範疇に属するもののみであり、それに対して立法条約とされる範疇に属するもの（ただ、このような位置づけが正当でないことは後に述べるとおりである）ではない。外国と締結される協定に関して、それが、わが国において政府がその固有の手段によって自由に対処しうる措置を執ることのみにかかわる場合には、両議院に通知されることなく、公表もされないことがありうる。とくに、高度な国際政治問題についてそうである。条約の条項がわが国において「法律を構成」すべき規範を生み出す場合には、換言すれば、わが国の法律の規定と同様に、個人に適用され、国家機関によって適用されるべき規範を生み出す場合には、当然、この種の条約が公表の必要性を免れることはまずありえないであろう。というのは、この種の条約によって生み出された規範の義務的拘束力がわが国の領土において効力を発生しうるのは、大統領による条約の審署の後であろうからである。さらに、これはすでに述べた第二の原理にかかわることであるが、条約によって規定された規範のわが国への適用が、既存の国内法との関係で、効力を有する立法に変更をもたらしたり、それにもとづかない変革をもたらすであろう場合には、これらの変更や変革には議会の立法による介入が必要となる。というのは、既存の立法にもたらされるあらゆる変更や刷新には立法行為が必要であるというのが原理だからである。このことは、執行府の内部における一般的または個別的な命令によってわが国において制定しえない規範または措置を、大統領は議会の同意がなければ国際的合意によって国内法に導入しえないであろうということに帰着する。

このように、国内法への適用を目的とする条約の規定する新しい法が発効するにあたって議会の同意が不可欠である場合には、この同意は一八七五年七月一六日憲法法律八条の規定する形式に従って付与される。同条によれば条約が確定的となるには議会の議決が必要であるが、この議決は議会に側による法律の可決という形をとり、その結果、大統領は外国と締結した条約の批准を承認される、つまり授権されるのである。

二二　以上のような条約を承認する法律は条約の規定をわが国の法律の規範へと変換する効果を有するとときお

りいわれることがあった。議会による法律の可決の効果に関するこのような定義の仕方は必ずしも正確とはいえない。この可決によって条約の規定に付与される黙示の同意が、ひとたび批准された条約の審署の後に、条約の執行をわが国において可能にすることは確かである。すでに述べた理由から、このような条約はわが国の国民および官吏との関係で義務的拘束力を有するであろう。しかし、議会によって大統領に付与された批准を目的とする授権が条約それ自体をわが国の法律へと変換することは決してないし、さらに条約の規定する規範を国内立法における規範へと変換することは決してない。このことは、大統領の命令に付与された法律による授権が命令とその規定内容とを立法行為または法律の規定する規範へと変換する効果を有しないのと同じである。議会によって批准が承認された条約は依然として純粋な国際的契約行為なのである。そして批准についていえば、法律の可決にもとづいてなされようとも、それはわが国との関係では依然として大統領による執行府の行為である。これが、議会の議決が要求される条約についてさえ批准の権限は大統領のみに帰属すると規定する一八七五年七月一六日憲法法律八条の帰結である。これはまた、議会が条約に賛成する議決で用いる次のような法律の表現の帰結でもある。すなわち、「大統領は条約を批准し、必要に応じて執行する承認を得た」。この表現からすれば、議会の役割がなされるべき批准のために大統領に授権を付与することのみであることは明らかである。さらに、このようにして付与された授権は批准と一体を成すものではなく、その一部とはならない。授権はあくまで批准の前提条件であり、それ故、原則として批准に先行しなければならない。

　したがって、議会は批准によって確定的とされるべき規範の決定に授権に関する議決を通じて実効的に関与するとはいえない。いずれにしても、わが国における適用を目的とする条約の規定を国内法の規範にもとづかせるという目的または効果を議会のこの議決が有すると主張することはできないであろう。というのは、すでに述べた表現の文言それ自体からすれば、批准を承認する法律はとりあえず条約を完成させるという国際的問題のみにかかわるということが指摘されるべきだからである。この点、批准を承認する法律は、国民またはわが国の機関との関係で、これらに適用される性質を有する条約の規定を義務的なものとすることを目的とはしない。その目的は単に批准、つまりわが国と締約国の関係において条約の規定を確定的なものとするであろう行為なのである。その結果、法律による批准の承認それ自体からは、議会の議決が条約の規定を国内法に変換するという主張の論拠を導き出すことはできないであろう。

確かに、授権を付与する法律の表現の中には、「大統領は条約を執行する承認を得た」というもう一つの部分がある。ここでは、条約の国内的執行と、それが国内において生じさせうるであろう義務的効果とが問題とされる。しかしこの点についても、授権法律の文言について指摘すべきである。すなわち、大統領が執行することを承認されたのは「条約」であり、その批准を認めた法律ではないということを、授権法律は注意深く規定しているのである。このことから、条約の批准の後に大統領が国内で執行しなければならないであろう義務が生じるのは、大統領が締結した条約それ自体からであり、議会が条約の規範を国内立法の規範へと変換することからではないであろうということが理解される。

二三　したがって以上のことから、条約の批准を目的として議会によって法律という形式で付与される承認は、条約が国内で生じさせることになる義務の源に変化をもたらさないという帰結が得られる。この義務は、国際的契約行為としての条約からだけではなく、さらにわが国が批准という形でかかわった確定された条約からも生じる。この場合、批准は、たとえ承認されたとしても、依然として大統領の行為なのである。しかし、さらに確認すべきは、大統領による条約の審署の後に、条約の規定する規範が国内法としての規範力を獲得し、そのようなものとしてわが国の市民と機関を義務づけることになるが、そのためにこれらに対する命令的要素は介入しないということである。

このように大統領の批准によって成立した条約の規定する規範に認められるこの義務的拘束力を正当化するためには、執行府の内部で制定された命令の規定する規範に関してすでに述べたことと同様に、批准という外交行為に関して憲法上要求される適正な条件を考慮し、そこに根拠を求めなければならない。この点、批准は立法行為ではないが、少なくとも合法行為、つまりその正当性の基盤を法律に有する行為でなければならないであろう。実際、条約が締約国の機関と国民を拘束するであろう新しい法を直ちに生じさせようとするものである限り常に、批准に着手しうるには大統領は議会の立法手続による承認を得なければならない。したがってある場合には、条約によって規定された新しい要素は、国内における命令制定を大統領にすでに授権している既存の国内法の範疇に属する。この場合、改めて議会が介入することなく、大統領は、外国との合意にもとづいてそれを国内に適用するために、執行府内部の命令によって制定することがすでに可能とされている法規範を最終的に創設しうるであろう。それに対して他の場合には、条約によって規定された新しい要素は、既存の立法にもとづいて執行府の首長が行使しうる命令制定権の範囲を超えている。この場合、すでに述べた一八七五年七月一六日憲法法律八条が執行府の首長のみに付与した条約締結権は、批准に先立って議会によって特別に付与される承認の必要性によって制限される。このように、少なくとも新しい法規範が個人または官吏を義務づける限り、執行府の条約締結権に関してその命令制定権と同じことがいえる。大統領が条約を締結しそれを確定的なものとする権限を得るのはもちろん憲法からであるが、ただしその場合、命令制定の場合と同様に条約の批准についても、授権法律にもとづいてかつその執行としてのみ新しい法を創設しうるという条件が存在する。あるいは、批准は二重の意味で合法行為であるということもできる。その行為者について、大統領がその権限を憲法から得るという点で合法行為である。また、批准される条約の内容について、その最終的な確定が、既存の立法によってなり批准を承認する新しい法律によってなり、大統領に付与された法律による授権にもとづいているという点で合法行為である。

ここに至って、条約に関する大統領の行為のこのような合法性の帰結が何であるかが理解される。とくに、市民と国家機関に対して生じる可能性のある条約の規定の義務的拘束力に関してそうである。条約とその内容は、一般意思またはその代表者である議会の直接的な活動結果ではない。しかしこれらは、一般意思の表明である法律の承認によってのみ確定的なものとなりうるということから、一般意思によって条件づけられているのである。したがって、この点について、大統領の命令に関してすでに述べた（一六三―一六四頁）ことを繰り返すことができる。すなわち、命令を制定するのは執行府であるが、その基盤は法律であるということである。このように合法性という関連性によって、国内法規範となることを目的とする条約の規定と、国際的合意による条約の締結を承認する法律による授権とが結びつけられる。そしてこの関連性から、条約の国内法規範は、国内において義務的拘束力を得るために、条約の批准の後に命令的要素を必要としないという帰結が得られる。この義務的拘束力は、わが国において、条約の国内法規範が授権法律の形式でなされた一般意思の表明の後にかつその結果として成立するという事実にその根拠を有する。授権法律が条約の規範を法律の規範へと変換しえたというのではない。そうではなくて、少なくとも授権法律が条約の規範に合法的規範の性質を付与した、したがって条約が確定的となった後には、国内で義務的となりうる規範の性質を付与したのである。

この意味で指摘されるであろうことは、大統領は、条約が官吏によって執行され、国民との関係で効力を有すべきことを示すために、条約の審署の冒頭において、「元老院と代議院は……署名された条約を承認した」と述べるということである。このように、批准書の交換によって条約の締結を確定的なものとする前に、審署に際して条約の規定する規範の合法性が援用される。合法性へのこの言及の効果は大統領の通常の命令の冒頭でなされる言及と比較されるべきものであり、後者においては執行状態に置かれ命令の根拠となる法律の本文が援用される。審署の対象である条約が議会によって「承認」されたものであることを証明することによって、大統領は官吏と国民に対して条約から生じる国内法規範を批准によって確定的なものとすることが正当であることを示すのである。同時に、この国内法規範と議会の立法行為との結びつきを示すことそれ自体によって、批准の完了後この国内法規範に当然伴う義務的拘束力の基盤と正当性が強調されるのである。

二四　したがって最後に、今日行われている次のような運用における明確な対応関係を指摘すべきである。すなわち、法律の可決および条約の批准の後に、また大統領による命令の制定に際して、これら三種類の行為それぞれによって定立された規範に伴う執行力または義務的拘束力を発生させるためになされる運用である。法律については、審署の文言によれば、それが執行されるのは議会による可決にもとづいてである。大統領の命令はその基盤である法律を具体化しなければならない。条約については、命令と同様に、その審署は議会による可決を援用して行われ、この可決の結果として条約が批准される。いずれの場合においても、命令的要素は存在しない。そして、審署を目的とした命令にしろその他の命令にしろ、議会の立法手続による決定に従い、もとづいている。これらの命令は、その公布後効力を生じることになる義務的法の源として、あるいはいずれにしてもその正当性の基盤として、議会の立法手続による決定を強調する。まさしく議会によるこの決定があらゆる命令的要素を不要なものとし、その可能性を論理的に排除しさえするのである。というのは、次のような帰結に至るには、法律は、一般意思の表明である以上、規定するだけで足りるからである。すなわち、法律自体が規定したあらゆる規範にしろ、また法律の執行としてかつそれに適合して制定されるであろうあらゆる規範にしろ、全体としての共同体の意思に立脚しており、この意味で、この共同体が不可分の形で組織化されたその一体性の中に統合した官吏や市民といった万人を拘束すべきものであるという帰結である。この場合、これらの規範は万人それ自体の意思の産物とみなされ、その結果、いかなる命令的要素の表明による介入も必要としないのである。

第五章　一八七五年憲法の下における執行府に対する議会の優位

一　ある憲法が議会は一般意思を代表しているという思想に立脚している場合、この思想は公権力の組織のあらゆる領域に影響を及ぼしているということが予測されなければならない。とりわけ、議会と執行府の関係に関する規制に対して、その影響が及んでいることは間違いないであろう。

二　一八七五年憲法には、確かに、これとは異なる思考にもとづいて設置された制度が存在する。とくに、憲法制定者が非常に重視した二院制がそうである。純粋に論理的な観点からすれば、議会の二元性は議会が一般意思を表明するという概念とは容易に両立しない。というのは、これまで再三いわれてきたように、一般意思は二重の代表を必要としないからであり、まさしく、一般意思は唯一の代表しか許容しない。したがって、人民の代表にもとづいて組織された体系においては、二院制は取って付けたような部分、すなわち他の原理にもとづく政治体系から借りてきた部分であるとの印象を与える。ただ、議会による人民の代表という思想の影響はわが国の二院制にまで及んでいるということも指摘すべきである。その影響は両議院の構成の類似性の中に認められる。両議院は異なる選出手続によって構成されるが、ともに全体としての人民に由来する。そして、同憲法が両議院に源としてこのような共同体を付与したことの目的は、確かに、すべての市民の名において意思を表明するための対等な地位を両議院に確保することでもあった。同じ影響は、とくに、一八八四年に終身の元老院議員を廃止した理由の中に現れている。議会の決定が、議会の構成上たとえ一部であろうとも、有権者団と結びつくことなく元老院に議席を有するエリートの投票にもとづきうることを容認しえなくするにあたってもっとも大きな影響力を発揮した思想の一つが、まさしく人民の代表という思想であった。というのは、議会の決定の成立、とくにその不成立がこのようなエリートの優越的判断に委ねられていたという意味で、一八七五年以来わが国の代表制が向かった方向とは両立しない権威主義的思想に対する妥協が、終身議員制度の中には含まれていたからである。しかも、現在の二院制が法的必要性ではなく、政治的有用性に対する配慮にのみもとづいて作られたものであることからすれば、実際にはそれを真の二元制とみなすことはできないであろう。一般意思の代表における一体性はわが国議会の二元性の中にも認められるし、また当然そこでも維持されなければならなかったのである。

三　議会と執行府の関係を規制するために憲法によって設けられた諸制度の機能が一八七五年以来もたらしてきた結果の示すところをまったく先入観なく眺めれば、この必然的な一体性は誰の目にも明らかである。議会の中に一般意思が存在するという考え方の帰結である一体性は、現在のわが国の議院内閣制において、執行府に対する議会の優位・優越として現象する。この場合、両議院の関係において生じた現象とは逆の現象が認められる。すでに述べたように、一八七五年憲法は、元老院と代議院の間に確立することを強く望んだ対等な関係を確実なものとするために、源という点で同じ本質を有する二つの議院を作ろうとした。その結果、両議院は難なくそれぞれが一般意思を代表することができた。逆に、執行府の構成員の任命を、もはや国民による選挙によってではなく、大統領については議会の議員が構成する国民議会による選挙によって行い、大臣については議会多数派による政治的投票によって行うことにより、憲法は執行府に出自における劣勢要因を課した。このことは、執行府を議会に対する従属状態に置く結果を不可避的に伴わざるをえなかった。実際、執行府が自らを生み出した議会の外にはまったく支持基盤を有さず、議会が代表するのとは異なる一般意思をもはや援用しえなくなったことは明らかである。

四　このような代表の一体性と議会の優越および優位とから、一八七五年憲法によって設置された議院内閣制を、議会と政府の間に確立された対等の体制、あるいは少なくとも均衡の体制として分析する理論は直ちに反論される。この理論によれば、議会と執行府は相互に対抗力を有するように組織され、そのために相互関係においてそれぞれがそれぞれから十分な独立性を確保する権限を保持することから、対等性または均衡が帰結される。

議院内閣制に関するこのような二元論の源は、まず、モンテスキューの権力分立論である。権力間に均衡が必要であるという考え方の源はまさしく『法の精神』なのである。均衡は抑制と対抗の機構によってのみ得ることができ、その結果、分離された権力の保持者は抵抗または阻止を可能にする活動手段と対抗手段を備えることになる。ところで、このような権力分立論的な考え方はフランス人の精神を大きく支配し続けた。大革命が権力分立の原理にもとづいて一七九一年憲法体制を確立しようとしたことからすれば（ただし、この体制は非常に高い地位を付与された議会の権限との関係で君主には奇妙なほど弱い権限しか認めなかった）、一八七五年以来、憲法によって議院内閣制に付与された組織も権力分立論的に捉えなければならないと専門家が信じたとしても驚くにはあたらないであろう。

さらに、二元論は、両憲章下で始まった先例に従って現行の議院内閣制を判断しうると一八七五年以来思われてきたことにも由来する。これはまったくの幻想である。わが国に議院内閣制の運用が導入され始めた当時、この運用は君主制の原理と結びついていた。つまり、当時、一般意思の主権など問題になりえなかったのである。王政復古の基盤を成した主張によれば、主権者は君主であった。立法と国政の主導とに関して議会に認められた権限の唯一の目的は、イギリスにおいて議院内閣制が形成され始めたときと同じように、君主の権力を制限することであった。君主制は制限されていたが、それでも君主制であることに変わりはなかった。その結果、自らの名において決定を下す君主と、少なくとも一院が選挙を根拠に国民の名において審議する資格を有する議会との間に、何らかの対等性というよりも、権力の一定の二元性が生じた。この二元性は、法律の成立には君主と議会の協同が必要であることに表れていた。また、政府の行為を調査し大臣の責任を追及する権限にもとづいて、議会が政府に対して有する活動手段にも表れていた。このような条件の下で、国家元首と議会の連結機関として内閣を位置づけることが可能であったと思われる。実際、異なる権力の二つの保持者の間に必要な連結符としての役割を内閣に認める理論が主張されるようになったのはこの時期以来であり、この理論によれば、内閣の役割は異なる権力の二つの保持者の間に調和と協同を確保すべきことであると定義された。また、同じ発想で、元老院は君主と選挙された議院との調停役を果たすべきであり、議会と君主を互いに協調させるように求められていると主張されたのではないか。このように、当時はさまざまな形で二元性が現象していた時期であった。しかし今日、いかにして君主制に由来するこのような二元的発想を議院内閣制的共和制に適合させることができるというのか。現在の議院内閣制的共和制においては、国民議会、つまり議会の権力に依拠しているのは個々の大統領の任命だけではなく、大統領職それ自体とその憲法上の地位の決定（一二七頁参照）もそうなのである。

五　しかし、一八七五年以来二元論の維持に貢献してきた要因のうち最後のものについては、その有効性を否定することはできないと思われる。一八七五年憲法の初期の註釈者が、同憲法の制定者の意図それ自体から導き出された理由によって自らの二元論を擁護することは正当であった。実際、同憲法の制定者は二つの対立する思想の影響を受けていた。一方で、同憲法の制定者は人民によって選挙される大統領を欲しなかった。このような大統領は、すべての市民による選挙によって議会と同じ性質の政治力を得ることができたであろう。大統領職に関する普通選挙の排除は一八四八年の経験が残した悪しき思い出によって説明された。このことは、同憲法の制定者が大統領に体現された議会と競合する第二の代表者を一般意思に認めうるとは思わなかったことを意味する。換言すれば、原理上一般意思は議会において代表されるという革命期の思想が明らかに前提とされていたのである。とりわけ共和制においてはそうである。しかし他方で、逆に、君主制の時代に由来する伝統に執着していた多くの同憲法の制定者が、執行府の議会に対する完全な従属を阻止するであろうと考えた地位と権限を大統領に確保することを目指したことは、ほぼ間違いない。まさしくこのような意図から、同憲法の制定者は多くの条文によってそれなりの一連の権限を大統領に付与したのである。おそらく、大統領は議会に対して責任を負う大臣の同意がなければこれらの権限を行使すべきではないであろう。しかし、これらの権限からすれば、大統領は自らの無答責と相まって国家元首とみなされるだけではなく、さらに、全体としての執行府は大統領とその名で行使される権限との中に活動手段または抵抗手段を見出すであろう。その結果、必要な場合には、大統領は議会に対する政府の独立性を十分に主張することができるであろう。

一八七五年憲法の初期の註釈者が同憲法によって大統領に付与された権限の数と種類に惑わされて、大統領は君主と比肩しうる存在であると信じたとしても驚くにはあたらないであろう。大統領は、いわば選挙された君主だったのである。同様に、一九世紀末頃まで、大統領は議会とともに国民の代表者とされていた。その結果また、国民の権力を二種類の機関に分割した権力分立体制としてわが国の議院内閣制を定義することが文献において一般的となったといわれる。この場合、二種類の機関は対峙し、通常は協力して共同作業にあたることが要請されるが、しかし対立すれば、それぞれの組織上の地位とそれぞれが用いうる活動手段とによって相互に抵抗し対抗する状態に置かれる。いずれにしても、一八七五年に組織されたような議院内閣制が、一七九三年にわが国に確立され、原理それ自体において立法権と統治権に関して唯一の保持者しか設置しなかった憲法体制と同視されえないであろうことには疑問の余地がない。この一元的体制においては、議会はもはや単なる支配的機関または最高機関ではない。議会には立法権と統治権が集中され、その結果、執行機関の役割は、あらゆる公的事項のいずれについても議会によって執られた決定または措置をまったく従属的にかつ抵抗することなく執行または実現することにもはやすぎない。大統領の組織上の地位を定義し、大統領に付与される権限を列挙する同憲法の規定からすれば、同憲法が一機関への集権を実現しようとしたとはとても思えない。さらに、唯一の保持者に権限を集中することなど考えられない。まず、同憲法は、統治権の行為とみなした多くの行為を大統領の名と署名の下に行う権限を執行府に留保している。次に、議会はこれらの行為に関する統制権を有し、これらの行為に同意しないことによって大臣の責任を追及する権限を有するが、しかし議会それ自体がこれらの行為に関して決定を下すことは認められず、議会がこれらの行為の完遂を明示的に命じることはいっそう認められない。これら二点によって示された同憲法の明確な意図は、自らが確立した議院内閣制の基底において本質的な区別を維持するということである。その結果、議会と執行府との権限の間において、またこれら二種類の権限の保持者の間において、権力分立的二元性が維持されるのである。

六　一八七五年憲法のこのような意図がいかに確かなものであろうとも、残る問題は、それが実現可能なものであったか否か、また制定以来実現されてきたか否かである。というのは、憲法法律であれ、それ以外の法律であれ、その重要性は、制定者が欲したことまたは行ったと信じたことではなく、現に行ったことによって判断されるからである。すなわち、制定者が確立した原理と制度がもたらす可能性のある結果、そしてとくに現にもたらした結果によって判断されるのである。同憲法の制定以来半世紀以上の経験を経た現在、この経験それ自体から判断材料、というよりも明らかな教訓が得られる。これらは、一八七五年に確立された議院内閣制の諸制度の論理的で真の帰結を十分明確に示している。それでもなお、同憲法はわが国の議院内閣制を政府と議会の間に確立された対等性、少なくともこれらの間に確立された均衡にもとづいて組織したということができるであろうか。

七　いずれにしても、対等性という捉え方は支持しえないであろうし、またこれまでも決して支持しえなかった。それを支持するものとして、政治的見解について議会多数派への反対を可能にするために憲法が執行府に付与した抵抗または対抗手段が持ち出されてきた。その一つとしてとりわけ解散権が取り上げられてきた。実際、解散権はこれらの手段の中でもっとも強力なものであり、執行府が議会の優位の前に完全かつ常に屈服する必要のないことの証拠であると信じられてきた。ところで、解散それ自体の可能性は、それが服する条件〔一八七五年二月二五日法律五条参照〕からすれば、政府と議会の間の何らかの対等性を決して意味するわけではない。したがって、二元論の支持者が解散の可能性を対等性の論拠としてきたことにはまさしく驚くべきである。解散権を行使するには執行府は議会の一方を構成する元老院の同意を得なければならないのであり、その結果、解散権それ自体によって対等性がもたらされることはほとんどない。このように、執行府単独で代議院を解散することはできないのである。代議院が解散されるのは、いわば執行府が乗っている天秤の同じ皿に元老院も乗っている場合に限られる。このことは、政府と議会という二種類の機関の間では対等性が問題になりえないことを明確に示している。

解散に元老院の同意が要求されることはさらなる注意を喚起する。このことは、解散権が執行府それ自体の利益と政治的目的とのために執行府に付与された武器ではないということを示している。二元論の支持者が主張するように、大臣を辞職させる権限を有する議会多数派に対して執行府の独立性を維持または回復することのみが問題であったのならば、一八七五年憲法は執行府のみの主導と判断の下で解散という手段に訴える自由を執行府に認めたはずである。解散権の行使に元老院の同意を要求することによって、同憲法は、執行府が自らの利益のために自由に解散権を行使しえないということを明確に示している。解散権の行使が認められるのは、同憲法の意図であるとともに常にあるべき解散制度の本質的目的に従った場合に限られる。ところで、解散制度はそれ自体人民への諮問手段であり、議員と有権者の間に常に一致が存在するか否かを確認しうる試金石であるが、同憲法によれば、既存の議会多数派と有権者団における支配的な政治的意見とが十分一致している状態ではなくなった場合には、立法期が終了する前に、新しい議員を選挙する可能性を国民にもたらすための手段としてのみ、解散権は行使されるべきである。それ故、同憲法は解散に元老院を介入させたのである。このような介入を要求することの目的は、世論から乖離した代議院を世論に服従させるという唯一の正当な目的に反した執行府による解散を阻止することである。執行府が単独で自由に解散することができるのであれば、執行府は代議院と対立した場合、その多数派を萎縮させる目的で、この武器の使用をちらつかせることによって代議院を威嚇することができるであろう。さらに、国民に批判されてこなかった代議院を解散した後、執行府は自らの政治的見解に賛同するよう有権者団に働きかけようとすることもできるであろう。同憲法が元老院に政府と代議院の仲裁者として介入することを求めるのは、まさしくこのような解散の濫用を阻止するためである。その結果、解散が認められるのは、代議院は政治的見解を国民と同じくしていないと、元老院が自ら政府と一致して判断した場合に限られるであろう。解散制度が一八七五年に設置された目的は、このように、元老院の同意という解散の条件によって明らかにされるわけである。それは、執行府と議会多数派の間で生じる可能性のある対立において執行府を強化するという特別な意図では決してなく、議会多数派と国民自身の不一致を招来した政治を終結させるためである。換言すれば、解散という武器が執行府の手に委ねられたのは、執行府に自らの政策を優先させる機会を提供するためではなく、もっぱら有権者団が欲する政策の優位を確保するためである。したがって、政府と議会の関係における権限の対等性と機関の独立性との維持または回復を目的とした制度として解散制度を提示することによって、わが国の専門家は途を誤った。解散制度の真の目的は有権者団の権利を擁護しその影響力を強化することなのである。そして、憲法上政府が総選挙に訴えることができるのは、世論が批判し拒否する政策を議会多数派が実施し追求することを阻止しようとする場合に限られる。このとき、元老院は世論による批判の程度と解散の正当性との審判者となるであろう。

八　執行府と議会の間に何らかの対等性が存在しないとすれば、少なくとも、一八七五年憲法は確かに完全ではないが、しかしおおよそのある種の均衡を両者の間に確立したといえるであろうか。二元論者は、憲法制定者の意図や執行府に留保されその首長自身に体現された権限を援用して、このような均衡の存在を肯定する。すでに述べたように、憲法制定者の意図では十分であるとはいえない。唯一重要なことは、目的を達するために憲法制定者によってとられた手段の実効性である。執行府と議会を均衡させるために一八七五年に採用された手段はほとんど実効的ではないといわざるをえない。というのは、執行府は議会と対等な機関ではないということだけではなく、憲法の規定によって付与された固有の権限を行使する目的でさえ議会との関係で真の独立性を保持しえないということも、憲法制定の早い時期から事実によって示されたからである。それに対して二元論者は、憲法によって設置された議院内閣制的制度が運用の過程で誤って不当に歪められてきたと反論した。歴代大統領自身が執行府の弱体化を招いたと厳しく批判してきた論者もいるが、それは、憲法によって自らの手に委ねられた武器を大統領が行使しえなかったからであるといわれる。

九　議会の権限の相当程度の強化と執行府の権限の抑制とが一八七五年に確立された組織体系からの逸脱の帰結であるとは思えない。むしろそこに、この体系が立脚している原理それ自体に由来する帰結の当然の展開を認めるべきである。

まず、一八七五年憲法によって大統領に付与された権限や特権についてかつてわが国の憲法学者が作成した充実したリストを額面通り受け取るべきではない。憲法制定者のこの点に関する意図や願望がいかなるものであったとしても、大統領の権限が期待どおりの有効性を発揮するにはほど遠い。大統領は単独で権限を行使しえないということ、そして自らの行為について責任を負うべき大臣の同意を常に得なければならないということとは関係なく、大統領の権限が執行府にもたらす権力の現実それ自体については大きな留保が必要である。現実的な有効性という点から大統領の権限を三つに分けることができる。

一〇　第一に、通常執行府の権限とされるが、執行府にとって真の権力要因とはいえない権限が存在する。

法律の審署がそうである。君主制の時代における裁可とは異なり、審署は立法の本質的権限でもなければ、実効的権限の行使でもない。それは執行に属する行為であり、執行府が議会に従属することに由来する厳格な義務にもとづいて行使される。

さらに、法案提出権を、言葉の完全な意味における権力を意味するものとみなすことはできない。自らが有益と判断した改革を導入したり、政策を実現するための活動手段を自らに付与したりする法律案を議会に提出しうる権限は、確かに政府にとって重要である。しかし、法案提出権によって、政府は依然として提案し要求するにとどまる。法律案の議決のみが支配権の行使であり、権力それ自体の行使なのである。

また、第二の自律的権限の保持者として大統領を議会に対峙させるために、命令制定権を援用することはできないであろう。一八七五年憲法が政府の基本的な役割を「法律の執行」という考え方のみで捉えている以上、いかにして、命令制定権によって政府を第二の立法府とすると主張することができるのか。命令制定権に関してこのような立場に立つことによって、同憲法は自らにとって、命令が法律のように始原的権限の行為ではなく、法律に仕える手段として執行府によってなされる行為であるということを明確に示している。

また、すでに述べた（一六六頁以下）ように、条約に関する憲法の文言を曲解してはならない。確かに、この規定によって、議会が介入することなく、大統領は現に明らかな執行措置をもたらさない条約を締結することができる。しかしそれはともかく、命令による制定が執行府の首長の権限に属さない規範または措置を決定しまたは直ちに適用するような効果を国内においてもたらす条約については、大統領は必ず、批准のための法律による授権を前もって得るなり時宜に応じて得るなりしなければならないとされてきた。執行府が国際的交渉においてきわめて重要な役割を果たすことは間違いない。というのは、この交渉の主導権だけではなく、外交交渉をとおして締結されるべき条約の内容を決定する権限をも憲法が付与しているのは執行府だからである。しかしながら、確認すべきは、いずれにしても、条約を完成させること、したがって条約全体の命運が議会の議決に依拠しているということである。この議決に先行するあらゆる交渉は、最終的な効力を伴わない準備作業の性質しか有しない。その結果、執行府は、国内における法律または命令による規制と同様に、条約によってなされるべき規制についても、始原的で独立した権限を付与されていないのである。

多くの論者は自らの二元論を正当化するためにとくに大統領の大臣任命権を強調してきたが、これについても同様の結論を否定しえない。現実には、大統領による大臣の任命は提案の意味しか有しない。内閣を受け入れて組閣を承認するか、直ちに内閣を少数派に追い込んで組閣を拒否するかを決めるのは議会である。この点、議会のみが支配者である。議会は、大統領のみに帰属するといわれてきた大臣の形式的な罷免権を有しないが、倒閣と同様に組閣の支配者なのである。

憲法によって大統領に付与された議会の会期に関する権限も、単なる名目的で外見的な権限の部類に位置づけることができる。一八七五年七月一六日憲法法律一条および二条は万年議会制を否定し、大統領が会期を開閉するという原則を採用した。その結果、議会に発言の機会を与えそれを奪うのは君主であるという君主制時代の制度が確立されたようである。しかし、同憲法法律二条が、常会または臨時会に関して大統領による権限行使に課した制限［大統領は、休会中に各議院の議員の絶対多数による要求があれば議会を招集しなければならない。また、停会は一ヶ月を超えることができず、同一会期中に二回以上これを行うことはできない］によって、会期に関する権限はあまり効果を有しないものとなった。要するに、わが国の議会は憲法が万年議会制を認めたのと同じように集会するのである。したがって、議会と執行府の関係における権力の二元性を主張するためには、この権限も決して援用することはできない。

一一　次に、第二の種類の大統領の権限についてであるが、これは、実効的に行使される可能性があれば執行府にとって議会に対抗しうる権力となるであろうものである。しかし、一八七五年以来、これらの権限は行使されない、あるいは実効力を有しない運命にあるということを確認すべきである。その結果、憲法は自らが設置した議院内閣制において実効性のない権限を大統領に付与することによって過ちを犯したわけである。

とくに、法律の再議を議会に要求する権限がそうであり、これは画餅に帰した制度である。イギリスの君主が議院内閣制の成立以来議会によって可決された法律案に対して拒否権を行使しえないまま現在に至っているように、大統領もこの活動手段を行使しえない。実際、わが国の執行府が議会において多数の意思として表明された立法意思に対抗しうるとはほとんど思えない。このことは、大統領の不作為が大統領個人に帰すべきような欠点に由来するものではないということを示している。大臣の責任原理と結びついた大臣の副署を要求することによって、大統領に付与された権限をまったく実効性のないものにしたのは憲法それ自体なのである。

ある論者は議院内閣制を二元的に構築するにあたって大統領が辞職させられないことを重視したが、これについても同様のことをいわざるをえない。この点に関する失望がいかなるものであったにしろ、またこの失望が惹起した主張がいかなるものであったにしろ、重要とされる大統領の独立性の保障は現実には議会多数派に依拠しているということを事実にもとづいて確認すべきであった。大統領を辞職に追い込むために議会多数派は有効な手段を有するということがこれまで示されてきたのである。そのためには、議会多数派にとって好ましくない大統領によって組閣されたいかなる内閣ともいっさい交渉しないだけでよかった。

一二　最後に、第三の種類の大統領の権限についてである。これらは実効的効力を有するが、しかしながら執行府にとって独立した権力状態を意味しない。というのは、議会との関係において、これらは執行府に有利になるように、またはその権力を強化するために設定されたものではないからである。この種の権限に属するものとして、大統領の無答責と解散制度がある。

大統領の無答責は辞職のあらゆる危険から大統領を擁護するに至らないだけではなく、さらに指摘すべきは、二元論者の解釈に反して、それが大統領とって政治力または独立の保障を構成するにはほど遠いということである。逆に、それは大統領に確実に不利益をもたらすものであるというのが真実である。大統領は無答責であると規定することによって、一八七五年憲法は一八四八年憲法の制定者が犯したのと同じ過ちを繰り返すことを回避しようとした。一八四八年憲法の制定者はその六八条によって二重の類似した責任という原則を確立したのであった。つまり、大臣の責任と競合して設けられた大統領の責任である。この場合、大統領の一般的責任が大臣の責任と両立しないだけではない。さらに、同条は活動の自由と個人的権力とを正当化する理由を当時の大統領に付与するという結果を招いた。一八七五年憲法は当時の教訓を忘れなかったのである。そして同憲法は、個人的統治のあらゆる口実を大統領から奪うために、無答責とすることによって大統領を無力化した。したがって大統領の無答責は、議会と政府との権限の分離と二元性とに対する配慮に結びつけられうるどころか、むしろ執行府を弱体化するために設けられた手段の一つであると思われる。つまり、無答責によって大統領は大臣の政策に拘束されるが、この政策それ自体は議会多数派の意思によって制約されるのである。

すでに述べた（一七八頁以下）ように、同様のことが解散制度についてもいえる。すなわち、解散に訴えるにあたって憲法が付した条件からすれば、解散制度が、執行府それ自体に利益をもたらし、執行府の権力と議会多数派の権力との間で維持されるべき均衡をもたらす武器であるという捉え方の可能性は排除される。憲法が解散制度を設けた目的は代議院が追求する政策と多くの有権者が求めるものとの相当な一致を維持することであり、執行府がこれ以外の目的で解散権を行使すれば、それは権限乱用となるであろう。これが、一八七七年の不幸な試み以来もはや解散が行われない理由である。この試みは解散制度の目的それ自体を無視した結果なのである。これまで主張されてきたように、解散という武器は行使しないことを強いられた結果、錆びついてしまい行使しえなくなった、という主張は正しくない。まさしく逆であり、執行府の利益ではなく、国民の利益という観点からその意思の尊重を確保するために解散制度は機能すべきものであるということが認識されれば、解散制度の存在理由それ自体から当然その使用が帰結されるであろう。実際、法律の再議の要求と解散との間には指摘すべき次のような大きな相違が存在する。すなわち、前者は政府と議会のみによって構成される対立関係しかもたらさないが、後者は何よりも、異なるレベルへの訴えであるだけではなく、全体としての人民自身によって例外的に表明される一般意思というもっとも高いレベルへの訴えである。そしてある意味では、一八七五年憲法において唯一真に民主的な性質を有する制度であるこの解散制度が半世紀にわたって用いられてこなかったことは、まったく悔やまれる。解散制度が用いられてこなかった本当の理由は、解散制度が執行府の利益のために設けられたわけではなく、したがって、執行府の自由な政治的選択よっては用いえないという事実それ自体に求められるべきである。実際、その使用は例外的状況を前提とする。すなわち、代議院それ自体が解散されることに利益を有するであろう場合は別として、代議院の多数派によって追求されている政策が明確な世論に明らかに反し、さらに元老院によって反対されるという状況である。実際、代議院と有権者団のこの種の激しい対立はここ半世紀にわたって生じなかったことから、政府は解散権を行使する機会を有しなかったのである。しかもこのような条件においては、元老院は解散権の行使に同意しなかったであろう。

一三　大統領の権限に関するこれまで検討から得られる結論は、大統領の権限は一見重要なように思われても、それによって、議会との均衡関係を形成する可能性のある権力状況を執行府にもたらすには十分ではないということである。この場合、相対的な均衡関係についてさえ十分ではない。専門家もこのことに気づいており、というのは、議会の中に存在する国民代表とは別の、そしてそれから独立した第二の国民代表を執行府とその首長の中には見出しえないということが、当初の誤りを経て一致して認識されるに至ったからである。ただ驚くべきは、大統領を代表者として位置づけることが否定されてもなお、議院内閣制についてある論者が、わが国においてはそれは議会と政府との権力の対等性または二元性の原理に立脚していると主張し続けてきたことである。

一四　わが国の議院内閣制に付与されるべき定義は以上とは異なる。この定義をその完全な形で導き出すうえで重要なことは、わが国においては議院内閣制が一般意思を代表し表明する議会という革命期の概念と遭遇したということの想起である。この概念の影響の下で、議院内閣制は、わが国の公権力の組織に関する公法において、そのイギリスの起源によって印されたのとは相当異なる傾向と特徴を得た。イギリスにおける議院内閣制の二元的性質は、議院内閣制が当初、まさしく、君主の歴史的な個人的権力を議会の、とくに下院の権限によって制限するという目的から生じたということに由来する。権力を制限するということは、原則として権力を維持するということである。時の経過とともに君主の権力の制限がその特権をほぼ完全に消滅させるに至ったのに対して、イギリスにおいて政府と議会の間で権限分配がなされてきた基盤である当初の二元性のいくつかの遺物は常に存続してきた。閣僚に付与される陛下の僕《しもべ》という呼称からしてすでに次のことを十分示しているであろう。すなわち、内閣は単なる議会多数派の活動委員会になったわけではなく、必要な場合には議会多数派から独立して活動することを可能にするいくつかの拠りどころを議会多数派の外部になお保持しているということである。しかし、民主的勢力の伸張に応じて、また、いずれにしても国家にとって不可欠な組織的一体性がどこかに常に存在しなければならないことから、イギリスの議院内閣制は徐々に新しい形態へと発展した。この形態においては、下院の多数派とまったく同じように、内閣はその拠りどころを有権者団に求めるに至った。とくにその結果としてもたらされた解散制度の通常の運用において、内閣の権威のために現実的独立性の要因が維持され、内閣と議会の間に一定の均衡が存在し、両機関の二元性の持続が認められる。この均衡は、有権者団との関係における両機関の対等性に由来するのである。

一五　わが国における議院内閣制の歴史は革命期に拒否されることによって始まった。一七八九年から一七九一年にかけての国民議会は、イギリスによってモデルが示された権力の二元的体制が立法議会をもって国民の意思の唯一で真の代表者とする思想と論理的に両立しないということを十分認識していた。このような思想においては、執行府の手にあって議会と明確に対抗しうる政府の権力にはもはや存在の余地はなかった。とくに、このような思想を表明する人々は、立法議会を解散する権限を執行府の首長に認めることを嫌悪せざるをえなかった。しかも、人民に諮問する手段という点で、解散制度は一七九一年憲法のような憲法とは両立しなかった。というのは、人民の意思は議会の中でのみ形成され、議会によってのみ表明されるという原理に同憲法は立脚していたからである。一八一四年以降議院内閣制の運用がわが国に導入され、一八四八年まで順調に発展したのは、有権者の資格それ自体が一部の特権的な市民に限定されることによって、まさしく当時、人民の意思の主権性ということがもはや問題とはならなかったからである。また、憲章によって確立された組織体系が、政府と議会との権力が相互に制限しあうというイギリスの二元的体制と現に類似していたからである。

一六　一八七五年憲法の制定者が、両憲章の君主制時代に由来する先例と議会によって代表される人民の意思という革命期の教義とを結びつけることができると信じたとき、過ちを犯したということは素直に認めるべきである。この試みの中には矛盾する二つの傾向が存在した。というのは、両憲章に由来するといわれるモデルが執行府の内部における独立した権力の維持を意味したのに対して、議会による一般意思の代表という思想は議会によるある種の優位性の獲得を必然的にもたらさざるをえなかったからである。この優位性は権限の優位にとどまることなく、主権の独占に至った。しかも、同じことが一般意思についてもいえる。一般意思は分有を許容せず、したがってその代表者とされた国家機関は、他のいかなる国家機関からも最終的な成功の見込みのある抵抗を受けることはないのである。

一八七五年憲法の制定者の作り上げたものそれ自体には、その全体において、自らが従った相反する二つの傾向のこのような根本的矛盾の痕跡と証拠が存在する。同憲法の制定者は、二院制や解散によって人民に訴える可能性といった制度によって、議会の代表という性質を備えた権力の原理を緩和しようと試みたし、また、議会とは異なる権力の保持者である国家元首としての地位と役割、権限とさらには特権さえも大統領に付与すべく努めた。しかし、これらによって、議会と正面から対立することを可能にするであろう権能を大統領が備えるには至らないであろうことは十分認識されていた。議会がわが国人民の意思の代表者であるという卓越した地位を有するということについては、もはや彼らはあえて異議を差し挟まなかったのである。両機関の対立は、明らかに初めから結果のわかっている争いであった。その結果、同憲法は反対の方向に向かう。同憲法は大統領のすべての行為に例外なく大臣の副署を要求し、少なくとも大臣を任免する大統領の行為に大臣の副署を免除する一八四八年憲法六七条の留保を認めようとしないだけではない。さらに、一八七五年憲法は大統領の名の下に執行府に権限を付与するに際しても、真の権力であることを否定するような条件をその行使に付すという配慮を示しているのである。とくに解散制度について述べたように、同憲法は執行府に付与した権限の行使を両議院またはその一つの判断または最終的決定に依拠させている。また、すでに述べた（一八三頁）ように議会の会期に関する例が典型的であるが、執行府に付与された権限の行使に制限を付すことによって、一方から付与された権限を他方から取り上げることに等しい場合がある。

一八七五年憲法のこのような錯綜した手法は憲法制定者の間で共有されていたさまざまな傾向をよく示している。憲法制定者は自らの主観的傾向から、権力の二元性にもとづいて、議会に対峙する形で大統領を強化しようとしたのであろう。しかし、憲法制定者のこのような意向は実現されていない。というのは、共和制においては、政府を構成する大統領および大臣のような機関と議会との権限の対抗関係を何らかの形で認めることは問題になりえないという思想によって、憲法制定者の意向が阻止されたからである。議会とこの思想は親和的であり、この思想が必然的に議会に関するかつての伝統的な概念を想起させるのは当然であった。この概念によれば、議会は自らの背後に全体としての国民を有しており、国民の主権的意思を代表者として表明するのである。最後に、同憲法は、自らが大統領による名目的所有にこだわった活動の権限と手段に行使の自由を付与することを断念した。この自由は、執行府にとって、真に独立した権力の源となりえたはずである。その結果、同憲法それ自体が、執行府を議会による支配に委ねることによって、両機関の関係におけるあらゆる実効的な二元性を排除した。同憲法が議会の優位を緩和するために用いたのは別の種類の二元性である。同憲法は議会の外に、そして議会に対して対抗的な権力をあえて設定せず、議会の内部に二元性を持ち込み、議会それ自体を二元化したのである。

一七　さらに、議会と執行府の関係問題における一八七五年憲法の立場は、大統領の任命のために同憲法によって採用された選出手続にきわめて明確に表れている。大統領の任命が国民議会に集合した元老院議員と代議員によって行われることはよく知られているが、このような選出手続の有する意味を明らかにすることは依然としてきわめて重要である。同憲法の制定者は、一八四八年の経験を繰り返すことを回避して普通選挙制度を退けることによって、強大な大統領の権力の危険から共和制を擁護しようとしたと一般にいわれる。人民という自らの源によって強化された大統領は、議会と同様に、一般意思の代表者であると主張することができたであろう。現在からみれば、人民によって選挙された大統領が排除された理由は、大統領の権力に対して向けられた不信以上に、すべての市民に対して向けられた不信だったのである。実際、このような排除の前提には、人民は自らの名において議会によって表明される意思以外に一般意思を持つべきではない、あるいは持つことを認められないという一七八九年から一七九一年にかけて強く主張された考え方が存在する。当初より同憲法が大統領を選挙する権能を人民に認めようとしなかったのは、何よりも、わが国代表制の原理それ自体に由来するこの第二の理由によってなのである。というのは、人民による大統領の選挙という方法が、代議員と元老院議員との選挙時以外にも代表されるべき意思は人民になお存在するということを意味したであろうからである。この場合、人民は議会とは別の被選出者によって意思を代表させる権利を保持していることになる。換言すれば、大統領の選出問題に対する一八七五年の解決策によって新しい視点がもたらされたことになるが、この視点をもってしても、同憲法は議会を一般意思の正式で排他的な代表者としたという考え方が確認されうるにすぎない。

一八　すでに十分論証されたと思うが、いずれにしても、大統領を議員によって選出させる憲法にはもはや権力の二元性の余地がなかったことは確実である。一八七五年以来、大統領は儀礼的人物であるとみなされてきた。大統領は議員による選出に由来する以外の力を有さず、その地位それ自体が無理をして作為的に作り上げられたものであるとの性質しか帯びていない。というのは、その地位に就くための諸条件は、議会に留保された権力の絶対性と排他性を執行府との関係でいっそう際立たせるにすぎないからである。全体としての執行府は、その結果としてもたらされる決定的な弱体化の要因の影響をこうむっている。第一に、大統領は議会の意向から独立して政治活動を行うことはできない。ただ、大統領は、政界における自己のキャリアや取引にたけた資質によって、政府の会議や外国の国家元首との関係において場合によっては目に見えない影響力を行使することがあり、このような有用性まで否定することはできない。その結果、一八七五年憲法が大統領に原則として装飾的で儀礼的な役割を付与したことは認めざるをえないが、その役割はもはや名目的なものにとどまる権力の外観を備えたものにすぎないのである。第二に、大臣についていえば、大臣が依拠することができる特別で現実の力が執行府の名目的な首長には現に存在しない以上、大臣はもはや議会の支配に服するしかない。

議会と執行府の首長との媒介機関として機能する内閣という旧い定義を維持することはできなくなったといえる。というのは、一般意思の代表によって国民の主権全体を独占する議会と、自律的で独立したいかなる権力も有しない大統領との間に、連結符を設けることはできないからである。内閣に与えられるべき真の名称は議会の統治委員会である。これが、大臣の政治責任という制度が一八七五年憲法の運用によってもたらされた議院内閣制において有してきた新しい意味にとりわけ由来することである。大臣の政治責任という制度は、大統領が議会の信任を失った人物を大臣にとどめることを阻止し、議会の信任を有する人物しか大臣の後継者として大統領に認めさせないようにすることによって、執行府の首長自身の権限を単に制限しようとするものではもはやない。さらに、この制度を、政策が信任されなかった大臣に対して一種の制裁を加える手段を議会にもたらすことを目的とするものであると考えることはいっそうできないであろう。そうではなくて、現状からすれば、政治責任にもとづいて大臣を辞職に追い込む議会の権限は、何よりも、議会多数派にとって新しく選出されるたびに統治活動を自らが支配するための武器となった。この武器によって、議会多数派はまさしくその指導者を、選挙において支持を得ようとした政策を自らの意向に沿って実施するであろう人物として政府に送り込むのである。したがって、大臣の政治責任を追及する最終的な目的は、信任を失った大臣を辞職させることではなく、議会において自らに有利な形で多数派の形成に成功するに至った政党が内閣を支配することである。このようにして内閣を構成することになった大臣は、当然、いかなる意味においても大統領の代理人ではなく、まして大統領と議会の仲介者ではない。そうではなくて、大臣は政党の、議会多数派の、法的にいえば議会それ自体の代理人なのである。かくして、このような関係において、また他の関係においても、二元論に反して、議会の至高性が現象するのである。

一九　これまで述べてきたさまざまなことからすれば、執行府との関係で議会が徐々に獲得してきた支配力の大きさについて驚くにはあたらないであろう。一八七五年憲法、あるいはそれによって組織されたと信じられた議院内閣制に関して近年まで維持されてきた初期の解釈に固執して、専門家が次のように反論しても無意味である。すなわち、憲法の規定によれば、議会の権力と政府の権力とは本質的に異なるものであり、それぞれ異なる保持者に付与され、両保持者はそれぞれに留保された活動領域で相互に侵害することなく別々に権限を行使すべきであるという反論である。まさしくこのような二元論的な伝統に従って、わが国のもっとも有名な政治家の一人は、「議会がますます統治しようとする」こと、また「議会が常に自らに従属し自らによって指導される執行部局と内閣をみなしている」ことに今なお苦言を呈している。実際、執行府との関係で、議会がもはや単なる監視会議の役割ではなく、むしろ指導会議の役割を現在果たしていることは確かである。議会多数派は統治活動を自ら直接遂行または決定することは常にありえないが、少なくとも内閣の統治活動に対する支配的影響力を獲得するに至っている。この影響力は、確かに大臣に直接命じるという形ではなく、投票によって示される指示という形で行使されるにすぎない。議会多数派の見解と統治意思とに関するこの指示が執行府にとって抵抗することのできない命令に等しいものであることを、二元論者自身も認めざるをえない。その結果、議会の意思が内閣による統治活動にとって決定的なものとなるのである。この点、わが国の現在の議院内閣制は一八七五年憲法の規定がもたらす二元的な外観から乖離しており、また、今なおイギリスの議院内閣制の中に存続している二元性からも乖離している。要するに、わが国の現在の議院内閣制は、一八七五年当初、議会と執行府との権力の二元的な分離体制として構想され機能し始めたが、今日では、その発展の結果、原理それ自体において議会の中に統治権が存在する体制にきわめて近いものとなった。その意味で、言葉の完全な意味における絶対議会制と呼びうるものが実現されたわけである。すなわち、議会の権力によって政府の権力が制限されるにすぎない相対的または二元的議院内閣制に対して、あらゆる点で支配者となった議会が執行府を完全に支配する体制である。

二〇　このこと自体に異論の余地はない。しかし、二元論者による批判に応えるべく、直ちに次のことを付け加えなければならない。すなわち、このような議院内閣制の変遷は議会が一八七五年憲法に反して行った簒奪または侵害の結果ではなく、同憲法それ自体が採用した諸制度の論理的で不可避な帰結である。というのは、実際、現在批判されている政府に対する議会の支配を当初から準備し以後確実なものとしたのはまさしく同憲法だからである。同憲法はそのために、議会の外部に基点を置くことなく執行府を組織し、執行府による個々の権限行使に制限を課し、圧倒的に優位な権力を議会に付与した。したがって、このような議会による支配の原因をわが国憲法体制の変遷に求める主張は正しくない。議会が、政府の権限に属する事項に支配権を拡大することによって、同憲法によって課された制限を超えたわけでは決してない。議会と執行府との権限が分離して分配され、その間に二元的な均衡が保たれた体制が一八七五年に確立された諸制度において実際に実現されたと信じることによって、これら諸制度の射程範囲について見誤ったのは憲法学者である。同憲法の帰結が全面的に展開された現在、同憲法によって確立された諸制度が、結局、政府との関係における議会の絶対的優位以外の帰結をもたらすことはありえないということが明らかになった。この優位性に対しては、二院制に固有の仕組みを除けば、代議院の政策が国民と元老院の双方から反対される場合に政府が解散に訴えるという権利、というよりも義務によってもたらされる制限以外は課せられてこなかったし、現在存在しないのである。

二一　事物の本質を見きわめるならば、一八七五年憲法によって準備され確立されたこのような議会の優位性が、一般意思の代表を独占するという議会に関する革命当初の概念と何よりも結びついているということを今や認めなければならない。この概念は議会に対する執行府の従属を必然的にもたらすべきものであった。というのは、議会がわが国人民の意思が形成され表明される機関とされていた以上、議会が代表する意思の主権的性質故に、議会の意思が、その対象のいかんにかかわらず、あらゆる他の機関の意思に優位することとなったのは当然だからである。その結果、議会の中で代表される主権的意思に対して、議会の内部に存在する政治力に対抗しうるような政治力を有する国民の意思または権力の第二の中心を執行府の内部に創設することは不可能であった。このような第二の中心と対抗力とを一八七五年に創設することは不可能であり、このことは、同憲法が人民による大統領選挙を断念したことに、そして、議会に付与された優位する権限によって執行府に付与された権限をことごとく制限したことに表れている。確かに、同憲法には、執行府の多数かつ相当の権限が規定されている。しかし、それらの行使を無意味なものとするような条件からすれば、執行府はそれらのうちのもっとも重要な権限を行使する場合においてさえ、国民の利益に仕え、主権性を有する優越的権力の支配下にある単なる機関として活動するにすぎない。そして、執行府はこの権力の行使に参加することはない。同憲法によれば、国民主権の保持者であり唯一の中心は議会なのである。その意思は支配的であり、統治問題に関してもそうである。議会に付与されたこのような主権的地位からも、わが国人民の一般意思の代表がまさしく議会の中に存在するという思想の影響を同憲法がいかに強く受けていたかが理解される。

二二　したがって、立法と統治という二つの作用を組織的に分離するという原理に立脚した構造としてわが国の議院内閣制を捉えようとすることは、現在においてはもはやできない。まさしく一八七五年憲法の用語がこのような構造に反するのである。というのは、立法議会という名称を議会に付与することによって議会は法律の制定という特別な作用を有するということを意味してきたこれまでの用語を、同憲法の規定は注意深く採用しないからである。今日、「両議院」と規定することによって、この規定が作用上の権限ともはやかかわらないことから、同憲法はわが国の議会がアメリカにおけるような単なる「立法府」ではもはやないことを示している。というのは、わが国の議会は統治活動に対する支配権をも有するからである。それ故また、内閣の地位をめぐって、議会と執行府の首長との媒介機関として内閣を位置づけることを放棄した現在の専門家の主張に与すべきである。大統領が議会と対峙する形で、議会と同様に固有で自律的な権限を付与された第二の主要機関を構成するとはもはや考えることができない以上、内閣を議会の活動委員会以外として定義することはできなくなった。最後に、このようなことから、君主制時代に由来する国家元首という称号を大統領に付与し続けることには、現在では多いに躊躇を禁じえない。実際、言葉の現実的な意味においてもはや執行府の首長でさえなく、しかもまさしく執行府の名目的な首長として議会の優位に従属する権限の保持者でしかない人物を国家元首とは呼べないであろう。一七九一年にトゥーレが君主について述べた（*Archives parlementaires*, t.XXIX, p. 329 et s.）ように、大統領は「第一の官吏」にすぎない。大統領を国家元首として処遇することに固執するのは外見上の儀礼的理由からである。大統領は国家元首として振舞い続ける限りその称号を保持するが、その称号は名目的なものなのである。

二三　要するに、憲法に対する議会の支配権が通常法律と憲法法律の本質的区別を排除する（一三五頁以下参照）のとまったく同じように、議会が執行府に対して行使する権限は大統領の選出を始めとして立法機関と統治機関の真の二元性を排除すると結論づけるべきである。ところで、議会の立法権の広大さは、その反動として、法律に対する司法審査の設置によって憲法制定権力と立法権の分離を再確立しようとする明確な動向をもたらした。同様に、議会による政府の支配に対して、いわゆる議会に対する従属から政府を解放することによって、両者の間に相当な分離を再確立することを目的とする活動が展開されるようになった。現在行われているこのような活動について、二種類の改革案が区別されるべきである。

二四　まず、わが国の議院内閣制の正常化を目的とする改革の支持者の中には、議会と執行府との権限の二元性を一八七五年憲法において確立しうると今なお信じている論者が存在する。彼らは、自らが憲法の諸原理と呼ぶものに議会それ自体が復帰することを主張しているにすぎない。彼らは議会の構成員に賢明に振舞うこと、とくに政府の活動に携わる人々に対する現実の権力行使を緩和することや、政府の活動に対する過度の介入を差し控えることを強く推奨する。この類の主張は枚挙にいとまがない。その中にあって、議会は不可欠な活動の自由を政府に認める賢明さを持つべきであると繰り返すのが、共通の主張である。その結果、政府は自らの職務を効率的に準備し処理することができるというわけである。大臣は、その職務に対する議会の介入によって終始責任を追及されれば、もはやその職務を適切に遂行することはできないであろう。また、審議は議会が行うことであり、行動は執行府の役割であるとは、共和暦八年と同様に今日においても常に正しい。モンテスキューは、「イギリスの国制について」

という章の中で、「執行権は一時的な事柄に対して行使される」という事実にすでに注意を喚起していた。一時的な事柄とは、換言すれば、議会にはほとんど期待することのできない洞察と決定との迅速さが要求される問題である。このように述べることによって、彼は権力の均衡に対する考慮をもはや示さなかった。そうではなくて、ここで職務の分配を決定するのは、各人に各人のものをという格言にもとづく現実的有用性という理由であった。さらに、議会多数派は、特定の人物を自らの指導者とし、その結果彼らを大臣に指名することによって、当然のことであるが、事物を処理するにあたって必要な彼らの経験と能力を承認すると主張された。かくして、議会多数派が信任した人物をその能力の範囲内で自由に活動させることは理にかなっているわけである。

これらすべての考え方の効果は明らかである。これらによっては、本来存在しない権力の均衡または分離を憲法の中に持ち込むには至らないだけのことである。実際、議会に向けられた緩和と抑制という忠告は議会活動の方法と健全な組織化との問題にしかかかわらない。執行府に対して自主的に抑制的な態度をとるよう議会に要請することは政治的な当不当の問題にすぎない。それに対して、この類のあらゆる推奨はもう一つの問題をまったく看過している。この問題はもはや政治的善意の問題ではなく、原理と法にかかわる問題であり、多くの法的問題と同様に明確で厳格な形で提示される。すなわち、特定の時点において特定の事柄について議会の意見と政府の意見とが対立した場合、何が生じるかという問題である。この場合、これら対立する二つの意思のうちどちらが優位するのか。問題がこのような形で提示されれば、たとえそれが執行府の権限に属する対象に関する場合でも、それに対する法的な答えは明らかであろう。議会多数派の立場が世論と明確に対立すれば解散を惹起する可能性があるが、そうでなければ、大臣が抵抗したり、大統領が大臣に抵抗の手段を付与したりすることはできない。要するに、議会は執行府に優位するだけではなく、その政策をも支配するといわざるをえないのである。

二五　まさしく以上のことから、今や、第二の二元論者が登場した。彼らは、一八七五年に組織されたような議院内閣制における分離思想をもはや擁護しようとはしない。そうではなくて逆に、一八七五年憲法がその設置した諸制度によって政府の活動領域にまで支配権を拡大する可能性を議会に認めたことを遺憾とする。さらにこのような批判にもとづいて、権力の分離と均衡を再確立するために憲法改正を主張する。したがって、彼らはもはや制定された法の領域で議論するのではなく、制定されるべき法の領域に位置しており、執行府のために、憲法が確保しなかった独立性の確立を要求する。執行府に対する議会の権限の縮小を目指すこのような改革運動は、同じ考え方にもとづいて法律に対する司法審査の導入を目指す改革運動と対を成す。

議会の権限を抑制し政府の権限を強化するという目的を達成するために、さまざまな手段が提示されてきた。何よりも大統領を選出する有権者団の拡大、内閣総理大臣または大臣と大統領との公式で定期的な協同（さらに議会会派の代表との協議も含む）、大統領自身による解散権の行使を容易にする方向でのそれに対する障碍の除去（とくに政変の場合）などである。まったく驚くべきことに、執行府に対する議会の圧倒的優位の主要な要因、すなわち憲法それ自体に対する議会の支配権に対して講じるべき措置が、これらの新しい改革案の支持者によってあまり論じられていない。例えば、わが国憲法の現状では、元老院議員の選出手続に関する一八八四年の憲法改正と同じことを大統領に対して行う、つまりその組織上の地位と権限とに関する規定の憲法的性質を失わせることが議会多数派には可能なのである。議会による支配から執行府を解放するために第一になすべき改革は、わが国の権限の組織体系において、憲法制定権力を議会以外の機関に付与することであろう。

二六　この最後の点から直ちに、執行府と議会を均衡させる手段によって二元性を実現しようとするあらゆる新しい改革案に対して、全面的かつ根本的に反対することが可能である。これらさまざまな改革案は議会と政府がそれぞれ独立している体制の導入を主張するが、しかし国家的一体性の要求に反することになる。国家にとって不可欠な一体性は、二つの機関によって構成される国民の意思の二つの発信元が競合的に並存する可能性を排除する。

この場合、これら二つの機関はそれぞれ、たとえ異なる実体的権限領域であろうとも、決定と活動に関する自由な権限を有するのである。少なくとも、執行府と議会は唯一の条件の下においてのみ分離され独立した機関として設置されることが可能であろう。すなわち、この二元的組織の上に第三の権力の保持者が存在しなければならないのである。この権力者は執行府と議会を常に支配し、両者が対立した場合には主権的に決定を下すことができ、その結果、国家の権力と意思にとって本質的な一体性がこの権力者によってあらゆる領域において保持されるであろう。

この点、明確な議会の支配と優位を確立したとして一八七五年憲法を批判することはできないであろう。一八七五年に設置された議会と政府は共通の上級機関を有するはずがない以上、いずれか一方が他方に対する最高機関としての役割を果たさざるをえないことを同憲法は当然容認していたのである。同憲法がこのような優位性を執行府ではなく議会に付与したとしても驚くにはあたらないであろう。そうでなかったならば、同憲法がそれ以前の諸憲法とは異質な存続期間を享受したとは思えない。同年に付与された優位性を乱用したとわが国の議会を非難することは可能である。しかし、議会と政府の関係における相互の対等性・均衡性または独立性を実現しようとしなかったと憲法それ自体を非難することはできないのである。

二七　したがって今日、多くの人々にとってあまりに過度に思われる優位性を議会から奪うためには、また二元論者が議会と政府の関係について政府に有利な形で要求するより大きな独立性を確立するためには、大統領の選出手続や政府の権限行使の条件の特定事項を変更することによって執行府またはその首長を強化するだけでは十分ではない。この種の二元性を確立する試みは議会と政府の間に重大でおそらく解決不可能でさえある対立を惹起するだけであろう。というのは、この場合、両者はそれぞれが独立して政治活動を行いうる状態に置かれることになるからである。しかし、国家は最高機関が存在しなければその一体性を維持しえない以上、議会と執行府の二元性を実現するには唯一の手段が現実的であるように思われる。すなわち、特別でより高い本質を備えた機関、換言すれば固有の優位性を両者に強制する性質を有する機関を両者の上に設置することである。わが国のような国家においては、このような最高の役割を果たす資質を有すると想定しうるのは人民、つまりすべての市民しか存在しない。権力分立のみに由来する手段によって議会と執行府の均衡を確保しようとする二元論者の主張に反して、均衡を目的とする改革は民主制に由来する諸制度に訴えることによってのみ実現可能なのである。

一八七五年憲法の制定者は民主的思想からあまりにかけ離れていたので、同憲法を民主的方向で制定しようと考えることができなかった。同憲法の制定者の視野に入っていたのは議会と執行府のみであり、解散の場合を除いて、人民に訴える手段によって議会の権力と政府の権力との関係を規制する可能性を考慮しなかった。しかし今日、弱体化したわが国の執行府の現状を再建すると同時に、わが国の議会を抑制してその全能性に終止符を打つためには、民主的方向に進むしかないということを多くの人々は認識している。そして、まさしくこのような民主的考え方において、大統領を普通選挙に委ね、解散権の行使を拡大し、さらに立法に適用されるレファレンダムのような民主的制度をわが国の憲法に導入することまでもが提案されているのである。

このようなわが国の代表制を根底から覆すであろう改革の政治的妥当性について評価することは法学者の役割ではない。ここでは、わが国の現在の議院内閣制には存在しない執行府と議会の均衡は民主制においてかつ民主制によってのみ想定しうるということを法論理的観点から指摘するにとどめる。また、このような民主的改革は、権力分立のみにもとづいて考案された改革とは異なり、組織上の二元性という危険な状況に国家を陥れることがないであろうということも同じ観点から付け加えておこう。逆に、このような民主的改革は一体性のある組織体系を実現するであろう。執行府と議会の二元的分離は副次的レベルにとどまり、頂点においては一体性が人民において確保されるであろう。人民は最高機関となるのである。さらにまた、わが国のこのような新しい組織形態においては、人民の体現と一般意思の代表とを議会に中に見出すことは、明らかにもはや問題になりえないであろう。この一般意思を少なくとも最終的に表明することを求められるは人民自身なのである。そして、とりわけこのことは、わが国において大革命に由来する代表制の伝統を根底から覆すであろう。

二八　一九一九年以来、議会制と民主制の興味深い結合例をヴァイマル憲法の中に見出すことができる。現在のライヒにおいては、人民国家体制は連邦制にもかかわらずドイツとしての一体性の強化に寄与するとともに、ライヒ議会の権力を緩和する効果を有する。この効果は、人民との関係では、投票権を有するすべての市民に認められた直接的で主権的な決定権によって、また執行府との関係では、ライヒ大統領に属する人民に訴える権限によってもたらされる。おそらく、ライヒ議会を議院内閣制という点からみれば、そこに国家権力の中心を認めるのが一般的であろう。それ故、同憲法はまず、ライヒ議会について法律を議決する唯一の機関として規定する（六八条）。そして、ライヒ首相およびライヒ大臣はライヒ大統領のすべての行為に副署し（五〇条）、明示的に信任を拒否するライヒ議会のあらゆる議決によって辞職しなければならないと規定する（五四条）。これらの規定をみる限り、フランスの議会と同様に、ライヒ議会は立法と統治の双方の支配者であるといわざるをえないであろう。しかし実際には、その権力はわが国議会の権力と比較しうるものではない。

まず、ライヒ議会の権力は少なくとも理論的には人民の権力によって制限されている、というよりも支配されているとさえいえるであろう。とくにライヒ立法について、連邦議会は「人民の権利を留保して」のみ連合の権力を行使するという連邦議会に関するスイス連邦憲法七一条の規定をライヒ議会に適用することができる。ドイツにおいて人民が立法にかかわる諸制度のうち、とくに人民請願（七三条三項）について指摘すべきであろう。この制度においては、一定数の市民が法律案の提出について請願を行えば、それがライヒ議会によって明示的に示された意思に反しても人民単独による立法が可能となり、人民は最初の提案から最終的な議決を経て法律を制定することができる。このように、人民は少なくともライヒ議会と対等な第二の立法機関として現れるのである。さらに、「憲法は立法の方法でこれを改正することができる」という七六条をも考慮すれば、わが国の議会とは異なり、ライヒ議会は現行憲法の規定を単独で維持することはできず、さらに憲法に新しい規定を導入する権限がライヒ議会に排他的に留保されているとはいえないということが認められる。というのは、人民の側からすれは、人民請願をとおして憲法を改正する権限を有するからである。このことのみによって、ドイツにおける議会の地位が最高で主権的な機関ではないということはまったく明らかである。

次に、ライヒ議会の権力は執行府との関係において制限されている。ヴァイマル憲法は執行府とその首長をまったくの従属状態から解放するために民主的な思想と制度を用いたということができる。同憲法は、議会多数派の政策をめぐって争う権限をライヒ大統領に付与することによって、ライヒ議会との関係において執行府の地位を強化した。その手段は、議会多数派の政策に関する判断を人民に求め、それに関連する現在の問題に対する解決策を人民に提示するというものである。その結果、立法期のいつでも、議員の活動に関して、全体としての人民に場合によっては発言の機会が与えられる。しかし同時に、このような民主的方法によって、同憲法は議会に対抗する可能性を執行府それ自体に付与するに至った。まさしく、国家の政治的意思の唯一の中心であり国家の最高機関として人民をライヒ大統領とライヒ議会の上に位置づけることによって、同憲法はある種の二元性に到達したのである。

ライヒ大統領とライヒ議会はともにすべての市民によって選挙されるということから、すでに人民の優位性は明らかである。したがって、このような選出手続において、ライヒ大統領はライヒ議会と同じ本質を有する。このことから、ライヒ大統領はライヒ議会に対して独立性を獲得し、この独立性はライヒ大統領もまた人民の信任を得た人物であるという事実に由来する。ライヒ大統領は統治に関して人民の首長という資質を有するのである。ライヒ大統領職は議会のみにではなく人民にも依拠している。このことから、ライヒ大統領についていえば、民主制の名において語る資質、換言すれば特定の場合には能動的で主導的でさえある役割を果たす資質を有するであろうという帰結をヴァイマル憲法は得る。同憲法が大統領職を非活動的なものにとどめるべきであるとみなしていないことは、それを無答責としようとしなかったことに表れている。この点については五九条を示せば十分であろう。同条によれば、ライヒ首相およびライヒ大臣と同様に、ライヒ大統領は、ライヒ憲法またはライヒ法律に違反して過ちを犯した場合には、ライヒ議会によってドイツ国国事裁判所に訴えられうる。このように同憲法はライヒ議会と執行府の首長との間に一定の二元性または権力の分有を認めたが、この二元性または権力の分有は民主的基盤を有する。というのは、両機関は人民との関係において対等であり、人民が両機関にとって共通の上位者であり、両機関とも人民に由来するからである。人民との関係におけるこのような対等性から、ライヒ大統領とライヒ議会は対立した場合にはそれぞれが上級審としての人民に訴えうるということが帰結される。そして上級審としての人民は、両機関の上にあって、終審として決定権を行使することが当然要請されるのである。

ライヒ大統領についていえば、まず、ライヒ議会の立法意思に対抗することを可能にする制度が存在する。法律をめぐってライヒ議会とライヒ参議院が対立した場合、七四条の規定する区別に従って、ライヒ大統領はこの法律の賛否を問う人民投票［三項　ライヒ参議院の異議をうけて両議院の見解が一致しない場合には一致しない問題について、ライヒ参議院の異議に対してライヒ議会が三分の二の多数で再可決した場合には再可決された法律について］を行うことができる。さらに、両議院の対立が存在しない場合においても、大統領は可決された法律を自らの判断で人民投票に付すことができる（七三条一項）。このように、ライヒ大統領に認められたライヒ議会の立法権への対抗手段はまさしく人民にその意思を表明させることである（ただし、ライヒ大統領が人民投票に訴えることなく法律を不成立に終わらせる七四条三項第三文の場合は除く）。ライヒ議会とライヒ参議院の対立またはライヒ議会とライヒ大統領の対立について人民が投票によって決定する場合、人民は立法機関としてではなく単なる仲裁機関として介入するといわれてきた。この説によれば、人民の決定に依拠しているのは法律が効力を発することのみであり、人民投票によって成立した法律はそれ以外の点については依然としてライヒ議会のみが制定したものである。しかし、人民が単独で法律を制定しうる人民請願の場合には、人民の立法権について疑問の余地はない。また、ライヒ議会によって提案されたがライヒ参議院によって否決された法律が人民投票によって成立した場合もそうである。というのは、ライヒ参議院は法律の決議権を有しないからである。したがって、人民はライヒ議会とともに立法機関であるということを認めざるをえない。しかも、人民の立法権の方がライヒ議会の立法権より強力である。というのは、ライヒ議会による立法権の行使についてはそれに対する反対によって法律が最終的に不成立に終わる可能性があるが、人民による立法権の行使は主権的で確定的だからである。このことは、人民の意思が立法権に関しては国家において最高であり、したがって人民がライヒ議会との関係において最高の立法機関であるということを意味する。まさしくこのような意味において、ライヒ大統領は、ライヒ議会によって可決された法律について人民の投票に訴える権限を憲法によって付与されているのである。このように国家における最高機関としての地位は現在ドイツ人民に属するが、このことは七六条によっていっそう明らかである。同条によれば立法手続は憲法改正法律にも適用されるが、さらに同条二項は憲法改正法律について人民に訴える権限をライヒ参議院それ自体に認めているのである。

ヴァイマル憲法は、法律の制定と憲法改正とに関して議会の優位を人民の優位に置き換えるとともに、統治の決定に関して議会制の上に民主制を置いた。この点、ライヒ大統領に付与されたライヒ議会に関する権限はライヒ議会を解散する権限である(二五条)。ヴァイマル体制における解散権は、ライヒ議会の政策に対抗することを大統領に確実に可能するための武器であると同時に、とりわけ、議会の意思の上に人民の意思というより強いもう一つの意思が存在するという考え方の結果であると解釈されなければならない。この民主的な考え方の第一の帰結は、解散は、その目的それ自体からすれば、たとえなされる頻度がそれほど高くなくても、行使されることが正常以外の何ものでもない制度であるということである。さらに第二の帰結は、二五条の規定からすれば、大統領は同じ理由で二度解散権を行使しえないということである。というのは、この武器は大統領に帰属しているとはいえ、執行府の意思というよりも人民の意思を優位させることがその目的だからである。要するに、このように理解された解散制度は当然議会と執行府の対等性を伴う。しかし、この対等性とはまさしく両機関が人民に対して対等であるということであり、人民が両機関を支配するのである。

これと対を成す形で、人民との関係における対等性に関するヴァイマル憲法の概念は、執行府に対抗して全体としての人民に訴える権限をライヒ議会が自由に行使できることを要請する。まず指摘すべきは、同憲法二四条がライヒ大統領ではなくライヒ議会それ自体に会期の開閉の日程を決定する権限を付与しているということである。この点で、人民によって選出された両機関は相互に独立したものとして扱われている。さらに、ライヒ議会は次のような権限をとおして政府に働きかける強力な手段を議院内閣制から導き出す。すなわち、多数派が単独でライヒ首相とライヒ大臣に辞職を強制するという権限である。それに対して、ライヒ大統領については、人民によって選出されたのであるから、ライヒ議会は辞職させる直接的な権限を有しない。ただし、少なくとも同憲法四三条によれば、「ライヒ大統領は、ライヒ議会の提案があれば、人民投票によって辞職することができる。ライヒ議会の議決には三分の二の多数を必要とする」。この規定によれば、人民は大統領の辞職問題について自ら発案することはできず、この点に関する主導権はライヒ議会にある。しかし逆に、ライヒ議会は大統領の辞職を宣言することはできず、その権限は人民のみが有する。このような制度の仕組みには、ライヒ大統領とライヒ議会が全体としての人民に対して対等な立場にあるということを明確に際立たせる特徴がある。実際、同条は続けて、「人民投票によって辞職が否決されたときは、新たな大統領選挙があったものとみなし、その結果、ライヒ議会の解散が行われる」と規定する。このように、ライヒ大統領の辞職を市民団に求めたライヒ議会それ自体が人民の前に曝されるのである。両機関の対立について訴えられた人民はどちらにも与することができるであろう。この対立においてライヒ議会が敗れた場合には、ライヒ大統領の辞職を求めたライヒ議会も解散されるのである。この場合、ライヒ大統領についていえば、ライヒ大統領に賛成する人民の判断は、ライヒ大統領の七年の任期に対する新たな信任を意味する。要するに、議会と政府との政策のうちどちらにするのかを両機関の上にあって判断するのは人民だということである。その結果、両機関のうちどちらか一方が完全に優位するということはない。存在するのは人民の優位のみであり、人民は自らの下で対等な関係にある両機関のうちどちらに対しても反対することができ、どちらでも辞めさせることができるのである。

最後に、ライヒ議会と政府の関係に関してヴァイマル憲法の規定する組織から導き出されることは、ライヒの国家的一体性が最高の段階において確保されるのはドイツ人民においてであるということである。したがって、現在のドイツにおいては、完全な意味においける議会制、すなわち人民の名において決定する権限が議会のみに属する体制は存在しない。最終的決定権を人民に留保するヴァイマル体制によれば、議会制は部分的かつ下位の段階においてしか存在しない。議会制はライヒ議会と執行府の間で、しかも人民の権力に訴える権限を留保した限りでのみ機能する。そして、人民が議会と政府のそれぞれの権限を支配する。同体制の頂点に存在するのは、もはや議会制ではなく民主制なのである。

二九　実際には、ドイツ人民の統治者に対する従順な習性を理由に、ヴァイマル憲法の制定者は、人民によって自由に行使される国政に直接参加する権利があまり行使されないであろうことを期待したはずであるといわれた。とりわけ同憲法が批判されたのは、人民に訴える手段によってライヒ大統領を強化しようとする構想は、ライヒ大統領のすべての行為を、それ自体が議会多数派に依拠するライヒ大臣の副署にもとづかせる規定によって失敗に終わったという点である。議会制と民主制の対立は憲法関係の文献において以前から繰り返し指摘されてきたのではないか。わが国の一八四八年憲法六七条は内閣の交代時には副署の必要性から大統領を開放したが、以上のことからこのような留保がなければ、ライヒ大統領に付与された議会多数派に対する抵抗権は実際にはきわめて例外的な場合にしか機能しないであろう。

このような批判に対して応えていないわけではない。まず、国家の最高機関には決して頻繁に介入することが認められてこなかったと以前から指摘されてきた。最高機関に関して判断する場合には、それが通常何を行うかではなく、特定の状況で何を行うことができるかに依拠すべきである。特定の国家機関が最高性を有するとみなされるためには、必要な場合にはいつでも最高の決定を下すために介入することができればよい。現在のドイツ人民はこのような立場にある。たとえドイツ人民の立法その他の権限が例外的にのみ行使されるべきであるとしても、法的に重要な点はこれらの権限が憲法にもとづいて常に行使しうる状態にあるということである。人民のこれらの権限が最終的に介入するという不変の可能性を確認することのみによって、ヴァイマル憲法は人民をもって主権者としたと同憲法を解釈することができる。他方で、そして何よりも、同憲法がライヒ議会と執行府の関係において議会制の上に民主的制度を積み重ねたことは、ライヒ議会が言葉の固有の意味における一般意思の代表者であると主張するあらゆる試みを完全に排除するという直接的で重大な結果をもたらした。というのは、議会の活動結果や政策について人民には自らの、そして最後の言葉を有することが認められている以上、議会の権限の性質と程度がまったく異なるものとなっているからである。議会は、人民の意思を主権的に表明する最高機関の地位から、執行府とその首長と同じ単なる機関の地位へと明らかに後退している。後者は国民を体現することなく、国民のために職務を行いまたは権限を行使するにとどまり、一般意思という上級権の留保の下においてのみ決定権を行使することができる。そして、一般意思については、人民が、まさしく自らのためにのみ、主権的に表明する権力を保持するのである。たとえライヒの民主化された諸制度が実際には例外的にのみ行使されるにとどまり、その結果理論的で理念的な効果しか有しないとしても、議会の意思と一般意思とを同視しようとするあらゆる考え方を認めないという意味で、それらはきわめて重要な結果を常にもたらすであろう。それとともに、これまで本書で述べてきたようなこの種の考え方が生み出すさまざまな影響も排除されるのである。

このようにして排除される影響のうち、法律内容の有効性の審査に関する問題について少なくとも一言ふれておくべきであろう。ヴァイマル憲法によって設置された諸制度の方向性は、立法権の行使においてライヒ議会が一般意思を主権的に代表するとみなされることを阻止することそれ自体によって、次のような動向の急速で広範な発展に相当程度貢献したようである。すなわち、この動向は一九一九年以来ドイツの学説と判例において生じたもので、司法機関に持ち込まれた訴訟事件に適用される法律の合憲性を審査する司法機関の権限を要求してきた。

また、国家において安全または公の秩序に著しい障碍が生じ、またはその恐れがある場合に、ヴァイマル憲法四八条はライヒ大統領に独裁権を認めるが、この独裁権が結びつけられるべきは、同憲法によって確立されたライヒ議会とライヒ大統領との権限の二元性である。実際、ライヒ大統領のこの権限は、わが国において例外的な事態または必要性に対応するために執行府の首長によって行使される可能性のある権限とは異なるものとして解釈されるべきである。一八七五年憲法は、いかに重大な場合であろうとも、明確に確定され厳格に制限された権限しか、原則として前もって大統領に認めていない。例えば、解散権がそうである。しかも、現実の混乱に対応するために、または特定の可能性のある事件に備えて、執行府とその首長に付与することがふさわしいと判断されるあらゆる権限の拡大は、同憲法によれば、議会によって可決された授権法律に依拠しなければならない。この点、同憲法は、一般意思は常に、そして排他的に議会において代表されるというこれまで慣れ親しんできた考え方に忠実なのである。その結果、生じる可能性のあるあらゆる事態に固有の権限によって対応し、とりわけ、危機のまたは危険なときに執行府に付与することが適切であろうと思われる強化された権限について法律で決定することによってこれらの事態に対応することは議会に属する。このような授権の後に執行府によって行使される権限がいかに大きかろうと、議会の承認にもとづいて執行府によって執られた措置は決して独裁的な性質を有しない（九七頁以下参照）。これらの措置を承認にした法律の執行としてこれらの措置が執られ、また法律についていえば、その承認が授権の個別化という原則の枠内にとどまっていることをこれらの措置が前提としている限りにおいて、これらの措置は執行権に関するわが国憲法上の概念に納まるのである。それに対して、ヴァイマル憲法四八条の規定する体制は異なる基盤にもとづいている。同憲法はこの規定によって、例外的な事態または特定の事項に関して何らかの特別な授権を付与する法律を執行する権限を、ライヒ大統領に付与するにとどまらない。それだけではなく、同条がそれ自体でかつそれ自体のみで、あらゆる事項についてあらゆる措置を執る権限をライヒ大統領に認めるのである。この場合、ライヒ大統領は政府と一致して、国家の保全と安全とに関する利益という観点から主導権を行使すべきであるという判断の下でこれらの措置を執るのであり、そうするにあたって法律によるあらゆる事前の授権を免れている。したがって、そうすることは、効力を有する法律の執行という考え方とはまったくかかわりがない。この点、同条はライヒ大統領を立法府と対等な機関として扱っている。通常の立法手続に加えて、同条は立法権の第二の独裁的な行使形態を設置するのである。後者における立法権は命令制定手続によって行使され、この場合における命令については、言葉の正確な意味におけるデクレ・ロワと呼ぶのが法的にはふさわしい。さらに同条は、一般的にいって立法府が単なる立法手続をもってしては行うことができないであろうことを行う権限をライヒ大統領に認めている。すなわち、市民に基本権を付与している憲法の具体的な規定の優越的効力を停止する権限である。ライヒ大統領によるこの権限の行使が現実の混乱または回避すべき危険という条件に服し、したがって、ドイツの学説がこの例外的措置を執ることによって作り出された状況に「例外状態（*ausnahmezustand*）」という名称を付与しえたことは重要ではない。確かに、同条はこのようにして執られた措置についてライヒ議会に直ちに報告する義務をライヒ大統領に課しており、ライヒ議会の要求があればこの措置を取り消すことをライヒ大統領に命じている。しかし、まさしくこのような制限的な同条の規定が、単なる執行機関の権限ではもはやない権限をライヒ大統領に委ねているのである。おそらく、このような制限によって、同憲法は政府とその首長によって執られた措置の妥当性に関する上級の判断権をライヒ議会に具備しようとしたのであろう。しかし、指摘すべきは、同条はライヒ大統領の主導によって執られた措置を直接無効にする権限をライヒ議会に認めるには至っていないということである。同条によれば、ライヒ大統領によってすでに執られた措置を取り消す行為が留保されているのはライヒ大統領自身に対してなのである。以上のような同条の全体構造は、同憲法がライヒ議会とライヒ大統領を、ともに人民に由来し人民優位の下で、異なる権限を有する分離された国家における二つの中心を形成する機関とみなしているという考え方のみによって説明することができる。このような考え方から、大統領が場合によっては国政の運営における主導権を引き受ける可能性が生じる。そして、このような考え方それ自体は、ドイツの議会は国家と人民との意思の代表を独占していないという全体的な概念と結びついているのである。

議会制と結びつくかもしれない民主的制度の導入によって現在の代表制を制限し改革する憲法改正をわが国は望むべきであろうか。これは政治の世界に属する問題であり、その検討は我々の純粋な法的研究の枠内には納まらない。これまで論証しようとしてきたことから唯一いえることは、法的可能性という観点からすれば、わが国の憲法を民主的方向に向かわせるという条件においてのみ、執行府を強化し、それとの関係でわが国議会の権力を弱めるということである。ヴァイマル憲法によってこのような方向で採用された体制の全体としての特徴を考察してきたのも、このような考え方においてのみである。同憲法がライヒ議会とライヒ大統領およびライヒ大臣との間に均衡と相互の独立とを備えたある種の二元性を確立することができたのは、執行府と議会が人民という共通の支配者に従う体制を確立したからである。そこにおいては、両機関の個別意思は人民の上級意思と絶えず対峙することが可能となった。上部の主権者において一体性を確保したので、下部の機関間における二元性が可能となったのである。実効的で能動的な、少なくともその気になれば常に活動可能な人民の主権を議会と政府の上に設置することから始めないならば、議会の権限と政府の権限とを対等な独立を保ちつつ行使させることは考えられない。このような二元性はその上部に一体性を有しないならば混乱の源となり、おそらく長く存続することはできないであろう。

結論

本書の冒頭で批判的な議論を行おうとはしない旨述べた。しかし、本書を終えるに際して、一般意思の表明としての法律に関する理論の出発点である思想と、この理論が最終的に到達した実定法上の帰結とが明白に矛盾する以上、批判は不可避であると思われる。この帰結を一言でいえば次のようになるであろう。すなわち、一般意思の主権性という思想は議会それ自体の主権的権力を基礎づけるために利用されてきたというものである。空理空論に甘んじない人なら誰でも、このような矛盾を受け入れることは困難であろう。わが国の公法においては、一方で憲法は市民が人民の意思形成に参加することをいっさい排除しているにもかかわらず、他方で議会による決定を人民の意思の表明として提示することが可能なのである。このようなことが認められるであろうか。

わが国にはこのような矛盾を回避した憲法は一つしか存在しない。それは一七九三年憲法であり、同憲法はその人権宣言四条で「法律は一般意思の自由で厳粛な表明である」という原理を確立するにとどまることなく、法律の制定をすべての市民によって構成される初級選挙会の議決に最終的に依拠させる立法手続を組織した。この点、一七九三年の国民公会が自らの原理と論理的に整合する形で憲法を制定したということは、少なくとも賞賛に値する。一七八九年から一七九一年にかけての憲法制定者についてはそうはいえないであろう。ルイ一四世が自らの君主としての人格によって国家を体現するという主張にもとづいて絶対主義を基礎づけたのと同様に、一七八九年の国民議会は国民の主権を議会の主権に移転させるという目的を達成するために、選挙された全体としての議員によって全体としての人民を体現すると主張し、さらには、選挙された全体としての議員を、それらを媒介としてすべての市民が主権的決定の議決に参加することを可能にする構成体として提示するに至った。当初から代表制の基盤を形成してきたこの擬制が革命的神秘主義といわれてきたものの一つである。これを欺瞞という方がより正確ではないのか。よほど信じやすい人でなければ、寡頭制によって表明された意思が共同体の一般意思の表明であるといいくるめられることはないであろう。というのは、まさしくこの場合、いわゆる本人にとって、代理されているとみなされる自らの意思に反する意思を表明する可能性が排除されているからである。

確かに、有権者団が議員の選挙を通じて国政の全体的方向性に対して間接的に影響を及ぼすことは否定できないし、さらに議員の人柄や活動に対してより直接的な影響を及ぼすことも否定できない。とりわけ後者の影響は普通選挙の導入以来強化され続けてきた。その結果、議会を代表者とすることは政治的には可能である。ただしその意味するところは、議会は憲法によって設置された機関の一つであるが、とくに一八七五年憲法の下においては、その決定が、通常国民共同体の要求にもっとも敏感に対応すると思われ、したがってまた、固有の意思表明手段が認められれば国民共同体それ自体が下しうる決定にもっとも近いと思われるということにすぎない。そして、代表の概念に関するこの種の政治的正当化は法的な結果をもたらす性質さえ有する。例えば、議会を全体としての人民に結びつける特別なつながりを理由として、法律という名の下に議会によって可決された規範は執行府の命令によって規定された規範とはまったく異なる効力を有すると考えられる。しかし、有権者と議員の相互依存・連帯性・一体性という考え方を受け入れ、あるいは強調していかに満足しようとも、議会の意思と一般意思との同視という主張が克服しがたい反論に遭遇することは必定である。すなわち、一七八九年九月七日の国民議会でシエースがモンテスキュー以上に露骨に主張したように、代表制を創設した明確な目的は、代表者として決定権を行使する人々を選出する権限に対する人民の影響を制限することであり、決定権それ自体に対するあらゆる実効的参加を人民に禁じることであるという反論である。このようなことからすれば、議会に適用される代表という言葉は、その政治的意味においてさえ、相当曖昧な似姿としての価値、あるいは相当離れた近似値としての価値しか有しない。いずれにしても、言葉の法的意味においては、とりわけ人民の意思と議会の意思との同一性という意味においては、依然として代表について語ることはできない。というのは、この同一性は、たとえ常識的には存在するとみなされるべきものでも、決して常に存在するものではなく、さらにその恒常的な存在は実定法によってまったく確保されていないからである。

以上のことから、何が本書の結論であるべきかが理解される。それは二つ考えられるが、そのうちの一つは次のようなものでる。

すなわち、ルソーに由来し、革命によって後世に伝えられた概念を維持しようとするものである。その概念によれば、法律はその基盤として一般意思を有し、その対象は一般意思の表明である。この場合、法律の制定に際してすべての市民が議会の中に存在しているといった論法にもはや満足することはできない。というのは、このような論法は明らかにまったく実体のない一種の神秘的な捉え方に依拠しているからである。したがって、法律が本当に一般意思の表明であることを望み、また法律の義務的拘束力の根拠を一般意思という法律の性質に求めるならば、法律の制定において全体としての人民に一定の能動的役割を認めることに行き着かざるをえない。その結果、人民の最小限の立法能力として次のような市民の権利が要求されるに至る。すなわち、議会によって可決された法律に対して反対を表明する権利であり、この表明が相当数の支持者を得た場合に反対された法律に対する人民投票を実施する権利である。そして、この人民投票によって法律の成否が最終的に決定される。同様に、法律の概念を一般意思の至高性によって基礎づける考え方からすれば、言葉の民主的意味における立法に関するイニシアチィヴが論理必然的に人民に認められる。というのは、人民が、議会はその可決に反対するが市民の多数が望む改革または刷新を法律によって実現する手段を、人民の側にかつ議会の外に有しないならば、一般意思の至高性は不完全なものにとどまるであろうからである。

それだけではなく、本書にはもう一つの結論がありうる。一般意思の表明としての法律に関する民主的概念によれば、一般意思は国家において最高のものであり、したがって主権的性質を有する。人民の権力のこの主権性は立法の領域においてその効果を生じるだけではない。人民をもって最高の立法機関とする同じ根拠が統治活動の領域においてもその至高性を要求するのである。その結果、民主的憲法は統治と立法を同時に議会の権限とすることなく、何らかの独立性を付与された執行府を議会と対峙させるが、両機関の関係を規制するために、両機関の上に共通の優位する存在として人民という主権者を設置するに至るであろう。このことから、人民による執行府の首長の選挙や、両機関が対立した場合に人民に訴える両機関の権限といった民主的制度が導き出される。

以上のことが実現されれば、少なくとも一般意思の主権性を実現するという点からすれば、憲法と通常法律の厳格な区別を維持することは不要なものとなるであろう。というのは、この区別が人民の至高性に固有の権利を保障することのみを目的とする限り、人民の優越的権利は人民が立法機関として行使する権限によってすでに確保されている以上、この区別は無用なものとなるからである。市民の個別的な法的地位が一般意思に固有の立法権それ自体に対して憲法の規定によって保障されることは、民主制においては、おそらくとりわけ有益であり望ましいであろう。しかし、指摘すべきは、このような保障を目的とする憲法上の規範と法律上の規範との区別は一般意思の主権性に由来する要求にはもはやもとづいていないということである。それは個人の自由を保護するという配慮にのみ応えるものなのである。

これらが、国家権力、とくにその立法権を一般意思に帰属する権利によって定義する考え方から必然的に得られるべき帰結であろう。実定憲法が人民の政治的教育をあまり信用していない、あるいは外国との関係で国家が置かれている一定の厳しい状況に由来する国家の安全、その他何らかの理由で、これらの民主的帰結が実定憲法によって否定されている場合には、議会による支配を正当化するために一般意思の表明とかその代表とかについてもはや語ることは許されない。というのは、一般意思を表明する権利を人民に拒否しておきながら、議会がこの人民の意思を代表するという口実の下に、議会の権限を強化するためにその至高性を援用しようとすることは理解できないであろうからである。

したがって、実のところ、人民が国政に直接介入する制度を認めない憲法においては、議会に付与された権限には独裁的な考え方によってしか正当化される余地がない。ここで独裁的な考え方とは、議会に付与された権限はもはや人民の意思を表明するものではないというだけではなく、議会それ自体の意思を人民に強制することを可能にするものであるという考え方である。その結果、とくに法律について、議会によって単に審議されたものとはもはやいうことはできず、それは議会によって命じられたものであるといわざるをえない。確かに、この独裁的な考え方は議員の選出手続である定期的な選挙および再選という制度によって緩和される。しかし、市民に選挙権しか認めない憲法においては、選挙は選出手続の意味しか有さず、それによって、一般意思が議員の活動によって決定されるであろう政治の方向性に間接的な影響を及ぼしうるという意味で、一般意思がその権力を行使する可能性は部分的なものにとどまるのである。

したがって、議会はその権限を主権者の実効的代表からもはや導き出さないということ自体から、議会の権限の源は憲法による付与以外にはありえないように思われる。議会の権限はもはや主権性を有する権力としてではなく、単なる憲法上の権限として分析される。その結果、議会の権力は絶対的支配権として現象する性質を直ちに失う。というのは、憲法上、たとえ議会が設置された機関の中で最高機関であっても、そのような機関として議会が行使する権力は、主権者の権力とは異なり、派生的権力、したがって本質的に制限された権力でしかありえないからである。

かくして、議会が一般意思を代表するという理論によってもたらされた帰結とは逆の一連に帰結に至る。第一の基本的な制限は、議会の権力は、憲法によって創設されたものであるから、単独では実定憲法の命運を左右しえないということに由来する。憲法改正手続の開始が憲法によって設置された何らかの一つの機関の承認に排他的に依拠することを認めることは、それがたとえ議会であっても、すでに難しい。というのは、このような独占の成立を認めれば、憲法によってのみ存立するこの機関との関係で、憲法を不可譲なものとすることになるからである。とりわけ、このような独占はそれを認められた機関にとって権限の不可侵性を意味するが、権限の不可侵性とは主権者においてのみ想定しうるものであり、設定された権限の概念と両立しうるものではない。とくに、憲法改正の遂行とその成立そのものとを議会の自由な権限に委ねうるといったことはまったく考えられない。憲法に由来する議会が憲法に対する支配権を有するということはありえないのである。このような支配権を認めれば、憲法が議会に由来することになるであろう。その結果、憲法が憲法制定と立法のいずれの領域においても人民自身を最高機関とすることによって一般意思の主権的権利を実効的に確立しない以上、憲法法律と通常法律の区別、および憲法制定権力と立法権の組織的分離は、憲法の創設者と憲法によって設置された機関という相反する性質を同一機関の中で両立させえないことからして、論理必然的に重要なものとなる。このような原理が議会に関してもたらす帰結は、議会を憲法によって設置された機関の地位に置くことによって、議会の権限と憲法によって設置された他の機関の権限との根本的な相違を排除するということである。この根本的な相違は、議会のみに一般意思を表明する権限が存在するという考え方からわが国で生じたものであった。議会・執行府・司法機関は、少なくともこれらの権限の共通の源である憲法との関係で対等な三つの機関であるという意味で、同じ本質を有する。そして、このように憲法に等しく従属するということから、新たな二種類の制限が議会の権限に課される可能性が生じる。

まず、憲法が議会による一般意思の代表というドグマから解放されれば、執行府との関係で議会に属する優位性を緩和することが可能となる。確かに、議会にとっては常に優位する要因が存在する。すなわち、法律を制定する権限、およびそれによって執行府が従わなければならない法秩序を形成する権限から導き出される要因である。しかも、憲法によって設置された諸機関の中にあって、権力と国家にとって必要な活動との一体性の確保を常に可能にする支配力を備えた一つの機関が依然として存在しなければならない。ところで、すでに述べた（一九九頁）ように、一八七五年憲法のような憲法が議会以外にこの支配力を認めようとしえなかったとは明らかである。しかしながら、議会優位の正当性が、執行府は議会に対する完全な従属状態に必ず陥るということを意味するわけではない。議会と主権者の同視にはもはや立脚していない組織体制においては、憲法が議会の優位性を維持しつつ執行府に一定の独立性を、さらに活動的作用を有効に行うために必要な優位性さえ留保するということは十分考えられるであろう。例えば考えられるのは、統治機関に対する介入の制約や軽減を憲法それ自体があえて明文規定で議会に命じるといったことであろう。多くの論者や政治家は、これらを統治機関との関係で議会が自主的に行うことを現在推奨しているのである。

次に、法律と一般意思の同視が退けられた以上、憲法に対する法律の適合性を審査する司法審査制度の設置に反対する理由はもはやなくなる。それどころか逆に、議会の立法権それ自体を抑制するために憲法によるこのような司法審査制度の確立を要求する大きな理由が存在するのである。これらの理由のうち第一のものは実定憲法秩序に対する議会の服従であり、すでに述べたように、この服従はその結果として憲法法律と通常法律の区別をもたらし、さらにいえば、この区別を確保するのにふさわしい手段の憲法への導入を要求する。ところで、憲法の規定する規範を立法府に尊重させるための典型的な手段は、憲法に関する訴訟に途を開くことである。このような訴訟を組織するにあたっての条件についてはさまざまな議論がありうる。訴えられたあらゆる裁判所が訴訟に適用すべき法律の有効性をその適用に先だって最初から審査することまでも可能にするような制度の採用は、おそらくほとんど望まれないであろう。この種の訴訟問題の重大性から、その審査はきわめて高い資質を備えた審級、とくに終審として決定を下す唯一の審級に委ねられるべきことが求められる。いずれにしても、一般意思という仮面が法律から剝ぎ取られるならば、法律の合憲性問題が訴訟当事者によって提起される限り、ふさわしい裁判所の審査が要求されることは不可避となるであろう。

以上の考察はすでに述べた選択肢に要約される。第一の選択肢は議会の権力が一般意思の主権性を援用するものであり、この場合、一般意思には、議会も含めたあらゆる機関の上に位置する主権的権利を民主的に行使することが認められなければならないであろう。逆に、第二の選択肢においては、国民の意思を自らの自由な判断で創出する権限を憲法が議会に付与した条件によって、一般意思の主権性と議会によるその代表という民主的な考え方は排除される。まさしくこの場合、議会は絶対的な権力を主張するためにもはや一般意思の権利を援用することはできないのである。いずれの選択肢においても、議会の権力はその本質において制限を含んでいるということが確認される。議会の権力は、それが人民の意思の代表に立脚している場合には、必ず人民の権力によって制限される。また、議会が自らの権力を憲法上の組織に由来する固有の権力として保持している場合には、本質的に制限されうる。というのは、憲法がすべての機関の権限の範囲を始原的に規制するとともに必要に応じて変更する最高の存在でなければならないことに疑問の余地はないからである。この場合、憲法によって設置されたすべての機関は憲法のみからその権限を導き出さなければならないのである。

訳者あとがき

訳者は、かつて、「フランスの憲法関係書の翻訳はアメリカ・イギリス・ドイツの憲法関係書の翻訳に比べて圧倒的に少ないというのが現状である」と書いたことがある（拙訳『フランス憲法史』一九九五年二二七頁）。もちろん、雑誌論文も含めたフランスの憲法（学）関係の文献の翻訳は当時と比べれば増えている。しかし、この思いは、先の拙著『国民主権と法人理論――カレ・ド・マルベールと国家法人説のかかわり――』二〇一一年を執筆するに際して、ドイツとの関係で、いっそう強まった。とりわけ、近代憲法理論が形成された第三共和制期の憲法（学）関係の文献についてそうである。そこで、拙著を執筆するに際して作成した資料の一部を公表することにした。

原書のタイトルである *La Loi, expression de la volonté générale* を直訳すれば『一般意思の表明としての法律』となるが、それでは日本語の表現としてやや生硬であると思われることから、訳書のタイトルとしては『法律と一般意思』とした。また、『一八七五年憲法における法律概念の研究（*Étude sur le concept de la loi dans la Constitution de 1875*）』というサブタイトルは割愛した。なお、原書は、一九八四年に、カレ・ド・マルベールの高弟であるビュルドー（Georges Burdeau, 1905-1988）の序文を付して復刊された。

人と作品

カレ・ド・マルベール（Raymond Carré de Malberg, 1861-1935）はストラスブールで生まれ、ストラスブールで没した。アルザス地方への愛着を終生持ち続けたのである。このアルザス地方を、プロイセンは普仏戦争において侵略・併合し、彼は軍人である父を失い、彼の家族はフランス国籍を選択してパリに移住した。当時の多くのアルザス＝ロレーヌ人が経験したであろうこのような悲劇は、法学者である彼においては法実証主義という形で結実した。すなわち彼は、まず、プロイセン（あるいはドイツ）の好戦性を正当化するドイツ国法学の背後には実定法と道徳の混同が存在し、その結果として国家権力によって道徳が支配され、あるいは強制されたと考え、実定法と道徳の峻別を主張する。そして次に、法学の対象を国家によって強制される法規範＝実定法に、法学の役割をその認識・分析に、それぞれ限定するのである。このようなドイツ国法学の認識の当否はともかく、彼の法実証主義は晩年に至るまで微動だにしない。ところが、この法実証主義が当時のアカデミックな世界における彼の立場を不利なものにしたのである。

生前のカレ・ド・マルベールは第三共和制下の憲法学界において少数派であったというよりも、周縁に位置していた。その原因は、法実証主義という彼の立場・彼に対するドイツ国法学の影響・彼が比較的寡作であったということにある。まず、法実証主義についてである。当時一方で、私法の領域ではジェニー（François Gény, 1861–1959）に代表される科学学派が有力であり、他方で、憲法学界においては、理性主権論の要素を色濃くとどめていたエスマン（Adhémar Esmein, 1848–1913）、制度の中に法の理念を追求したオーリウ（Maurice Hauriou, 1856–1929）、社会連帯から導き出された客観法という一種の自然法を主張したデュギー（Léon Duguit, 1859–1928）が、それぞれ活躍していた中にあって、すでに述べたような意味における法実証主義の立場に立つカレ・ド・マルベールは異質な存在であった。しかも、カレ・ド・マルベールは法実証主義によって、一方で法の世界から道徳規範を排除し、他方で国家権力の存在を前提とするので、彼の法理論・国家理論は力の理論であり、ドイツ国法学が賛美した仮借ない権力理論であるまでといわれた。

次に、ドイツ国法学の影響についてである。カレ・ド・マルベールはすでに述べた理由からドイツ国法学のイデオロギー性に敵意を抱きつつ、さらにいえば、ドイツ国法学に対して嫌悪を示しつつ、現に存在する国家を分析するにあたっては、支配の要素を重視するドイツ国法学の有効性を認めざるをえなかった。そして、彼はドイツ国法学の方法や概念を用いてフランス革命以降の法的所与を分析するのであるが、このような二面性は彼を「ドイツ学派の擁護者」ときめつける誹謗中傷をもたらしたようである。

最後に、カレ・ド・マルベールの研究活動についてである。実は、彼には、権利の防御から抗弁が分離・形成される過程を歴史的に検討した学位論文（*Histoire de l'exception en droit romain et dans l'ancienne procédure française*, 1887）を除いて、五〇歳代の前半までほとんど研究業績が存在しない（彼の著作目録については、cf. Éric Maulin, *La théorie de l'État de Carré de Malberg*, 2003, pp. 339-340）。彼は、カーン大学（一八九〇−一八九四年）とナンシー大学（一八九四−一九一九年）を経て、第一次世界大戦後フランス政府がドイツに対する自国文化の発信基地として位置づけたストラスブール大学（一九一九−一九二九年）に念願かなって迎えられた。彼を選考した過程をつまびらかにすることはできないが、彼は事実上ラーバント（Paul Laband, 1838-1918）の後任である。それはともかく、カレ・ド・マルベールは、カーン大学時代には民法・国際公法を担当したが、同大学に長くとどまりたくなかったこともあってか、学生からあまり好かれなかったようである。それに対して、ナンシー大学時代には憲法・行政法を担当し、教育に力を入れたため学生の評判も良く、当初は大学当局からも教育熱心であると評価された。しかし、大学当局からは、やがて、教育に力を入れた半面である研究業績の少なさが批判されるようになった。転機になったのは、おそらく、第一次世界大戦の勃発と、ドイツ第二帝政下のエルザス＝ロートリンゲン地方における政治的自由の欠如などを批判した「ドイツ帝国におけるアルザス＝ロレーヌ地方の法的状態（"La condition de l'Alsace-Lorraine dans l'Empire allemand"）」一九一四年の公表（Revue du droit public）とであろう。この頃から、カレ・ド・マルベールは『一般国家論序説（*Contribution à la Théorie générale de l'État*）』一九二〇年・一九二二年の執筆に着手したようであるが、なぜこの時期に大著の執筆に着手したかは謎であるといわざるをえない。『一般国家論序説』の第二巻の出版後、彼は人が変わったように旺盛な執筆意欲を最晩年まで示し、毎年のように雑誌論文を公表しつつ、一九三一年には『法律と一般意思』を、一九三三年には『法段階理論と法の形成に関してフランス実定法によって確立された思想および制度との対比（*Confrontation de la Théorie de la formation du droit par degrés avec les idées et les institutions consacrées par droit positif français relativement à sa formation*）』を、それぞれ出版した。

（カレ・ド・マルベールの略歴については、とくに、cf. Olivier Beaud, "Carré de Malberg, juriste alsacien. La biographie comme élément d'explication d'une doctrine constitutionnelle" in Olivier Beaud et Patrick Wachsmann (dir.), *La science juridique française et la science juridique allemande de 1870 à 1918*, 1997）

『法律と一般意思』の位置づけ

これまでのカレ・ド・マルベール理解においては、『一般国家論序説』と『法律と一般意思』の間に、何らかの噛み合わないもの、はっきりいえば矛盾が存在するとされてきた。すなわち、「法人格-機関」理論という同じ理論枠組みによって、前者においては国民主権という観点から、後者においては法律という観点からフランス実定憲法が分析されたが、両書の間には「フランス実定憲法がもつ論理体系についての認識上の変化が存在する。変化というよりは、矛盾といった方が正確である」。後者によって分析し直された理由は、前者によって体系化された国民主権の原理-代表制という理論枠組みによっては第三共和制下の議会主権を説明することができないからであり、そのために一七八九年人権宣言六条で示された一般意思の表明としての法律という原理が持ち出されたのである。そして、後者が「カレ・ド・マルベールのフランス実定憲法についての最終的な認識である」とされ、両書の間に矛盾が存在することは否定的に評価される（高橋和之『現代憲法理論の源流』一九八六年一一五-一一六頁および一一七-一一八頁註

(6)。最近のものとして、cf. Didier Mineur, *Carré de Malberg Le positivisme impossible*, 2010)。

それに対して、訳者の理解によれば、国民主権の原理と一般意思の表明としての法律という原理とは、半代表制をめぐって補完関係にある。まず、国民主権においては、国家権力は意思能力を有しない抽象的存在である国民に帰属し、国家権力それ自体が行使されることはない。その結果、特定の国家機関に権限が集中することは好ましくない。このことは国家のために始原的に意思を表明する最高機関にも当てはまり、そこで最高機関は複合機関として複数の構成員によって構成される。次に、半代表制は国民主権の下で普通選挙と議院内閣制の導入によってもたらされるものであるが、半代表制の下では議会は有権者団の意思を反映しなければならず、両者は事実上の拘束関係にある。となると、半代表制の下では議会と有権者団が複合機関としての最高機関を構成すべきである。それにもかかわらず、最後に、第三共和制の下においては最高機関は議会によって独占されており、しかも議会は国民の意思から遊離した状態にある（議会主権）。以上の三点から、選挙によって支えられたこの実効的代表関係を説明するのが一般の間に実効的代表関係を設定しなければならず、議会と有権者団によって複合機関を構成するには両者意思の表明としての法律という原理なのである。一七八九年人権宣言六条によれば、「法律は一般意思の表明である。すべての市民は、自らまたはその代表者をとおして、その形成に参加する権利を有する」。すなわち、法律が一般意思の表明であるのは、その制定に人民が選挙をとおして間接的に参加するからであり、法律が一般意思の表明であるためには、人民と議会の間に選挙によって支えられた実効的代表関係が存在しなければならない。その結果、選挙が、『一般国家論序説』において代表者の要件とされていなかったのが、『法律と一般意思』においてそうされなければならず、ここにカレ・ド・マルベールの代表概念（＝分析枠組み）の変容が生じるのである。そして、分析枠組みにおいて代表者＝議会の独立性が否定される形でその地位に変化が生じ、分析対象（＝第三共和制下の代表制）に対して否定的評価が下される。そこで、『法律と一般意思』の末尾で、最高機関の複合機関化を実現するために議会と有権者団の間に代表関係を設定することが改革案（「議会に対する選挙人団の優位」（樋口陽一『現代民主主義の憲法思想』一九七七年）一六頁）として要求されるわけである。

以上のような訳者の理解が妥当であるか否かは読者が判断すべきことであるが、『法律と一般意思』の目的は、すでに述べたように一般意思の表明としての法律という原理を議会主権に対する補正原理として提示するとともに、その前提として、議会が執行府・国民・形式的意味の憲法とのいずれの関係においても上に位置することによって実体化された議会主義をこの原理によって分析することである。そこで、同書の第一章では法律の概念が、第二章では立法府と執行府の権限分配関係が、第三章では憲法制定権力と立法権の関係が、第四章では法律の効力が、第五章では立法府と執行府の組織上の関係が、それぞれ論じられる。その結果、形式的意味の法律という概念とこの概念の背後に存在する一般意思の表明としての法律という原理とによって、第三共和制下の憲法体制の特徴が鮮明に描き出されるのである（それ故、カレ・ド・マルベールは「フランス法学のウォルター・バジョット」といわれる（大石眞『議院自立権の構造』一九八八年三六頁））。同書の内容についてはここでは述べないが、その叙述について『一般国家論序説』との関係で一言ふれておけば、『一般国家論序説』のフランス語は美しいがその叙述は冗長であるのに対して、『法律と一般意思』のフランス語は美しくないとまではいわないがその叙述は簡潔にして明晰である。叙述にこのような相違が生じた原因の一つは、おそらく、両書の間に基本的な枠組みや概念の相違が存在しないことにあるのであろう。その意味で、『法律と一般意思』にはカレ・ド・マルベールの法的国家論が凝縮されており、同書はその全体像と特徴を知るうえで最適の書であるといえるであろう。

翻訳にあたっては無能な直訳と怠惰な意訳とを回避すべく努めたが、『法律と一般意思』における簡潔にして明晰な叙述を日本語に置き換えることができたか否か心許ない。とりわけ苦労したのは、commandement・décret・

prescription・règlementなどの訳語である。これらの訳語はすべて命令ということになるであろうが、その場合、内容に着目したもの（commandement・prescription）と形式に着目したもの（décret・règlement）とがあり、前者を命令と訳せば法律の命令とせざるをえない箇所がかなりあり、後者の中にはわが国には存在しない形式もある。したがって、これらを正確に訳し分けることは不可能であり、前後の文脈とわが国の実定制度とを総合的に考慮して適宜訳語を決定した。この点に不安を覚える読者には原文を読んでいただくしかない。

訳者は元来校正が苦手であるが、このことが先の拙著で露呈してしまったことから、今回は山崎充彦氏（龍谷大学社会学部講師）のお力を借りることにした。それでも校正ミスなどが生じた場合には、その責任がすべて訳者にあることはいうまでもない。

最後になったが、成文堂には、先の拙著の出版直後であるにもかかわらず、営業的利益の期待できない理論的専門書の翻訳の出版を快く引き受けていただき、感謝の言葉もない。今回も、編集部の篠崎雄彦氏には校正その他で大変お世話になった。心からお礼を申し上げる。

二〇一一（平成二三）年二月

時本義昭

索　引

あ行

一般的規範　règle générale
……………………………4 以下, 58 以下

か行

議院内閣制　régime parlementaire
　イギリスにおける――　――en Angleterre……………………………187
　――と民主制の結合　combinaison du――avec la démocratie
　……………………………………190 以下
　――の二元論　théorie dualiste du――
　……………175 以下, 181 以下, 187 以下, 195, 197 以下, 210
　1875 年以降のフランスにおける――　――en France depuis 1875
　…………178 以下, 186 以下, 192 以下
　両憲章下のフランスにおける――　――en France sous les Chartes……………175-176, 187-188
議会　Parlement
　――の主権的性質　caractère souverain du――
　……20-21, 25 以下, 46 以下, 49-50, 51 以下, 68 以下, 74, 78, 91 以下, 105, 111-112, 119, 128, 129-131, 132
　――優位の原因　causes de la suprématie du――
　…… 111-112, 117, 128, 192 以下, 199
　憲法に対する――の支配権　puissance du――sur la Constitution
　…105, 112 以下, 120-121, 127 以下, 133-134, 198, 217
　執行府に対する――の優位　suprématie du――au regard de l'Exécutif
　…………181 以下, 189-190, 192 以下, 197, 199, 218
議会の会期　sessions des Chambres
………………………………………………183
憲法　Constitution
　――改正　révision de la――
　…………………………………112 以下
　――の解釈　interprétation de la――
　……………………………112, 130 以下
　――の概念の本質的条件　conditions essentielles de la notion de――
　…………………108, 118-119, 135 以下
　硬性――　――rigide…………118-119
憲法慣習　coutume constitutionnelle
………………………………107 以下, 120
憲法制定機関　Constituantes
　――と立法機関の区別　distinction des――et des Législatures
　………………… 112-113, 115, 134-135
憲法制定権力と立法権の分離　séparation du pouvoir constituant et du pouvoir législatif
　革命期における――の不十分さ　insuffisance de la――à l'époque révolutionnaire ………………… 111 以下
　――の二つの可能な形態　les deux formes possibles de――…… 136 以下
　――の本来の基盤　fondement originaire de la――……………… 110 以下
　1875 年憲法における実体的な――の欠如　absence de réelle――dans la Constitution de 1875
　…………………114 以下, 119, 133-135
　全般　généralités
　…………… 102-103, 104-105, 134-135
憲法法律　lois constitutionnelles
　――と通常法律の区別　distinction des――et des lois ordinaires
　…………………117, 136 以下, 217-218
権力分立　séparation des pouvoirs
………… 85-86, 145, 153-154, 175, 177, 196 以下

合法行為　acte légal
——とその源である法律との関係　rapports entre l'——et la loi dont il procède
…………34 以下, 151-152, 160 以下, 164-165, 171-172
——の合法性に由来する効力　force découlant de la légalité de l'——　法律の効力参照
合法性の効力　force légale …… 163 以下
国民議会　Assemblée nationale
…………………………114-115, 134-135
国民主権　souveraineté nationale
——の議会主権への変容　transformation de la——en souveraineté parlementaire… 20-21, 112, 136-137
——の制限の可能性　possibilités de limitation de la—— ………………126
国民の代表　représentation nationale
………16 以下, 48-49, 68-69, 72, 78-79, 81, 86-87, 88-89, 111-112, 116, 132, 137, 147 以下, 173-174, 190-191, 200, 212 以下
個人の権利　droits individuels
——の保障　garantie des——
…………………………………119 以下

さ行

最高機関　organe suprême
……………………………198 以下, 207
執行権　pouvoir exécutif
——の憲法的基盤　base constitutionnelle du—— ……………45, 100, 101
——の定義　définition du——
…. 30 以下, 34, 36, 59, 95-96, 151-152
執行権の行為　actes de puissance exécutive
——に必要な合法性　légalité nécessaire des——…34 以下, 99, 160 以下
執行府に対する授権　habilitations données à l'Exécutif
現在における——の頻度と範囲　fréquence et largeur actuelles des——
………………………………90 以下
——の可能な範囲　étendue possible des——
…. 82 以下, 93 以下, 97 以下, 101-102
——の個別化　spécialité des——
…………………………37-38, 98 以下
——の性質　nature des——
……………71 以下, 95-96, 101-102
条約を批准するための——　——pour la ratification des traités　条約参照
執行府の権限　attributions de l'Exécutif
——の個別化　spécialité des——
………………31 以下, 37-39, 99 以下
——の派生的性質　caractère dérivé des—— ……………31 以下, 61 以下
執行力　force exécutoire
条約の——　——des traités
……………………158 以下, 160 以下
法律の——　——de la loi
………144 以下, 150 以下, 153 以下
命令の——　——des décrets
……………………157 以下, 163 以下
実質的意味の法律と形式的意味の法律　lois matérielles et formelles
——の理論　théorie des——
…11 以下, 40, 53 以下, 57-58, 67 以下
司法権　pouvoir judiciaire
…………………20, 43-44, 52, 121 以下
市民　citoyens
法律の制定における——の代表　représentation des——dans la formation de la loi
…. 16 以下, 47-48, 149-150, 152-153, 154-155
主権者　souverain
——と機関の区別　distinction du——et des autorités
……19-21, 26, 48-49, 79, 91-93, 110, 111-112, 118-119, 136, 154, 201 以下, 206 以下, 214 以下
条約　traités
議会の議決を必要とする——　——pour lesquels un vote des Chambres est nécessaire

…………166 以下, 169-170, 182-183
——の契約的で国際的な性質　caractère contractuel et international des——…………159-160, 168-170
——の執行力　force exécutoire des——　執行力参照
——の審署　promulgation des——…………158 以下, 171-172
——の批准の性質　nature de la ratification des——…………167 以下
——の批准のために法律によって付与される授権の範囲と効果　portée et effets de l'habilitation donnée par une loi en vue de la ratification de——…………167 以下, 171-172
1875 年憲法　Constitution de 1875
——の簡潔性　brièveté de la——…………105 以下, 109 以下, 115 以下, 127 以下, 133-134
——の柔軟性　souplesse de la——…………119, 139

た行

代議院の解散　dissolution de la Chambre des députés……37, 178 以下, 185-186, 188, 204-205
大臣　ministres
——の政治責任　responsabilité politique des——…………118, 191-192
——の任命　nomination des——…………183
さらに、内閣も参照
大統領　Président de la République
——選挙　élection du——…190-191
——の強制的辞職の欠如　irrévocabilité du——…………184
——の権限の重要性　valeur des attributions et prérogatives du——…………177-178, 181 以下, 195-196
——の無答責　irresponsabilité du——…………184-185
大統領の命令　règlements présidentiels
公役務に関する——　——relatifs aux services publics…………62-63
個人の権利に関する——　——touchant au droit des particuliers…………63-64
法律を改正する——　——modifiant une loi…………101-102
代表機関　organe représentatif…16 以下, 136-137, 176-177, 186-187, 190-191, 194-195
代表者　représentant
——と官吏の区別　distinction du——et du fonctionnaire…………20 以下
デクレ・ロワ　décrets-lois……98, 209
独裁　dictature
——権　pouvoirs de——……208 以下

な行

内閣　Cabinet ministériel
——の憲法上の地位　position constitutionnelle du——……176, 192, 195
二院制　système des deux Chambres
——における代表の一体性の維持　maintien de l'unité de représentation dans le——…………173-174

は行

非憲法事項化　déconstitutionnalisation…………100-101
法　droit
始原的な——と副次的な——の区別　distinction du——primitif et du——secondaire…………44, 70, 77, 79
——という言葉の意味　sens du mot——…………8, 58 以下, 66 以下
法案提出権　initiative des lois……1, 182
法規範　règle de droit…………6 以下, 58 以下, 61 以下, 66 以下
法段階理論　Stufentheorie…………36, 47, 59, 61, 104, 151
法治国家　État de droit…………5
法律　loi
——に固有の効力　forces propres à la——…………41 以下, 49 以下, 69-70
——の概念の基盤　fondement de la notion de——

…16 以下, 23 以下, 46 以下, 49 以下, 53 以下, 68-69
——の概念の形式的性質　caractère formel de la notion de——…………………………40, 54-55, 68-69
——の規約法的性質　caractère statutaire de la——…………44-46, 50-51
——の始原的効力　puissance initiale de la——…42 以下, 56-57, 76 以下, 87
——の定義　définition de la——…………3 以下, 11 以下, 16, 23 以下, 41-42, 54-55, 56-57, 70
——の内容に伴う重要な効力　puissance de valeur du contenu de la——…………………………49 以下
——の優位　primauté de la——…22-23, 44, 46 以下, 51-52, 69-70, 98
さらに、合法行為、命令（的要素）、合憲性の統制、執行力、法律事項、審署も参照
法律事項　matière de la loi ……6, 9, 14, 39-40, 42, 56-57, 82 以下, 85 以下, 91, 93, 96 以下, 117 以下
法律特別施行令　règlements d'administration publique …………… 71 以下, 75, 81, 83, 163 以下
法律の合憲性の統制　contrôle sur la constitutionnalité du contenu des lois ……………51-52, 121 以下, 128 以下, 138-139, 208, 218-219
法律の審署　promulgation des lois
——における命令的要素の欠如　absence de commandement dans la——……………144 以下, 148, 172
——の対象と効果　objet et effets de la——………………2, 145 以下, 182
——の文言　formules de la——………… 140-141, 145-146, 158-159

ま行

命令　règlements
——の合法性の審査　vérification de la légalité des——…………80, 93, 96
命令事項　matière du règlement …………6-7, 9, 40-41, 61 以下, 82 以下, 85 以下, 91, 93-94, 96 以下
命令制定権　pouvoir réglementaire
自律的でない地方公共団体の——　——des collectivités territoriales non autonomes………76-78
全般　généralités…………… 2, 6 以下
——と立法権の区別　distinction du——et du pouvoir législatif ……40 以下, 61 以下, 76-77, 79 以下, 87, 97 以下
——の基盤　fondement du——……………………61 以下, 73-74, 87
命令（的要素）　commandement
条約の審署における——（——）の欠如　absence de——dans la promulgation des traités ……………………158 以下, 167 以下
法律の審署における——（——）の欠如　absence de——dans la promulgation des lois　審署参照
法律——説　théorie du——législatif ….. 140 以下, 147 以下, 151, 155 以下
命令における——（——）の欠如　absence de——dans les décrets ………………157-158, 163 以下, 172
モンテスキュー　Montesquieu
——の法律理論　théorie de la loi de——…………………………5, 7-8

や行

予算　budget……………………………67

ら行

立法権　pouvoir législatif
国家と国家権力との明確な指標としての——　——signe distinctif de l'État et de sa puissance…………77
全般　généralités……………… 1 以下
——の委任不可能性　Le——n'est pas susceptible de délégation….. 76 以下
——の性質と範囲　nature et étendue du——

……39, 41 以下, 51-52, 69-70, 76-77, 88-89, 102-103, 143-144, 148
立法権の委任 délégation de puissance législative
……9-10, 71 以下, 76 以下, 82 以下, 96 以下, 100 以下
立法権の行為 actes de puissance législative ……2, 182
ルソー Rousseau
——の法律理論 théorie de la loi de—— ……5-6

著者紹介

時本義昭（ときもと　よしあき）

1961年　愛媛県生まれ
1993年　京都大学大学院法学研究科博士課程単位取得退学
現　在　龍谷大学社会学部准教授（憲法学）

主要著書

『国民主権と法人理論』（2011，成文堂）

翻訳書

モーリス・デュヴェルジェ『フランス憲法史』（1995，みすず書房）

カレ・ド・マルベール
法律と一般意思

2011年8月1日　初版第1刷発行

訳　者　時本義昭
発行者　阿部耕一

〒162-0041　東京都新宿区早稲田鶴巻町514番地

発行所　株式会社　成文堂

電話 03(3203)9201(代)　FAX 03(3203)9206
http://www.seibundoh.co.jp

製版・印刷　三報社印刷　　製本　佐抜製本

☆乱丁・落丁本はお取り替えいたします☆

ISBN978-4-7923-0516-1　C3032　**検印省略**

定価（本体7000円＋税）